郁达夫少年文学院优秀作品选

主编　苏立军

家在富春江上

江苏大学出版社
JIANGSU UNIVERSITY PRESS
镇江

图书在版编目(CIP)数据

家在富春江上：郁达夫少年文学院优秀作品选 / 苏
立军主编. —镇江：江苏大学出版社,2018.1
ISBN 978-7-5684-0756-4

Ⅰ.①家… Ⅱ.①苏… Ⅲ.①作文－中小学－选集
Ⅳ.①H194.5

中国版本图书馆 CIP 数据核字(2018)第 010951 号

家在富春江上：郁达夫少年文学院优秀作品选
Jia Zai Fuchunjiang Shang：Yu Dafu Shaonian Wenxueyuan Youxiu Zuopin Xuan

主　　编/苏立军
责任编辑/柳　艳　彭亮亮
出版发行/江苏大学出版社
地　　址/江苏省镇江市梦溪园巷 30 号(邮编：212003)
电　　话/0511-84446464(传真)
网　　址/http：//press.ujs.edu.cn
排　　版/镇江文苑制版印刷有限责任公司
印　　刷/南京地海印刷有限公司
开　　本/787 mm×1 092 mm　1/16
印　　张/14.5
字　　数/360 千字
版　　次/2018 年 1 月第 1 版　2018 年 1 月第 1 次印刷
书　　号/ISBN 978-7-5684-0756-4
定　　价/48.00 元

如有印装质量问题请与本社营销部联系(电话：0511-84440882)

编 委 会

主　编　苏立军

编　委　郦　建　张　琳　郁峻峰　沈小惠

　　　　　王龙胜　孙建钢　盛玉峰

序：文采少年江上行

忽然在脑海展现出这样一幅画面：文采少年江上行。这是因为近来一直关注着几个微信公众号，特别是"走近郁达夫"，每天在发布富春少年的原创作品，无论是构思还是文字，情节还是表达，都是那样的精巧独到，活泼老练，据说都出自郁达夫少年文学院的小会员之手。

我知道，郁达夫研究学会近年来在开展学术研究与交流的同时，开始关注文学少年的培养。一年多来，他们开展征文活动，并首先成立少年文学院，积极组织文学走读活动，引导富春少年在穿越富春山水中走进文学殿堂，开启文学之旅，感受文学魅力。

于是，我想起了郁达夫，或许他的才华与才气也来源于富春山水，他因富春山水文化的熏陶而唤醒了他的诗情，点燃了他的文学之梦。难怪乎，著名画家、美术教育家、郁达夫的好友刘海粟先生受到达夫先生文章和谈话的启迪，据说也是为了寻觅故人的诗踪，曾经几次专程到富春江流域写生，他在《漫论郁达夫》一文中情真意切地回忆道：

> 这条江，澄碧如染，曲折处如青龙曼舞，腾空飞下，有些河床直如利剑，劈开群山，仪态万方，自萧山至梅花城，二百余里，是活的山水屏风，在朝曦晚霞中变化无穷，开阖舒卷，一股清气，沁人心脾。达夫故居富阳，离杭州八十里，三面环山，一面临江，像颗明珠，嵌在画中。我还到七里泷去凭吊过严子陵，石级陡峭，两边萝萝夹道，古树虬蟠，石牌坊上刻着"千古异人"的横额，祠堂梁头悬着"高尚其志"的大匾。子陵塑像，清瘦飘逸中饱含着洞察生活的睿智，超脱中不无隐痛。
>
> ……我总算找到了孕育少年达夫成为诗人的环境，便奋笔写下了十几张油画，还有国画《严江秋色》《富春江》等多幅。
>
> 我的体会是：青年画家不精读达夫的游记，画不了浙皖二省间的山水；不看钱塘、富春、新安，也读不通达夫的妙文。他的这些作品根植于他对乡土的赤子之爱，其生命力必然比小说久远。

刘海粟的精彩描述和深刻感受是否也给予我们强烈的启示？富春山水文化有荡涤少年心灵的魅力，也在不断引发少年的诗情画意！郁达夫少年文学院无疑找到了一个最佳的支点，文学院带着文学少年们走读富阳、走读杭州、走读江南，必将为文学少年带去诗和远方，必将走得更为久远！

读一读这些文学少年的作品，那股清新之风无不扑面而来，那种清纯之意无不蕴藏其中，活泼、青春、阳光……无不定格在富春江岸，展现在富春山居的美丽画卷之中！

从传统文化中汲取营养,在乡土情怀中讴歌美丽——美丽富阳,美丽少年,美丽表达,这样的走读与抒写,无不展现出"家在富春江上"的家国情怀!

　　我忽然发现,"文采少年江上行"恰恰可以作为一个上联,是否寓意着这些文学少年将带着"中国梦""少年梦"走读富春大地,拥抱富春江,跨越钱塘江,继续走向远方?那么,下联呢?

　　文采少年们,期待你们给我一个最美下联。

　　期待那一刻!

　　是为序。

夏　芬

中共杭州市富阳区委常委、宣传部长

目　录

2017 年"家在富春江上"现场创意作文大赛获奖作文

2016 年"郁达夫杯"纪念郁达夫先生诞辰 120 周年获奖征文

2017 年郁达夫少年文学院活动优秀作文

2017 年
"家在富春江上"
现场创意作文大赛
获奖作文

如春雨一般的心

实验小学虎山校区　六(5)班　吴杨澜

　　又是一个多情的春,雨下了起来。望着窗外,雨丝晶莹剔透,落在了树上、小花上、泥土里。它们滋润世界万物,唤醒沉睡了一个冬季的大地。记忆中,他缓缓向我走来,那颗如春雨一般的心……

　　那,也是一个春日,我们四个人约好放学一起回家。很快就到了放学的时间,放学的铃声已经响过,广播里突然传来了开会的消息。这声音如同晴天霹雳。他,最不喜欢爽约的人。慌乱中,他边跑边对我喊道:"我在校门口等你!"我回头一笑,向会议室跑去。而我悬着的心始终没有放下,一直默默地向二楼狂奔,希望没什么大事情,这样就不会让他们等太久。

　　我一直心神不定,时不时看向窗外,希望没有过去太长的时间。可是,不一会我就听到了一个令人绝望的消息:我们的材料要重做,重新排练,并且都要在教室完成。我长叹一口气,心想:他们等不及了一定会自己先走的。于是便投入到工作中去了。

　　在回教室的路上,我发现外面下起了雨,与那阴暗的天空一唱一和。雨越下越大,窗外的景物十分朦胧,像是笼上了一层白纱。现在是四点半,已经放学半小时,他,应该已经走了。我如此安慰着自己。

　　完成所有工作已经七点。因为实在太迟,妈妈来接我了。我在大雨中飞奔,一下跳进车里,学校已经没有人。

　　第二天中午,我和他一起走回教室。他问:"你昨天在干什么,我等你等到五点半,快六点才到家。"

　　"我……我昨天在重做材料……"我的声音渐渐听不见了。震惊写在脸上,我真的不知道他会为了等我……

　　"后来下雨了,我就在小卖部躲雨。另外两个女生等了五分钟就自己走了。我是冒着雨跑回家的,到家还被我妈数落一顿……"

　　我彻底说不出话来。我仿佛看到他独自一人在屋檐下躲雨,看着稀少的人烟默默无言;我仿佛看见他在倾盆大雨中狂奔,黯淡的天空掩去那最后一点光芒;我仿佛看见他全身湿透,衣服滴着水,低着头听着妈妈的数落……我仿佛,仿佛看见他那春雨一般的心正在热切地跳动。

　　后来,无论他留得多晚,我都会等他。因为那颗春雨一般的心,不论多大的雨,都浇不灭那心中的热情。阴沉的雨天中,他的心光芒万丈,照亮黑暗,驱散阴郁。

　　记忆渐渐淡出,他那天的背影已经快要记不清。可我十分清晰地感受到,那颗如春雨一般纯洁透明的心不断散发着光芒……

　　点评:雨本多情,她有时能带给人一丝沉静,有时能带给人一份惆怅,而带给小作者的是一份甜蜜的友情。一个看似极其普通的同学之间的小故事,因为这场江南的春雨,变得如此的动人。它像雨一样滋润了空气,滋润了孩子的心灵。小作者非常善于运用人物的心理活动的描写来推动故事情节的发展,人物心理的描写,也像那场春雨一样淅淅沥沥流进了我们每个读者的心里。 （指导老师：王利明）

雨 的 声 音

———————— 富春二小　五(4)班　刘恺萱 ————————

　　窗外,雨声淅沥,"嘀嗒"声一遍又一遍灌入夏雨荷的耳朵。此时已是午夜11点半,离新的一天还有半个小时。夏雨荷在床上辗转难眠,悄悄地,她下了床,光着脚,走到窗边。

　　"哗——",窗打开了,风肆虐地吹来,一头乌黑的长发飘起,随风跳起了舞。雨水不知不觉滑进她的眼眶,和泪珠一起滚落,投进风的怀抱……

　　她不想惊醒妹妹夏雨萱,只是叹了口气,将窗合上,又返回床边,呆呆地坐着。脑海中不禁浮现出平时训练的一幕幕,从最简单的单音练习开始,一直到现在的高难度大转调。为了唱歌,她还得学习舞蹈和钢琴。唱歌要配动作,得学舞蹈。舞蹈基础为零的她,从劈叉开始学习,汗珠一次又一次地滚落,落地……记得最惨的那一次,从把杆上摔下,疼痛的一刹那,鲜血流出……唱歌从来不是单纯地练唱功,更需要全能,像这次比赛要求选手边弹钢琴边唱,一次次练习,使她的手都生了好多茧……为了这次比赛的"雨",她付出了很多……

　　明天就是决赛了,到那时,妈妈就会回来的吧……妈妈叶雨凡去拍戏了,她在QQ里给她留言:"好好练习,你决赛那天,妈妈无论多忙,也一定会赶回来,为你加油。""所以,为了妈妈,我也一定要好好发挥啊!"于是,她键入"妈妈,我等你回来给我加油,我一定会好好发挥,给你一个满意的答复!"然后,她点击"发送",关闭了手机。

　　"丁零——",一阵手机提示语响起,宾馆里疲惫的叶雨凡打开手机,露出了一个笑容……

　　夏雨荷看着睡得安详的妹妹,心满意足地抚摸了她的小脸,不禁回想起昔日的欢乐时光:妈妈叶雨凡是一名演员,爸爸夏天是导演。他们常常带她和妹妹去拍戏的地方玩,而那时她和妹妹的任务就是捣蛋……可爸爸妈妈从来不会说她们一句,于是她们就"为所欲为"了。说来也怪,妈妈的名字虽然叫叶雨凡,可她一点儿也不平凡。真的,妈妈的成功都是一脚一脚、踏踏实实地"踩"出来的。妈妈常说:"雨声虽小,但它的力量却很大。你看,雨过后,地上就会出现一个一个不起眼的小坑,那是雨走过的脚印。滴水能够穿石,雨也是这样一脚一脚走向成功的。人们总说人如其名,希望你也能像雨一样。"那时她还小,总是似懂非懂地点点头。直到现在她才明白,妈妈的成功又何尝不是这样呢?

　　想着想着,不由得泪潸潸,湿了枕畔,噙着泪,夏雨荷渐渐地睡去了。

　　一早醒来,雨还在"滴沥滴沥",回想起昨晚雨中的思绪,夏雨荷笑了,"小楼昨夜听春雨""天街小雨润如酥",又或是戴望舒的《雨巷》都浮上心头,这些,都曾经是妈妈一遍遍吟唱的呀。她记忆的车轮又缓缓滚动起来……但她没时间再细想了,便匆匆套上了一件晚礼服，赶往比赛现场。

"本次题目范畴——雨，请一号选手5分钟后上台演唱。""呼，还好没迟到。"夏雨荷庆幸地笑了，自己被安排在最后一个，也是意料之中的。关于"雨"，呵呵，她狡黠地笑了……

"最后一位，夏雨荷！上场。"她款款走上舞台。"那不是叶雨凡和夏天的女儿吗？"台下议论纷纷，夏雨荷自然是不喜欢自己的名字和父母连在一起的。她长吐了一口气，坐在钢琴凳上，正当她准备微笑着向评委点头示意时，却在不经意间看到了爸爸、妈妈和妹妹坐在一起向她招手。"爸爸妈妈，我一定会好好表现的！"她激动地强忍住泪水，脸上洋溢出笑容，唱了起来："雨过后，天空仍旧沉默……"清亮的嗓音回荡在整个剧场，她继续唱着，"在分手的时候，当……"听着听着，坐在舞台下的叶雨凡居然感动地哭了，因为，她知道，这首歌，不仅是女儿参赛的歌曲，更是一个承诺，一个爱的诠释！

一曲终了，雷鸣般的掌声响起，她起身，向大家致谢。夏雨荷优雅地走下舞台。"姐姐！""女儿！"他们一家子紧紧地拥抱在一起……

窗外，雨还一直在下，"滴答，滴答……"雨下着下着，发出如夏雨荷的歌声般清亮的声音……

点评：小说以"雨的声音"贯穿全文，介绍了主人公"夏雨荷"在歌唱比赛前的所思所想，以及在比赛现场的精彩展示。小说情节并不复杂，但小作者巧妙地以心理描写的形式插叙了自己在赛前的努力，以及妈妈对"雨的声音"的解读——"雨声虽小，但它的力量却很大""雨就是这样一脚一脚走向成功的"。其实，小说人物"夏雨荷""叶雨凡"的经历，诠释的不也是"雨的声音""雨的精神"？小说中有着众多的"雨"元素：贯穿全文的雨声、人物的姓名"夏雨荷""叶雨凡""夏雨萱"、歌唱比赛的主题"雨"，以及在随想中提到的"小楼昨夜听春雨""天街小雨润如酥"、戴望舒的《雨巷》，让小说有了一份雨中的唯美。一个小时的创作，能有这样精巧的构思，可见小作者深厚的文学功底。

（指导老师：徐国英）

静 待 心 雨

—————— 大源中小 六(3)班 李冰冰 ——————

冲出去，离开那充满了让我窒息的空气的教室，到那广阔无人的小道上。

道旁有一树，向西边延伸开来，成为一个青绿色的大棚，风拂过那大棚最高处，叶落了，一片片枯叶蜷缩在那冰冷的地上，仿佛在瑟瑟发抖……棚下有儿童嬉笑，我静坐在树旁的椅子上，等待着心雨的落下，等待着一树的花开……

不知过了多久，我还是没有看到心雨的到来，只觉风呼呼传来，好冷……

游过富春江，记得的是，哪儿飘来了一段云雾，如轻纱般笼来，慢慢拂去看西天的云彩了！无忧，无虑。我顿时有些沮丧，是自己愚笨了吗？下雨又怎样，打雷又怎样，又怎能阻止前进的你？你本不智，又在期待什么。我怅望灰天……

领略过西湖的"水光潋滟晴方好，山色空蒙雨亦奇"，却不及那富春江静淌着的淡雅宜人；素闻黄山奇石姿态万千、旁逸斜出，亦不如静卧饮水的江边鹿山，更显仙韵。不禁道："天下佳山水，古今推富春。"对于从小生活在这大好富阳的我来说，这又何尝不是一番享受呢！

我苦笑一下，这样想来，真是我的荣幸。能在富春江边度过的童年，亦有趣……

许久，我未等到想要看到的"雨落富春"，却迎来了不一样的心境：多美！它展开了自己宽阔辽远的胸怀，人们借它远航；也可以借它宽广又平稳的肩膀表达自己的平静旷达；甚至可以将用过的污水退还给它……只知奉献，从不索取，它多么高尚；只知包容，从不计较，它多么伟大。如此广博的胸怀，这样崇高的情操，怕是连天地都自叹不如吧！况且，这江又何尝不是雨换了姿态……

落日彩霞，斜阳西照，引几只鸟雀归巢！回眸望，江山飞雪，早已不同往昔。赤足走在了那金黄的沙滩上，捧起一把细沙，又让它从指缝中流下，我看到了金桂齐落，惊心动魄，一股淡淡的香味吸引着我，回望：似落英缤纷，是惊鸿一瞥浮生若梦；又似长河流水，心凝形释而万化冥合……笑望那万里河山，千姿百态！沙落尽了，富春江水仍在拍打江岸，儿童的欢笑缭绕耳际……

呵呵，多美呀……

一滴水打在了我的手心，是雨，下雨了，我十分欣喜，但又陷入了深思：来了，又怎样，我又体会了太多，任何事都得靠自己，我若想向上，又怎会不器！呵呵，我一笑，已释然，加油吧。

雨中，一片枯叶落下，不同的是，它在空中舞出了自己的姿态，它兴奋，自己终于可以报答树的养育之恩了！人影在晃动，愈来愈远……

心雨，来之易，你能感觉到……

点评： 小作者真正写"雨"的笔墨不多，重心落在"心雨"上，构思合理，以等雨、观雨为由，想起了以往游过的富春江，想起了富春江岸的美景，以景唤情，不仅用细腻的笔触赞美了富春江的淡雅宜人、平静水清等，更借助赞富春江的广博胸怀来抒发自己同样的心境。其实在作者的笔下，心雨并非是普通的雨，更是小作者静品情景而得到的感悟，寓情于景，就像雨一样浸润心田，还有文章的结尾也是点睛之笔，令人遐想，引人深思。

（指导老师：杨孝英）

赏　雨

—————— 实验小学虎山校区　六(5)班　姜琳佳 ——————

"滴答，滴答……"

江南的雨，总是那么富有情调。简单的几个声音，像是几个美妙的音符，如神泉般优美动听。雨天,是自然为世间万物带来的音乐会。

不说远观雨幕是如何壮观,也不说近观雨滴是如何小巧,就只坐在窗前,静看那窗帘下的雨幕,也别有一番韵味。雨幕一片透明,却为背景平添了一丝朦胧、模糊的线条,那如同被水墨画渲染过的颜色,不说有多么美,但却清新自然,让人百看不厌。如幕的雨从房檐往下滑,等到雨珠们都到齐了,等待着后面从天而降的雨珠推下去。几个又几个,无数个不断地循环,却是多么生动啊!白色透明的幕,直唰唰地下拉,不断地下拉,颇有动态美,让人恍恍惚惚,如同进入幻境。烟波浩渺,雨与景融为一体,似梦幻之中,似现实之中,让人分不清虚与实,忘了世态的沧桑与挫折,用雨的纯净来净化内心。难怪郁达夫先生在生前如此地喜爱雨啊!

走在雨天的江边,看景赏雨,都充满了无限的乐趣。你看,空中飞舞的雨精灵,在尽情展现曼妙的身姿,小蛮腰的身材。一根根,一条条,一丝丝,一串串,千万个雨精灵,跳着生前最后一场舞蹈。然后,渐渐回归原形,将舒展的身姿又蜷缩成一颗水滴,跳入最后的归宿,沉睡着,等待再一次的重生。"啪嗒",溅起朵朵水花,荡漾出圈圈涟漪,一圈,一圈……扣人心弦。江里,再也没有雨滴曼妙的身姿或晶莹的一滴,它们团聚在一起,汇成一条江,永不分离。伸出双手,在雨下捧着,仰望天空,接过一滴雨,像回放着慢动作,像跳水运动员,最后,落入我的手中。冰凉的,没有一丝温度,小小的一颗,一颗晶莹剔透的珠子,圆,小巧,映出我的手心,和我。光滑而细腻,在雨身上看到了它的另一面。静静地躺在我的手心中,文静得像个小姑娘,没有空中飞舞时那般活泼、霸道或傲慢,明亮的眼珠有些胆怯地望着我。小雨淅淅,这般看雨,也是令人赏心悦目,想不断研究雨滴的多样性格。没有气势壮大且排山倒海的暴雨,也没有如火般的艳阳高照,恰到好处的天气,赏雨,极好不过了。

淅淅沥沥的雨,渐渐转小,一丝彩虹又在天边亮出光芒。蓝的天,白的云,彩的虹,和雨滴在寂静中留下的那最后的余韵,你听,它们又在唱了:

"叮——咚——叮——咚"

……

点评: 小作者用非常细腻的笔触描写了她眼中的雨。她独爱独坐窗前所看到的雨幕,那是因为雨幕有一种独特的动态美,雨幕能带给她一种梦幻感;她更爱在雨中赏雨、玩雨。感受雨精灵的生命轮回,感受雨精灵的生命个性。在她的笔下,江南的雨,变得如此富有情调。

(指导老师:王利明)

迷蒙青石巷,雾霭稻田山

———————— 富春七小 六(2)班 徐佳瑶 ————————

清冷寂寥的青石板街上,从天而降的雨珠飞砸在大小不一的石坑中,奏起了秋的回音,酿出了悠久韵味。

我打着鹅黄色的布伞，从民宿的大门走出，一路溅起细细的水珠，飞入花的怀抱。

路旁古老的水渠又响起了"哗哗"的声音，细而小的清流飞速向前冲着。刷净了石头上的青苔，带走了红色的枫叶，一路向前，向着雾霭的青山前进着，渴望再一次，回归到那葱郁的树丛之中。

我抬起球鞋，绕开那些大小不一的水坑，沿着水渠向前走着。江南特有的绵绵细雨又在天地之间纠缠起来，世界顿时变成了一片迷茫，渠水和缓起来，汇入了一片空地之中。

身着蓑衣的孩童正在池边。他们光着脚丫，小小的脚趾在雨水池中畅游，漾起的水波接纳了这些小小的"鱼儿"。不知是谁，率先掀起大浪，分涌向伙伴们，一场大战也随之而起，细细的雨丝早已融化在水波之中，加入不了这场游戏。这可把他们气坏了，"噼里啪啦，噼里啪啦"，雨大了起来，细腻的水珠霎时变成了豆大的利剑，砸向大地。孩童们的皮肤被雨珠打得微微泛红。他们只得从冰冷的水中抽出脚来，纷纷四散，回到自己那白墙黑瓦的家中，只留下几丝漾纹，做着告别。雨一见，更气了，大而饱满的雨珠密集地飞向大地。布伞鹅黄色的边边角角，都垂下了水珠构成的水帘，将我裹在湿软的土地上。雨水池中的水倒是更欢了，他们飞泻而出，涌入另一条水渠。我跟了上去。

水早已灌进水渠，稀稀拉拉地等待着同伴们的到来。雨水池中的水飞泻而下，带走了那些雨水，为寂寥的小巷再添活力。

我加快脚步，努力地跟上水渠，我们出了村。

一片广阔的天地率先挤满了我的眼。那是多么空旷的一片稻田啊！一望无垠的土地上，堆满了稻秆，一堆又一堆，甚至遥远的天际，也出现了只属他们的黑影。在雨幕之下，它们融化成的水淋淋的嫩黄与身后水淋淋的青山，成为这世间巨大的调色盘，渲染着天地。

水渠的脚步慢了下来，催促我追上她的脚步。我走在软软的田埂上，泥点溅满了我的脚丫——球鞋被我脱在了稻田的空地上。

更响的流水声传来，水渠里的水又兴奋起来。它们飞跳着，涌入了山脚下的一泓清泉之中，回归到山林之中。

雨，停了。世间，迷蒙着。我走着，撑着一柄布伞走着。

点评：从文章中穿行，雨中风景楚楚动人。那细雨，在佳瑶细腻的笔触下，丝丝缕缕，蜿蜒成诗意的藤蔓。沿着水渠的脚步，一路向前，溅出的水花跳跃着、灵动地幻化成一幅幅美妙的画面展现在眼前。那如诗的语言、精巧的构思，就如丁香般芬芳迷人。"小荷才露尖尖角"，那一枝荷，在风里雨里含苞拔节……　　　　（指导老师：应　静）

雨中的背影

———————— 高桥小学　六(6)班　张若曦 ————————

这夏雨，说来就来。但却不如以往那般猛烈，此时的雨，仿佛更加温柔，就好似亭亭玉立的少女轻拂衣袖；又好似清风吹拂杨柳那般轻柔。在这雨中漫步，又是何等的享受。可我的目光，却未被这如诗如画的雨所吸引。

当时正值夏季，下的雨总是朦朦胧胧，别具一般风味。熟悉的公交车站，陌生的两张脸，却引发了一串温馨的画面。说平凡，也不平凡；说特殊，它也并不特殊。也许就是一件微乎其微的小事，却能在不经意间温暖人心。

我撑着伞，在这带着暖意的夏雨中漫无目的地走着。如果我没有像这样傻傻地走，也不会看见眼前不可思议的一瞬间。那是一个普通得不能再普通的老奶奶。可就是很奇怪，我能被这个老奶奶所吸引。她的穿着也非常朴素：一件古朴的棕色短袖，银灰色的薄长裤，还有一双又旧又脏的黑色布鞋。而她，也已经非常年迈了。她那满头银丝下是爬满皱纹的脸，饱经风霜的面孔可以看出她已风烛残年！而已经年老的她此时又是如此焦躁不安，时不时地弯腰，时不时地来回走动。每次抬起头来看见的却是她颓丧的脸。我想：她一定是遇到了什么不好的事情才这么失望，也许是掉了东西，我绝不能袖手旁观！我迈开脚步，打算上前询问她。但我的动作却被汽车的鸣笛声打断了。一辆公交车迎面而来。车门渐渐被打开，一个女大学生从车上走了下来。

老奶奶并没有因为公交车的到来而停止自己的动作，还是不停地寻找。那位大姐姐见了，走到了老奶奶跟前，问："您怎么了？"不得不说，她的声音很好听，如同此时的雨一般清脆洁净。这声音，似乎具有穿透性，能够深深地在我的心里留下烙印，仿佛都和雨融合在了一起。只可惜当时我离她们太远，并没有听清她们的对话。但就在她们交谈片刻后，大姐姐抓起了自己的伞，二话不说便向外跑去。"轰隆——"雷声响了起来。唉，来得真不是时候。雨，越来越大，也越来越猛。就好像褪去了温柔的"外衣"，剩下了猛兽般的"野性"那样地倾泻而下。

很久很久，大姐姐才回来。我清楚地看见，她的手中，多了一只银色的手镯。而此刻，她笑了，如雨后的彩虹般多姿、美妙，沁人心脾。那一刻，我也知道了，那个大姐姐做了一件事，一件虽小却足以温暖我心的事。

雨依旧没停，还是下着，但它又变回先前的温柔了，只不过，它跟以往不同了。它在歌颂，歌颂着美好的"神话"。所谓"人间处处有真情，真情时时暖人心"……

点评： 本文以雨为线索，歌颂了一种社会道德风尚。雨中，老奶奶遇到了困难，"我"想主动去帮忙，体现了"我"的善良；雨中女大学生，急人所急，想人所想，为老奶奶找回遗失的手镯，更说明了新时代的大学生有知识更有美好的素养。小作者巧妙地将一个温暖的故事编织在雨中，让读者对这场雨记忆深刻。首先，我们要肯定文章的立意很深，揭示的是一种高尚的道德风尚。其次，作者文笔清新，构思巧妙，特别是一些细节的描写细致入微，读来质朴自然又不失真。故事情节很巧妙地与这场雨相吻合，叙事与写景也自然融合在一起了。行文跌宕起伏,耐人寻味,语言活泼明快,富有情趣。故事虽平凡,感情却真挚、充沛、感人。

（指导老师：俞杭萍）

烟 雨 东 梓

—————————— 场口中小东图校区　六(2)班　何米乐 ——————————

雨，
淅淅沥沥地下着，
你呀，
不要着急赶回家，
让我们去游一游烟雨中的东梓关。

耳旁，
似乎还有两姐妹勇战恶龙的搏杀声，
眼前，
已是两座小岛，
镶嵌在富春江碧波之上，
姐妹山的故事，
代代相传。

鼻间，
似乎还飘逸着浓酽的中药味，
眼前，
已经是空空的"百子柜"，
静静地立在人去楼空的老宅里。
"许春和"的秘方，
流芳百世。

心中，
似乎回响着病人的千恩万谢，
眼前，
只有安雅堂里音容宛在的蜡像，
妙手回春救死扶伤，
张绍富悬壶济世，
名扬天下。

脚下，

似乎隐约可见八十五年前的脚印，

眼前，

许家大院庭院深深，

游人络绎，

郁达夫和东梓关，

结下不解之缘。

哦，

雨停了，

你该回家了。

愿你随我的诗，

阅遍这座古村的文化，

愿你随我的诗，

听遍这富春江的故事。

点评：下雨，天留客！作者巧妙地运用这个创意破题，领着读者在烟雨中游遍东梓关村经典的景点和古宅，细数其中的民间传说和人物典故，最后落笔在郁达夫先生曾经入住的"许家大院"，寄托对先生的追思，一语双关地点出了地名和作品名。跟随诗歌的描述，读者可以悠游品味这座充满文化的古村落！

（指导老师：金申娣）

雨

富春三小　六(1)班　徐飞扬

"黑黑的天空低垂，细细的雨丝相随，雨儿飞，雨儿飞，童年让人醉……"我站在阳台上，望着窗外雨中模糊的世界，忍不住轻轻唱起了这首自己改编的童谣。

像细细的丝，像绵绵的针，轻轻落在小花上、大树上，这就是雨，它如一个个可爱的小精灵，从天而降，滋润着世间万物，它让原本五颜六色的世界，陷入一片水淋淋的绿色，那是生命的绿色。

看着，看着，我仿佛又看到了小时候那一场滋润我心田的雨。那时，我还没上幼儿园，爸爸妈妈因为工作繁忙，没时间照顾我，就把我带到一对老人家里。记得那时的爷爷，头发已经白了，粗糙的大手总带着洋洋的暖意；那时的奶奶，头发也白了，圆圆的脸上总带着慈祥的笑容，也许是他们的白发让小小的我那么好奇，我叫他们白爷爷、白奶奶。第一次到他们家，因为陌生，我又哭又闹，把白爷爷家的床单、毛巾都丢在了地上，天知道当时的我离开自己熟悉的亲人，对陌生的人、陌生的环境有多么恐惧！突然，一只大手将我抱起，轻轻地拍着我的后背，我泪眼蒙眬地抬头一看，只见白爷爷慈祥地望着我,沧桑却又清澈的眼神里透露着无限爱意,我神奇地不哭了,不害怕了,竟安静地在他的怀里睡着了……

从那天起,每次午睡醒来,一睁眼便能看到白爷爷暖暖的笑,他会用他粗糙的大手摸摸我的脸,说:"宝贝,你醒啦?"傍晚,白爷爷会弯着腰,拉着我的小手,带我去公园玩耍。如果我吵着要吃棉花糖,他会一抓口袋毫不犹豫地拿钱买下;回到家,白奶奶已准备好了丰富的晚餐:肉骨头、鸡肉、萝卜……小时候的我,吃饭出了名的挑食,总是嫌这嫌那,不肯吃饭。白奶奶会轻轻抱起我,放在座位上,用勺子舀起一口饭,笑着说:"宝宝乖,老虎嘴巴喽!"我张开嘴学老虎叫,一口饭就送到了我嘴里,就这样,我难得地将一碗饭吃了下去。点点滴滴这样的小事讲述着我与这对老人的故事,也讲述着我温暖的童年。快要上小学了,我已经和白爷爷白奶奶一起生活了5年,离开的时候,心里是那么不舍,那么不舍。告别时,我抱着他们说:"白爷爷白奶奶,我一定会经常回来的……"一转身,已经泪流满面!我下定决心:等我长大了,一定要好好照顾他们、报答他们!

每一年,我都会去看望他们。五年级的那天,妈妈再一次带我回到他们家,当看到白爷爷白奶奶满脸的皱纹、满头的白发、更加佝偻的背,泪水从眼眶再一次流了出来……他们老了!真的老了!我向上苍祈求:时间啊,请你慢一点,再慢一点,不要让白爷爷白奶奶这么快老去;请你慢一点,再慢一点,等我长大好好报答他们!

"天上的雨丝飘飞,地上的花朵依偎,风儿吹,风儿吹,童年让人醉……"我继续唱着这首童谣,不知怎么的,眼睛又渐渐模糊了,一种又酸又热的感觉从心底一直涌到眼眶——我又想白爷爷白奶奶了。忽然,一滴豆大的雨滴落在我的手心,"白爷爷、白奶奶,是你们吗?"我忍不住问。雨停了,太阳出来了,一缕缕金灿灿的阳光轻轻照耀在我身上。我懂了,我要努力学习,做好自己,向成功迈进一步,一定要好好报答这场滋润我一生的"雨"……

点评:怎样的文章最打动人?天然去雕饰!小作者用最真实、最质朴的语言讲述了孩子与老人的一段最平凡、最温情的故事。童谣中的纯真,小事中的暖暖光阴,在如此干净的文字中感受如歌的情感羽化,带来一场最珍贵的净化心灵的"雨",真情是世间所有的美好,这是孩子赋予文字的力量!

(指导老师:李水萍)

雨 之 音

———————— 实验小学鹤山校区　六(4)班　何田睿 ————————

雨,是多姿多彩的;雨,是如梦似幻的;雨,是如诗如画的。它是云彩的儿女,悄然降临在春生的大地上,落在碧波荡漾的一池春水中。

雨降临前,只能看到朦胧的,似面纱一般的白雾荡漾在潮湿的空气中,眼前都是模糊的,宛若处在人间仙境。拾起石墙下的一片枯黄的落叶,细数它精致的纹理,指尖轻抚过卷曲的叶尖,仿佛能看到曾经飘泼的大雨如注地落在它的身躯上,让它饱经沧桑的脸庞上又平添了几道纵横的皱纹,似平静的湖面上破碎的涟漪。

雨,落下来了。先是毫无预兆地坠下几滴,落在尘土上,落在花瓣间。凝视那颗渺小的雨珠,仿佛能看到渐渐融化的一丝淡绿的气息。就像是一颗珍珠般的泪珠,悄然从云的脸庞滑过,只留下一道淡淡的泪痕。豆大的雨珠落下来了,下得那么猛,叫人惊心动魄。一颗,砸在树干上,摔得四分五裂,只留下一道闪闪的碎片,映出了雨中人的身影。雨滴坠落在江面上,掀起令人心悸的阵阵涟漪。原本静谧的江面露出了狰狞的面容,水从清澈的蓝绿汇成了淡淡的灰,宛若一面破碎的镜子,映出同样沉闷的、灰蒙蒙的天穹。此时的雨,破坏了这林中的和谐,衬着雨声,不时响起几声嘶哑的啼叫。

"滴答,滴答",雨势在秒表的机械声中一分一秒地退去,仿佛是雨收起了断线般的泪珠,只留下几道淡淡的哽咽声。

"啪嗒,啪嗒",一颗晶莹剔透的雨珠,从黛青色的琉璃瓦间悄然落下,落在清澈无瑕的水洼中,凝望着淡蓝中透着灰的天空。看,那银针般的松针上,静静地躺着山雨的余音,侧耳细听,仿佛还能听到山雨的回声。

雨,它与富春江共舞,与松柏同歌,唱出了一曲天籁般的自然之音,跳出了自然之声、优美的舞步。

富春江,它滋润每一寸土地,养育我们这片土地的一方人,它是我们的母亲,更是生命的摇篮。

点评: 小作者行文细腻,风格温润,文字有光泽。雨中的富春江美如画,富春江上的雨欲断魂。交织纠缠之间,文笔下挥洒出了一幅江南水墨,流淌着一曲婉转丝竹,跳跃着一段灵魂韵律。是雨,似人;是人,似雨。家在富春江上,哺育着一代代达夫弄的追随者。

(指导老师:王 芳)

雨

实验小学鹤山校区 六(7)班 陶奕轩

"绿遍山野白满川,子规声里雨如烟。"

轻轻地,轻轻地,一滴,两滴,三滴,雨落在我的手掌心,清凉,透润。它恍若绿意中的点线,为大地万物进行着无声地装扮,真可谓"春雨阵阵淋大地,点点绿意现树枝"。绵绵细雨中,花儿们纷纷争奇斗艳,饱经沧桑的亭台楼阁似乎也得到了灵魂的滋润。是啊!雨就是如此神奇,使静如冻土的景物如若注入"解冻汁"。

"报得春光第一声,山河苏醒绿初呈。"随着一声春雷,雨缓缓飘临富春大地,给这座拥有两千多年历史的江南古城再次带来新的温润。遥望富春江两岸仍是水平如镜。歇许,隐隐望见那状如各异的波光轻浮于水面,游至远处,没了踪影,而那江面之上的小舟又似一池清水中的荷叶,在那宽广无色的江面上凸显其像。屹立了数百年的古城墙,似沧桑的老人静静注视着那宽广的江面……此刻,雨正如利剑般刺透老人的心灵,倍感伤痛的他在那凹凸不平的城角下留下了晶莹的泪珠,仿佛在向世人诉说着千百年来所经受的苦难。

翘首东望,富春江如巨蛇,隆起的蛇腹,至收缩回原状的蛇颈,无力地朝那陆地游去。或许,雨是见了"巨蛇"疲惫,倍感不悦,毫无征兆地朝那颈部落了下去。蛇颈顿受刺激,顷刻间动作也利索起来,弯弯曲曲的江水也似乎被雨深深地征服了。

由东向西,富春江在富阳的行程也告一段落。但,东梓关显然在雨水的鼓励下有些依依不舍。原本平缓的江面忽地激动万分,几个浪头也紧跟着涌上前来。此时,雨儿们趁机助兴,一场江上交响乐开幕了,几只归乡的大雁也不甘落后,"嘎嘎!""嘎嘎!"那雄浑、粗壮的嗓音唤来了一条条渔船,那摇晃着的船桨荡起了雨丝的亲昵,肆意敲击窗户、阁板,噼啪作响。不知这是一种什么力量,爆发了。然而只是轻落,一点一点消融。

恍惚间,渔港里那鱼腥味愈渐浓稠,如波浪一般起起伏伏。

终于经不住诱惑,我撑起伞,漫步雨中——

聆听雨的声音,那么美妙,在小溪间,在翠竹滴露里,在鸟儿的鸣叫声,在泮池边朗朗的读书声里……

临窗喜见,同学们正奋笔疾书,雨似乎为枯燥的课堂带来一丝情趣,"沙沙沙,沙沙沙",像少女轻抚琴键,又像蚕宝宝在吞食桑叶……美妙的感觉充盈着课堂。同学们纷纷打起精神,那烦乱的知识点也变得有了情味,满满的欣喜。下课了,同学们在走廊上尽情玩耍,雨儿见了同学们,也忍不住凑个热闹,待风婆婆放开口袋,雨水儿乘着微风热情地向孩子们飞来,却一不小心扑在了孩子们的脸上,引来一阵阵哈哈大笑……

淅淅沥沥!如丝如缕!此刻,江边的树梢枝头已开始微微泛绿,墙角的迎春花又绽开了三四朵,远处的山峦已染了淡淡青黛,田野里的绿色渐渐由浅变深……雨,是自然的精彩,是岁月的洗礼!

点评: 小作者以"无人机"视角,由东向西,由远及近,一路追着雨幕前行。蒙蒙细雨中,富春大地的美景趣事尽收眼底。引经据典,老练的笔触令人折服;独特的视角,令人耳目一新;丰富的联想,更是妙不可言。整篇文章大气且不缺细腻,很好地抒发了作者内心对雨的热爱,对家乡的热爱。

（指导老师：唐雯漪）

江畔望雨

东洲中小 六(2)班 杨 溢

富春江畔的风景,只有配上雨,才能体现出它的完美。

记得有一次,爸爸带我去垂钓。刚近富春江,我便被那美景吸引住了。从这里望去,对岸连绵不绝,隐隐约约的树木高低不平、起落有伏,如同水粉的画笔沾上那清澈的江水渲染开去,透着几分春天的绿意,让人神清气爽。

我正看得入迷,一丝凉意从头顶穿过我的大脑。抬头一看,雨!我朝爸爸大喊:"下雨啦!下雨啦!"正在准备工具的爸爸不急不慢地从包里拿出一把超大的伞,插在江边的石头上。我连忙跑过去避雨。大大的伞罩着我们,我看雨,雨在伞上跳舞呢。

爸爸在钓鱼,我在看雨。我盯着一滴滴的雨落入江中,再弹起来,又双双落下去。千千万万的雨啊,我忍不住伸出手去摸,凉凉的,真好玩!

突然,一条鱼咬住了爸爸的鱼钩。

"上钩啦!上钩啦!"我大喊起来。只见爸爸拉起鱼钩,一条大鱼被拉了上来,它使劲地甩着自己的尾巴。我伸出手,抓住小鱼,又把它放进水桶。

雨越下越大,江面起了一层白白的雾,雾把一切都笼罩了,连对岸的树林也看不清了。仿佛一切都消失了,只有近处的富春江不停拍打着河岸的水波,哗哗地响着。

慢慢地,慢慢地,雨的声音变轻了,变小了。世界开始清晰起来了,对岸的树木更绿了,江水更清澈了,清澈到我看到了江底的小鱼。那些鱼儿游得很快,你刚伸手要摸它,它一下子就跑了,躲在石头缝里。就好像这些丝丝的小雨,你永远不知道它什么时候落下来,砸在你头上,凉凉的。

我顺着江畔的石头爬过来爬过去,石头很滑,一个不小心就会摔下去。不过我爬石头不是为别的,而是抓被石头围起来的小鱼。可怎样才能抓到呢?这是件费力的事。瞧,这些小家伙看似被困在城内,实际上,石头间那细小的缝隙足够它们来去自如,就算你用尽了方法,抓住一两条就算是幸运。

爸爸告诉我,这鱼只有下了雨才会出来呼吸,到时候就用网一抓,就有一篮子。我看塑料桶,虽然没有满满的,但能钓到一条大鱼也已经让我们很高兴啦。

时间不早了,我拉起爸爸的手,行走在江畔的石头路上。我们的双脚踏着石头,咯吱咯吱响。抬头,几丝细雨轻轻敲打在我们的伞上。

记忆中,这是完美的一个下午。

点评:开篇"富春江畔的风景,只有配上雨,才能体现出它的完美",气势不凡。爸爸和"我"两人一个钓鱼,一个看雨,颇为有趣。杨溢同学笔下的文字灵动且富有童趣。文章写得波澜不惊,淡淡的文字却让我们感觉到了其中弥漫着的浓浓父女情。一点小建议,如果题目修改一下,会更好。

(指导老师:叶 萍)

雨 魂

实验小学虎山校区 四(5)班 陈皆一

雨本无情物,奈何寄情思?雨,本自然之物,无情无思,无喜无悲,但在文人墨客的笔下,它却多了愁绪,有了魂魄。它知道时节,在夜里随着风潜入,悄无声息地滋润着万物;它拂去渭城的轻尘,给即将远去的朋友带上无尽的思念;它滚滚而泻,汇到江中夜入吴地,捎去诗人的一片冰心;它潇潇而下,但却难以平复岳将军的悲愤之情;它连绵不绝,让陆放翁一夜未眠想着明日的杏花……

在我的眼里,雨就是有魂有魄的小精灵。又下雨了,倚窗而望,窗外烟雨蒙蒙,小精灵们开始了他们的游戏。有的重重地打在行人脸上,行人忙用手臂遮住了头,在街道上快速疾行;有的调皮地钻进了行人的衣领里,行人吓得赶紧逃到屋檐下;有的滴在了小朋友的雨伞上,敲打着欢快的鼓点;有的滴在树叶上,仿佛在给叶子抓痒痒,逗得叶子一上一下地颤动;有的跳到了屋顶上,有的翻进了小河里。他们欢快地唱着、跳着,天地之间就是它们盛会的舞台。

雨滴不停地敲打着我的窗,一滴,一滴,化作一条条雨线轻轻划过,我抬起手,手指顺着雨线想要追寻雨滴的轨迹,可是滑落的雨滴已流进了大地的心里。无论小精灵们如何嬉闹,如何调皮,它们都不会忘记要回到大地母亲的怀抱。我想留住几只贪恋凡尘的小精灵,于是打开了窗子,小精灵们扑面而来,轻轻地亲吻着我的脸颊,痒痒的。我伸出手掌去接几个雨滴,它们在我的手里形成了一个小水涡,仿佛玩累了的孩子,安静地在我的手里睡着了。我把它们洒向了大地,它们向我挥手告别。

夜幕来临,雨还在下,昏黄的灯光映照在玻璃窗上,我打开书,书中的文字仿佛也得到了雨精灵的魔法,一个个鲜活起来。我的心忽然涌上了很多的思绪,原来冰冷的是文字,无情的是风雨,律动的是真心!

点评: 郁达夫先生《雨》中的"人自愁耳,何关雨事",给了小作者深深的启示,所以开篇直接入题:雨本无情物,奈何寄情思?接下来小作者化用古人诗句,进一步阐发雨寄人情的观点,这也体现了小作者比较深厚的诗词功底。然后,小作者写自己眼中的雨,不仅写活了雨,而且充满了童趣,赐予了雨灵魂和精神。最后,升华主题,进一步点明雨、文、情之间的关系。全文观点明晰,语言精练,思想深邃,这跟小作者平时广泛的阅读、灵活的运用、深入的思考是分不开的。

(指导老师:倪秋娟)

雨

—————— 富春三小　六(1)班　王倩茹 ——————

涓涓细雨下不停,我打着伞,默默行在寂寥的江边。

愁,都是愁。我怅望灰天,这密布的黑云像是沉甸甸地堆在了我心上一般,怎么也透不过气来。

你为何而愁?我自问。这愁,不是潇湘妃子的"花谢花飞花满天,红消香断有谁怜",亦不是易安居士的"物是人非事事休,欲语泪先流"。那,这又是什么愁?自古风流人物也必定都会愁的。我愁,许是孤独落寞,身边竟无一人懂我心;我愁,许是思乡情切,身在异国茕茕孑立。

寂寞,凄清,又惆怅。

我独自彷徨在江畔,痴痴地瞧着那一朵朵溅起的水花,弹起,落下;再跳起,跌落,这景,着实动人。只是,一滴雨的生命历程,也着实太短了!这次第,怎一个愁字了得。

我停下了,伸出手,试图接住那一朵朵飞落的水花。"啪,啪……"水珠飞快溅到我的手上,又飞快溜走。呵,只恐雨丝细水流,载不动,许多愁。我闭上眼,仿佛一切都在此时静止了。何处有风,何处有雨?只有指尖残留的几缕细小雨丝,泛着丝丝凉意。

这样闭着眼,沉默着在雨中伫立,甚是清爽,仿佛方才来时的忧愁都消去了一半。

睁了眼,我继续自己的江边漫步。这好雨,真是能给人带来好心情的,若在这样的雨中,吟一阕优雅清词,听一段柔和乐曲,自然也是极好的。

我微微一笑,又仰望那天,乌云似乎散去了不少。这样的静美,倒是真令人舒心的。雨中,我看到了落红、残叶堆积的小巷,不禁心血来潮。"唰唰……"风吹着,脚踩着,那满地的黄金甲乱了舞步。我轻轻地跳着,风儿默契地跑着,落红如雨,竟让我有了些许恍惚……我感到自己的心头,又涌上了年少时的狂热与冲动,就连这些枯枝败叶,也一定都返璞归真了。

久了,我意兴阑珊,匆匆离开了小巷,又返回江边。我仔细凝望着那江,大有"湖波秋雨两相和"之景观。细看这雨珠,还泛着银光呢,像是明亮的眸子,是那样纯净,那样圣洁。

但,若要说纯洁,世人想到的,大抵都是荷花。且不说它的"出淤泥而不染,濯清涟而不妖",这自是人尽皆知、家喻户晓的,单瞧它这白里透红的喜人色泽,也便是最玷污不得的了。那这雨,又何尝不是呢?又如何能玷污呢?人们知晓莲花出自淤泥,殊不知这雨,竟是出自于乌云。

莲,乃世间圣洁之物;雨,又何尝不是乎?这雨,这莲,便是具孟夫子"红颜弃轩冕,白首卧松云"之气概的圣者!

光阴荏苒,雨,你依然如旧!

点评:一场自然的雨,被小作者一颗细腻的心读成了一场文学的雨。文章借古诗词的韵律与意境,述作者雨中独特的情怀,赋予了雨新的灵魂。文字养心,此为语文真谛!

(指导老师:李水萍)

烟 雨 游 程

———————— 富春四小 五(3)班 何佩纹 ————————

> 蚕在一次又一次地吞咽着桑叶,也许,它也在咀嚼着生活的真味。
>
> ——题记

"滴答,滴答……",雨水顺着屋檐落下,绽开一朵朵水花。在这烟雨蒙蒙的天,我们去了一个偏远的深山古村落里观光。

车窗外,青青翠翠的山影掠过,风呼啸而过,一切在汽车的飞驰中,皆成了浮光掠影。偶有几头农家的牛悠闲地走过,也不过是匆匆一瞥。我们饶有兴致地欣赏着窗外的风光,就这样消磨了大半时光。

在我们有说有笑间,车辆到了山脚。导游告知我们要登缆车观光,也许是因为那高耸入云的山顶,不是一般人吃得消罢。

登上缆车,便看见缆车的玻璃窗被雨水反复地冲刷。一滴滴雨水在玻璃窗上滑落,外头的景物影影绰绰,依稀可见一些模糊的色块。

我指着其中一个缓缓移动的小小的棕点,问导游那是什么。导游说那是一个孩子,他们没有钱读书,所以出来放牛、干农活……

导游后面说的话我都没有听见,我只觉得我的大脑"嘣"地一下子死机了,脑中只回响着导游的话:"他们没有钱读书……他们没有钱读书……"

原来他们从小住在深山里,几乎没有走出大山过,没有足够的温饱,更没钱去城镇读书了,所以小小年纪的他们过早地辍学,只为减轻家里的负担! 而我们这些城里的孩子呢? 我们不会割草,不会砍柴,什么事都要依赖父母,甚至连最基本的不浪费都做不到……我为这些深山里的孩子惋惜,也为我们这些城里的孩子羞愧!

"那么,他们从此就不读书了?"我带着点哽咽的声音问道。"当然不是!"导游骄傲地说,"现在已经有山区学校了,不过……"

我心里的大石头落下了地,却又随着他的语气吊在半空。

"不过什么?"我焦急地问。

导游深深地看了我一眼,继续说:"不过嘛……你知道,上学总是要钱的,什么伙食费,学杂费啊,住宿费啊,加上有些人家离学校较远……所以有些家庭还是很难保证让孩子上完学。"

"所以,很多孩子仍旧上不了学,他们好可怜啊……"我深吸了一口气,喃喃地说。看着窗外的雨丝,我不禁感到了丝丝凉意。

导游沉默着,我也沉默着,深深地沉默着。

"那如果,如果我们这些城里的孩子,少浪费,多帮助,那山里的孩子是不是就可以上学了?"我又继续追问,带着些许期待地看着他,仿佛他是我最后一根救命稻草。

"或许吧……"他却只给我一个模糊的答案。

遥望雨中的那个小小的"点",此刻,我在心里已经有了一个梦想:哪怕只有一丝希望,我也要尽力去做——让山区的孩子都能上学!

"嘀嗒,嘀嗒……"窗外的雨依旧下着,下着……

点评:本文捕捉了一次雨中的经历并娓娓道来,记叙了山区孩子的读书状况,表达了作者对同龄人的同情与关爱。全文构思新颖,文笔老练,句句敲人心扉。雨,仿佛是文章的精灵,既贯穿了全文,也升华了作者的情感。   (指导老师:何浩莲)

秋　雨

实验小学虎山校区　四(1)班　林镓彧

秋雨霏霏,飘飘洒洒,它清脆、灵动,似乎在诉说着动人的故事。

雨滴洒入富春江畔,那轻细的雨点,弥漫成飘忽的雾,蒙上白茫茫的一片,轻吻着秋柳的发丝;调皮的雨点儿溅起了缤纷的水花,打破了平静的江面,像富春江两岸拔地而起的高楼大厦,静静地诉说着这城市日新月异的变化。

在烟雨朦胧中,富阳城变得成熟而内敛,显得魅力四射。

秋雨纷纷,淅淅沥沥,在清新、淡雅的雨境里登春江第一楼。

雨滴沿着屋檐往下流淌,像是穿透了岁月的美丽串成念珠,为世世代代的富阳儿女祈福。我凭窗远眺:江面白帆点点,楼台亭榭遥相呼应;远处重峦叠翠,景色幽邃,好一幅气势磅礴的《富春山居图》,它传承着千百年来的文化底蕴,荡漾在江南烟雨的盛世。

或许光阴的故事总会老去,但是祖辈们用智慧留下的文明将会源远流长。

听,秋雨在敲窗,滴滴答答声弹奏起优美的乐章,回响在郁达夫故居。庭院里的花草树木疏落有致,被时光打磨光滑的青石板幽幽地泛着青色的苔藓,静静地诉说着曾经的故事。话说"一方水土养一方人",这方水土,就叫故乡……它是郁达夫在清晨出发的地方,也是他黄昏时最想回到的地方。故居里收藏着他的童年和身世,也见证了他那曲折艰难而又辉煌的一生!

也许最美的不仅是家在富春江畔,还有那故人一起躲过雨的屋檐。

听,秋雨在唱歌,起起伏伏的歌声飘进郁达夫中学,那柔丽清新的旋律,犹如潺潺的清泉融入每个同学的心灵。你听,琅琅书声像一首和平乐曲传向远方……

秋雨,下着,下着……

点评: 小作者在描写富春江秋雨时注重情景交融,不仅展示了富春江秋雨朦胧、清新、淡雅之美,更重要的是结合古代著名画家黄公望《富春山居图》,再推出近代富阳籍作家郁达夫,最后引入富阳中学莘莘学子刻苦求学的场景。虽表面看写秋雨,实则借助秋雨歌颂了"富阳景色佳天下,智慧文明远流长",既是对郁达夫先生的敬畏,也是对和平盛世下美好生活的感恩。如此情景交融,让人感受到秋雨和富阳城是那么令人陶醉和向往。

本文格局规整,想象丰富,诗意浪漫,意境绝美。"文中如有诗,李白也气死",小作者写得比诗还诗! 不错!

(指导老师:赵　宏)

秋 雨

東洲中小 六(4)班 吴萌萌

提起雨,我总是不由自主地想到"天街小雨润如酥""白雨跳珠乱入船"等不少关于雨的古诗。春雨是蒙蒙的,柔软、轻捷;夏雨是凉爽的,消除炎热;秋雨是绵绵的,萧瑟凄凉;冬雨,估计没有人喜欢它吧。四季的雨对我而言,我更偏爱秋雨,只因有一颇为深刻的事就发生在秋天。

秋雨淅淅沥沥,不过比起春雨,她更增一分凉意。小时的我喜欢常常拉着奶奶的手,在走廊上看雨洗刷。

庭院中桃树的枝干和树叶,听奶奶讲她和爷爷的故事。雨洗刷着桃树的每一片树叶,把深绿的布满灰尘的树叶清洗得干干净净,不留一点杂质,那是鲜艳的绿,绿得耀眼,绿得透明。我清清楚楚地看见,并且现在也清清楚楚地记着,奶奶的脸上写满了幸福,脸上荡漾如春风般甜蜜的笑,那笑是温柔的。我从未见过奶奶笑得这样开心,怕是只有去世的爷爷才看得到。那时年纪小,看见奶奶笑得呵呵的,自己也学着奶奶的样子,乐呵呵地傻笑不停。脑子不由自主地蹦出一句话:猴子学样,有模有样。

奶奶告诉我,庭院中的这棵桃树,是爷爷当年为了讨好奶奶,买来当结婚纪念日的礼物送给奶奶的,她说,那时把她高兴得整夜都没睡好,在那傻乐了大半夜,可是爷爷已经入土为安了。每每说到这,奶奶总是泣不成声,如果不是有爸爸,她早随爷爷去了。

桃树长大了,不知为何,它总是扫落邻居的瓦片,要不要砍掉,这件事大伯和奶奶争执了好久,奶奶同意砍了桃树。砍的那一天,奶奶没有在现场,在屋里哭着,哭了好久。天有些暗了,灰蒙蒙的像一张大网笼罩着,起风了,不一会儿便下起了雨。时已至秋,秋总是凄凉的,少不了一些心酸,再说又下雨了,在这孤独的世界里,更增一抹凉意与悲情。大伯执意要砍桃树,便是下雨这天气也没能阻止他这样做。桃树"轰"的一声便倒地了,树叶上的水全溅到了大伯身上。"该死,这鬼天气。"大伯骂了一声。奶奶在房里一直哭,像应和奶奶的哭声似的,雨下得更猛了。

几天以后,奶奶因伤心过度心脏病复发去世,她去世的时候天又下雨,像在哭诉似的,几个星期家里都死气沉沉的……

又是一晚秋雨,望着窗外凄凉的雨和寒冷的风,我情不自禁想到了过去,想着想着,眼角不禁溢出了眼泪。拿了一件外套便匆匆下楼,打开门,眼泪又不争气地出来了,我仿佛看到了桃树和爷爷奶奶的虚影,我扎进雨中,寻找他们,他们却离开了,我摔在地上,哭着,喊着,眼前一黑,便什么都不知道了。

秋落,风起,雨诵,不由得再次感叹:秋,真是凄凉,这世上怕是再无能与秋并肩媲美的凄凉之物了。

点评:吴萌萌同学独爱秋之凄凉,借雨抒情,谋雨之思,恰逢秋雨之事,历历在目,历历在心!

（指导老师:汪萍芳）

江 边 雨

———————— 东洲中小 六(3)班 陆 伊 ————————

漫步富春江,心情不错。嘴上哼着一首小曲,欣赏着美景。忽然,天上雷声响起。哦,应该是要下雨了吧。想罢,我没带伞,便向江边的小亭子跑去,避雨。

反正也回不去,在这里坐一会儿吧,顺便看看江边雨是怎样的景。想罢,干笑了几声。安慰了自己,便照做了。起初,雨下得正小着呢!只见,路边行人纷纷跑回家,而一些家离这儿远的,也就跟我一样看雨。随着雷声阵阵而来,天间下起细毛般大小的雨,纷纷扬扬地飘了起来。这斜风细雨里,江边还有垂钓的人,不由让我想起曾经学过的"斜风细雨不须归",古人的诗句真是应景,"天街小雨润如酥""杏花春雨江南",这些用来形容当时的情景应该再适合不过了吧!可还没下到五分钟,雨忽然大起来。转眼间的小雨珠像豆子般向我们袭来,加上那狂风怒号,真的判若两景,好像时不时就会把人们的房顶吹翻。它正在向我们展示它的威力呢!世间被雨给冲模糊了———一切都是那么模糊,像印刷照片时不小心给印模糊了,但却给人意想不到的结果。好像给世间一切事物都蒙上了那轻薄洁白的面纱,给大地带来了雨水,以滋润万物,给江面穿上了那洁白素衣。看不清方向,江面上的雨似雾缭绕,人间变成天堂一般。人们陶醉在这美景当中。

我也沉浸在这美景中陷入遐想。忽然看见前面一对年轻的情侣正在彼此依偎着,看着那雨,如此的应景,如此的和谐。雨,仿佛营造了一种气氛,好像红娘,用一根红线把他们牵在一起。美景,的确使人们流连忘返。随着雨逐渐小,雾也散了,抬头仰望天空,霞光已映在天空,不知是不是因为刚下完雨,才引得晚霞渲染在天空。这件事也不记得是什么时候了,只记得那场雨,很美。

那场雨,很美,令我还想再看一会儿,却不得因为时间原因和雨已停而消散,可今年暑假我们又见了两次,两次,同一个地点,却都是那么突然。

坐上公交车,天空没有任何征兆,悄无信息地便下起了滂沱大雨———幸好已经上车,心里一丝侥幸浮过脑海。回过神,便看见雨疯狂地下着,不管不顾,随性、自由,席卷大地。看着接下来上车的人,要么浑身淋得像落汤鸡,要么半身湿透。"快点上来!别淋着了!"车上乘客纷纷让道,关心话语盈满车厢。刚才的侥幸心理消逝,开始抱怨起来,雨呀雨,我们再次见面便是给我送的这样"大礼",我可承受不起,下小点吧下小点吧。想罢,雨仿佛听懂了我的话语,慢慢小起来,原本眉头紧锁的人们舒缓开那褶皱的眉头,吐了一口气。是你听见了吗,雨。可当我缓过神来,雨已经停了,真是夏天的雨,来得快去得也快呀,让人抓不住它的尾巴,但也让人迷恋。

还有一次可不像刚才那般待我好。爸爸开着电瓶车载着卖完了葡萄的空筐子回家,途经富春江边,不知为何,这雨竟无端地来了,它们紧紧追随着我们的脚步,"贴着我!抱紧我!钻进我的衣服里来!"雨把我和爸爸的衣服弄得湿淋淋的,浑身上下哪一点不像落汤鸡?我干脆也随他去,只是心想——让雨来得再猛烈些吧。还没想完,梦想就实现了,大雨倾盆而出。算了,就是身上弄湿了嘛,没有什么可怕的,还节省了水资源,大不了回家洗个澡嘛。抚平有点郁闷有点烦躁的心情,才扬长而去。

雨,我们是朋友了吧。你美丽,你知情,你淘气。你让我爱上了你,你的一切。雨,那些你带来的景,浮在脑海,一直萦绕着。

点语: 小作者以孩童的眼光看待江边雨,用细腻的笔触、舒缓的语调描述了一幅雨中景、雨中情的美妙画卷——江边的"斜风细雨不须归"、情满车厢、父爱深沉。同时,文章运用了想象、比喻、夸张等手法,使描写生动、形象,自然而然地抒发了自己的真情实感。另外,从字里行间可以窥探到,这是一个爱读书的女孩,是一个充满理想的女孩。

（指导老师：陆珍珠）

江南·早春·烟雨

—————— 富春二小　六(3)班　叶羽霏 ——————

大自然万物纷繁,雨,是我独爱的一样事物。

我喜爱江南早春的雨。在石拱桥上,观望雨的来临,细细的,密密的,从天上断续洒落,就像一根根完整净白的丝线。独自一人,撑着伞,走在江南的小道,那爬满苔藓的青石板上,在雨中,周遭如此清静。

只听得,雨水从房檐檐角上滑落。"嘀嗒——"雨水在青石板上飞溅,声音愈发清晰。路上,总是有孩子在玩耍,我在一旁静静地看着他们,游戏、嬉闹。我总是记得他们的笑声,在这条清幽小径中回荡了很久,很久。

我生在江南,长在江南,对于这儿的一草一木都记得很清,尤其是雨这种阴晴不定的东西。早春的雨,总是温温柔柔的,轻轻缓缓的,就如同温婉的江南女子一样;早春的雨,又是细细密密的,绵绵软软的,一落下来,整个大地都清醒了。街上空无一人,若有个人在场,那必定是十分奇怪的事。早春还有些凉,风吹进袖口、脖颈,还真有点冷冷的。

江南的墙是雪白色的,是那种特别柔和的白,瓦是黑色的,是那种别具诗意的黑。雨落下来,柔化了它们的边缘,模糊了它们的样貌。墙根一带,在雨下过以后,会长出小草,青绿色的小草。雨是会带来生机的,我在心底默念着。

江南小径的雨,更为迷人。我又一次来到了这条无人的小径。

下雨了,我打着伞。一大颗雨珠压弯了叶片,落在我的鼻尖上。我满是新奇地感受着那滴晶莹剔透的水珠,凉凉的。叶片好像支撑不住了,掉在了石板路的缝隙之间,渗入泥土里。路旁不知名的小花散发着淡淡的清香,雨珠凝结在它的花瓣上,愈发显得醉人。听着耳畔的虫鸣,闻着清淡的花香,体会着鼻尖雨落后的余温,噢,我还是活着的啊!

或许是在纷闹复杂的城市里呆多了,所以此刻的宁静才显得格外珍贵。这里真的很好,在雨的洗涤下仿佛心灵都变得澄澈透明,在自然的熏陶下好像思想都不再冗长复杂。我在这里不会觉得疲劳。果然,雨是最自然又舒缓的音乐。

"江南烟雨蒙蒙,如诗如画;叶上水珠点点,如珠如玉……"最美好的生活,大概就是如此。

点评: 读着羽霏的文字,竟不觉这是一个六年级孩子的文字,如此老道,令人赞赏。文中一个看雨入迷的"我",一个感受雨之奇妙的"我",清晰可见。相信这样一个她,她的内心,她的生活必是充满美好的。

（指导老师:杜瑾瑜）

雨

—————— 实验小学鹳山校区　四(4)班　方　家 ——————

天变化多端,有时伤心,有时高兴,有时忧郁……

一天,天空被云妈妈骂了,伤心极了,心情立刻变坏了,一下子沉了下来,灰蒙蒙的一片,风呼呼地吹着大地,吹得树枝直摇摆。燕子斜着身子在天空中掠过,焦急地叫着,好像在告诉人类,大雨要来了! 草儿摇摆着身子,就像在等待大雨的来到。"轰隆隆!"雷公公毫不吝啬地敲打着他那又大又笨重的大鼓,仿佛在告诉人类,快点做好准备,一场大雨即将来到! 一道闪电直划天空,天空立刻划过了一条长长的耀眼的线。

大雨来! 大雨来!"哗——哗——哗——"一场大暴雨,忽然从天而降,豆大的雨点从天空落下。滴到花丛里,花儿们抬着头,笑了;落在草地上,草儿们伸着懒腰,醒了;撒在山林间,树儿们揉着惺忪的睡眼,睁开眼了! 一滴又一滴,一颗又一颗,雨珠纷纷落在自己想去的地方,它们有的连成一串珠子,成群结队地落在同一个地方,有的好像跟同伴生气了,独自落下,还有的好像在和同伴比谁先到达地面,疯一般地猛落在地面上溅起一朵朵水花,水花跳起了舞,有的旋转着身子,凌空落下,有的跳着芭蕾舞,优美地落下,还有的像一位绅士,轻轻地落下,雨声里,每一块石头,每一片树叶,每一丛绿草,都变成了奇妙无比的琴键雨像无数柔软的手指弹奏出一首又一首优雅的小曲。

雨渐渐小了,像是一首欢快的曲子变优美了,"沙沙沙——"雨滴就像一位位柔弱的公主温柔地迈着脚步轻轻地走向人间。看! 花儿喝饱了水,在地上笑得正欢,草儿碰碰自己新的小弟弟,也乐了! 田野里,山林中,公园里……一个个精神饱满,仿佛把自己全部的精神展示给我们看。所有的色彩都融化在这水淋淋的世界之中,在雨雾中流动,流进我的眼睛,流进我的心胸。

雨停了,天空的气也全消了,变得开朗起来,偶尔掠过几声鸟叫,天空玩起了魔术,他一挥魔术棒,天边立刻出现了一道彩虹,那彩虹的颜色十分耀眼,引得我们驻足观望,我多么想走上这美丽的彩虹桥啊!

点评: 文字优美,条理清晰,对下雨前、下雨时、下雨后分别进行了细致描写,通过视觉、听觉把大雨的粗狂、小雨的柔美细腻地描写了出来。在孩子们的眼中,雨是那么的顽皮、可爱、有趣,它给大自然抹上了绚烂绮丽的色彩,读着这篇文章,更像走进了一个美妙的童话世界。

（指导老师：叶红英）

放不下"雨"水的眼睛

实验小学鹳山校区　四(2)班　周怡萱

我的眼睛又大又亮,
放得下小鸟,
放得下白云,
放得下太阳,
放得下整片天空;

我的眼睛又大又亮,
放得下小狗,
放得下大树,
放得下高楼,
放得下整片陆地;

我的眼睛又大又亮,
放得下鱼儿,
放得下珊瑚,
放得下船只,
放得下整片海洋;

我的眼睛又大又亮,
放得下长城,
放得下金字塔,
放得下自由女神,
放得下整个地球;

我的眼睛又大又亮,
放得下土星,
放得下水星,
放得下火星,
放得下整个宇宙;

可不知道为什么，

有时候我的眼睛却又小又黯，

难过的时候，

甚至连一滴"雨"水，

也放不下！

点评：《放不下"雨"水的眼睛》洋溢着浓郁的儿童情趣，飘散出新鲜的生活气息。小诗的前五节笔调轻松，节奏明快，围绕"我的眼睛又大又亮"直抒胸臆，小鸟、白云、小狗、大树、鱼儿、珊瑚、金字塔、自由女神像、土星、水星……这些丰富的意象来自自然界和孩子探索世界的好奇心。读着读着，一个有着明亮双眸、托腮凝望远方、陷入无限遐思的儿童仿佛就在眼前。正当读者也渐渐沉浸其中，被"放得下整片天空，放得下整片陆地，放得下整片海洋，甚至整个地球、整个宇宙"这份快乐感染时，小作者笔锋一转，转折突然到来——"难过时，连一滴雨水也放不下"，令人忍俊不禁，童真、童趣跃然纸上。

（指导老师：章历红）

雨中的夕阳

———————— 永兴小学　六（3）班　谭天琪 ————————

又是一个傍晚，绵密的细雨淅淅沥沥的，打在树叶上，发出"沙沙"的声音。太阳从西山落下，一抹金色渐渐织上天空，织上对面的屋顶，连我也被笼罩进去了。几缕潮湿的风席卷着几片被打湿的落叶从窗前飘过，叶子一片片落下，带着一丝丝的遗憾，投向大地母亲的怀抱，她们跳跃着，旋转着，轻舞飞扬着，飘然落下。抬头，望见南飞的鸟雀，一会儿排着一字一会儿排成人字……又到秋日了呢！泪不自觉地滑过脸颊，心头的记忆又慢慢清晰起来。

那也是一个秋日，地面铺满被雨水打湿的蜷曲皱褶的枯叶。我们一家围在小阿姨的床前，"啪嗒，啪嗒……"，那是泪滴落的声音，那声音刺耳、尖锐，更像锤子一样敲打着我的心尖。外婆已经瘫软在了地上，像是被抽走了全身的力气，眼睛空洞洞的，不知在望着什么，外公瞪着红彤彤的眼睛，发出困兽般的低鸣。妈妈拽着我的手越收越紧，我看着小阿姨枯瘦的脸上慢慢呈现出的灰白色，极力想挣脱妈妈的手，去寻找医生，可是怎么也挣不脱，妈妈死死地拽着我，生疼生疼，那疼告诉我，小阿姨走了，永远地走了，再也不会再见了……

我呆呆地望着小阿姨那枯瘦的脸，眼泪肆意横流，怎么也抹不干擦不净。小阿姨在我心目中是一个几乎完美的人，她会用温柔的声音给我讲故事，会给流浪汉递上面包，工作上兢兢业业从不出错……可是现在，她就躺在那里，毫无气息，像对面山上沉下去的秋日般，走完了生命的旅程。空中归鸟的吟唱，仿佛在为她送行，瑟瑟的秋雨敲打着树枝，卷起漫天落叶，老天爷也掉泪了呢！他也惋惜我小阿姨的离去吗？我亲爱的小阿姨,你就这样草草地在这人间走了一程,小阿姨,你为什么就这么早离开呢,是无奈,还是要到另一个世界去歌唱?

现在,每一次为小阿姨上香,妈妈都会带上小阿姨生前最爱的糖炒栗子和冰糖葫芦。香香糯糯的栗子,晶莹剔透的冰糖葫芦,那是母亲对小阿姨的思念;而我,会用温柔的声音为妹妹讲故事,给流浪的老人递上面包和水,会认真地学习和生活,这何尝不是我的思念?

又是一抬头,在雨帘中,太阳收起了耀眼的白茫茫的光,缓缓落下,但金色的光芒依然笼罩着天幕下的这一切,山川、河流、房舍,还有我。心渐渐朗润起来,迎着玉珠,追着夕阳,我擦干泪水,对着远方微微地笑了开来……

点评: 真挚的情感,无限的思念,为这个秋日的雨增添了一份伤感。小作者对于小阿姨离去的那份悲痛描绘得很细腻,也深深地触动了读者的心。结尾处,更是让人眼前一亮。雨后的那一抹夕阳温暖了大家的心,而小作者已接过爱心之棒在这个世界继续歌唱! 好文!

(指导老师:黄 琳)

苏州烟雨记
——听雨

富春二小 六(7)班 汪逸婷

独自坐在窗前,聆听雨飘窗棂,拂过叶子,洒在水泥路上的声音,滴答,滴答——原本紧蹙的眉似乎被雨声给舒展开了,心情放松不少,停下手中的笔,我趴在书桌上,望着窗外被乌云蒙住的,隐隐散发着微弱的黄色却又灰蒙蒙的月,和那淅淅沥沥落下的雨,心中的一份愁结得到了倾诉。

"江南烟雨,烟雨江南。"在我们江南,又怎少得了这雨呢? 江南小镇,烟雨相伴。我常常只戴着一瓣芳香的栀子,或是一枝飘香的寒梅,再或是一朵清香的桂花,行走在青石巷。巷子里有不少青苔,长在石子上,滑滑的,软软的。在一个雨天,撑着一把油纸伞,漫步在这富有江南味儿的小镇,甚是悠闲,更是一种美的倾诉……

"沙沙,沙沙……"看见一个小男孩在拨弄门前的槐树枝,正想去阻止,却又停住了脚步。树枝上叶子的摇曳和那雨声仿佛融为了一体,我醉了,还有什么音乐比这来自大自然的天籁之声更动听,更美妙呢? 我给出的答案是:"没有了。"小男孩咯咯地笑着,雨不停地下着,树叶也在风中摇摆着,也许美到极致,是无法用语言来形容的吧?

我忽然想起了什么,提起笔继续来写作,这雨声让我的思绪如泉水般涌来。一段写罢,我又不甚满意,细嚼之下,只觉得并没有用心更好更细地体味雨的美妙。我陷入了沉思……我又想到了那一曲《秋日私语》,走到琴前,轻声地弹起来……

我对曲子很熟,闭了眼,琴声便从手指尖中流泻而出,把这秋雨和这秋月的悄悄话融合到一起……

　　我心中已再没有了刚才的聒噪，只剩下了去感受秋、感受雨的心情。我要把愁绪、把困苦、把烦恼什么的都抛到脑后，只剩下这一颗心与雨去碰撞，去融合……

　　我想，我从来都没有很认真、很用心地去感受这雨吧？短暂的夜晚，短暂的品读，听见稠密的雨声敲打着窗棂，看见小男孩摇晃槐树枝，理解雨的轻柔，雨的飘洒，雨的那份独特而又真挚的美，可能不用华丽的修饰，不用刻意、做作的排场，只要一颗心，就够了……

　　雨轻轻地来，也轻轻地离开。它很美，也很柔，就像我亲密的伙伴，可以倾听我的烦恼。说是我听它，倒不如说是它听我，它让我得到了一份别样的轻松，帮我抛掉愁绪，我喜欢这样的伙伴，这样的雨……

　　点评：《苏州烟雨记——听雨》一文对苏州烟雨进行了生动、细致的描述，写出了烟雨的柔美、洒脱。雨中走在青石巷中的小女孩、雨中摇槐树的小男孩的形象为江南烟雨更添了一份童趣和诗意。小作者观雨细致，描写细腻，语句优美，触景生情，把雨比作一个无声的伙伴，置身于烟雨之中，愁绪因听雨而得到舒缓，心境豁然开朗。文章结尾"我喜欢这样的伙伴，这样的雨……"更是言简意赅，直抒心意。　（指导老师：章　霁）

泪 雨 忽 至

富春三小　六（6）班　陈昕琳

　　桃红的双颊受着微风，晶润的眼睛望着远处，胸中也觉得有无限的快乐，在那儿振荡。

　　南儿侧倚在树背，手里紧紧地攥着一本书册，两瓣粉嫩的薄唇时不时地张开闭合，喃喃自语着："闲梦江南梅熟日，夜船吹笛雨潇潇。"她放下书本，啧啧感叹道："江南风光真是如梦如幻呵！"

　　远处传来窸窣的脚步声，软绵绵的，如同猫步般轻柔，在南儿耳边久久回荡。她欣喜地立起身，如一只快乐的麻雀朝那年轻女子撒欢："小鱼老师你来啦！我方才在努力背诗词哦，一刻也不敢松懈。"小鱼老师的嘴角荡漾起甜丝丝的微笑，她伸出那如同嫩葱尖似的纤细的手指轻抚南儿温软浓密的刘海："南儿，你这次代表的是我们小镇的荣誉，要加油哦。"

　　一恍，此时已是次日凌晨，南儿猫手猫脚地起了身，生怕惊扰了沉溺于睡梦之中的家人。外面的空气冰凉如水，手臂也沁上了一层凉意。南儿推开门便一头栽进寒风中，浑身不禁打了一颤，她揉拭着惺忪的睡眼，跟随早已在门外等候多时的小鱼老师进了城。车子缓缓穿行在乳白色的薄雾中，天边的红日渐渐升起，撒下一片灿烂的金辉。

　　城市里，嘈杂的喧闹声此起彼伏，人流不息。比赛已拉开帷幕，南儿大口喘着粗气，以此缓解心中的紧张与不安。然而，心中的那块"巨石"还是压得她喘不上气来。比赛有条不紊地进行着,接近尾声时,台上仅剩南儿和其他几位小选手了,谁知裁判误判分数,搞得她哑口无言。她惶惶不安地走下台,踉跄的身影在这四周漫无目的地游荡。小鱼老师疾步跑来,急促的脚步仿佛在与谁赛跑,她见到南儿,眼眶立刻湿润了。悲伤犹如潜藏在沙漠中的一个沙坑,当迷惘的人一不小心掉进去时,就再也爬不起来了。南儿低着头,对比赛的事只字不提,但她心中的悲哀早已汇流成河。紧锁的眉心把她的一桩心事也锁在喉中,她那对澄澈得有如清泉的瞳眸,在此刻显得黯淡无光,被黑暗覆盖了,吞噬了,没有一丝光芒闪烁着。

"哗——哗——"雨点儿掷地有声。午后的小镇被一场烟雨笼罩。雨愈下愈大,愈下愈猛,仿佛一首无字的歌谣从四面八方飘然而起,倾诉着一个女孩内心的悲伤和凄凉。

雨疏,风止。一切皆安宁了。黄昏的黑影,已经从角头角脑爬了出来,天风落处,吹起一阵细碎的灰尘。她的低语,被风搬到高处,在杳无人影的屋顶上空盘旋着,黄昏的余晖,也消失得没有踪影了,灰暗的空气中,隐隐渗透着些许潮热。小鱼老师轻拍南儿的右肩,"你再难过,结果也不会发生任何改变。既然不能改变别人,那就试着改变自己吧。"语罢,南儿潸然泪下。这场"泪雨",下了很久,很久……

点评: 犹记得那场让作者刻骨铭心的古诗词大赛,一幕幕仿佛就在眼前。小作者用散文式小说的形式呈现故事,塑造了"南儿"这一人物形象,赋予她作者的经历和情感,既是叙事又是抒情。这种独特的"自传"方式,颇有新意。结尾点题,这"雨",既是景也是情,作者在构思上颇具匠心。小说没有跌宕起伏的情节,但笔触细腻,语言优美,充满了诗情画意。

(指导老师:赵亚莲)

烟 雨 江 南

富春三小 六(2)班 徐诗语

晨雾氤氲,独自撑一把油纸伞,独自徜徉在黑瓦砖的寂寞当中。望着面前的泱泱江水,似乎又勾起了某种记忆。一阵恍惚后,不禁低声喃喃道:"家乡啊……"

面前,走来一位青年,长衫白领,眉清目秀,清朗的面孔中透着一股英气,同样撑着一把油纸伞,不加任何修饰,却显得优雅大方。"你也是来赏景的吗?雨中的它美不胜收啊……"我一时发怔,却是他先发问。找到知己了么?委婉一笑,淡淡地回答道:"嗯。我喜欢江南雨的韵味,柔美而抒情。"望着他,似乎想起了谁——天哪!真是他!郁达夫!我一下子反应过来。

雨还淅淅沥沥地飘着,脚踏青石板街,彷徨在江南独有的黑与白中,一只渔舟静静地停靠在富春江岸,闪烁着若有若无的光晕。这杏花雨的季节,风光竟是如此绮丽。望着面前这景色,不由得出了神,许久,才听见他温润如玉的声音:"你好,我是郁达夫。"面前的少年冲我微微一笑,自我介绍道。我一时有些激动,也微笑着算是回答了。"这就是我如今的家乡啊……真的好美……"他望着江中泛起的涟漪,感慨道,"江南烟雨,真是一切皆美,哪里逊色于苏杭——这就是富阳哇……"我静静地坐在屋檐下的一把长椅之上,雨滴敲击地砖发出清脆的响动,斑驳了岁月的痕迹。"终于回来了,我的家啊!江南之美,都已融化在这雨季的第一场雨之中了……我当真是欣喜啊,为我的故乡,为我所热爱的江南。"一袭素白的中式长衫纤尘微染,面前的少年撑一把乳白的油纸伞,静静地站在雨中,如谪仙一般神圣。

"还有那江,不知已受到多少文人墨客的赞美与热爱了,生得这般韵味十足。"闻言,他转过身去,那泱泱江水在雨中,被雾气环绕着,朦朦胧胧,若隐若现。"是啊,我也曾经为之所着迷,毕竟如此唯美,如此有韵调。"他倚着栏杆,迎面拂过柔柔的清风,叫人好不惬意。

雨好像小了,雾气渐散,富春江摘去了它的面纱,如同一个娇羞的姑娘,缓缓向东。行人多起来了,我收起了油纸伞,望着闪着粼粼波光的富春江,再去看郁达夫时,他却已经不见了踪影。耳畔响起了他有力的声音:"故乡这般繁华,这般美好,我也便放心了。再来看一眼我所热爱的故土,也算遂了我的夙愿。"又是一阵恍惚。

睁开眼,雨不知何时停了,我也该走了。白砖黑瓦依旧没有变,这场相识……

烟雨江南,是你的挚爱,是你的故乡,也是我所赞美的韵意。

一切又沉寂下来,似乎什么也没发生过。

点评:着一袭素色长衫,从容自然,那是定格在小作者心中的郁达夫。撑一把油纸伞,淡淡而来,织成一阙古曲,走过悠悠岁月。赴一场江南烟雨,成全一次神奇的邂逅,撩拨心弦,惹起遐思无限。本文构思新颖,颇具匠心,一场如梦似幻的相遇,富春儿女共赏家乡景,同叙富春情。语言清逸婉丽,一如江南烟雨充满韵味。(指导老师:章爱芬)

江南·雨丝·人儿

富春四小 六(1)班 孙淑恬

富春的雨,总是那么细细柔柔,极少会发脾气;富春的雨,总是缥缥缈缈,带着一缕仙气。整座城就这样变成了人间仙境,继而让我们也沦陷其中,无法自拔……

行走在富阳的大街小巷,满城飞扬的雨丝,满城行走的人儿,便绘成了一道与众不同的风景。我擎着伞,怡然自得地轻轻踩进水洼里。"吧嗒",那悦耳的声音,让我远离了世俗的纷扰,徜徉在那片刻的欢愉里。漫步雨中,我微微抬起眼眸,只瞧见无数银丝飘洒,密密斜落于大地,好似一帘瀑布,却无瀑布那般倾泻之势,更像一位娇羞的少女般悄然无声。我望着眼前纷纷扬扬的雨丝,触碰着那雨滴落在手心时的感觉,令人欣喜不已:这雨中的富春,不正是应了苏轼笔下的"山色空蒙雨亦奇"的秀美之景吗?怪不得达夫先生如此留恋富春啊……

我继续走着,雨依旧淅淅沥沥地下着。在一片朦胧中,我迎着凉风,带着无限的好心情,来到了富春江旁。慵懒地依在石栏上,眺望江面。那一层层的水纹悠闲地荡漾开去,铺满了整条富春江。这时的富春江,虽没有往日的波光粼粼,却像一位优雅的古典美人,披着白纱寂寞地站着。静默之中却不失那份唯美凄凉,显得楚楚动人,端庄大方。雨落于江面,静静地化为点点涟漪,融于富春江中……

每当下雨,孩子们无疑是最开心的,抛开大人,带着满脸的笑容,跑到雨中,嬉戏玩耍起来。瞧,那几位孩子被雨淋得像落汤鸡,也浑然不在意,依然发出欢快的笑声。只见一个小淘气小心翼翼地掬一捧雨水,趁别人不备,冷不丁地给同伴来个"偷袭",见恶作剧得逞之后,便飞快地溜了。一位长头发的小女孩,轻轻地拾起一块精致的鹅卵石,拭去上面的雨水,视若珍宝地将它揣在兜里,一蹦一跳地向前走着,那俏皮的身影,那活泼的长发,无不诉说着她的喜悦……

雨,还在继续飘飘洒洒;风,还在继续轻轻吹拂;而我则倚在栏前久久痴望。雨中的江南,雨中的人儿,令人沉醉,沉醉……

点评: 小作者以细腻的笔调描绘了富春的雨"细细柔柔""缥缥缈缈",给人以无限的遐想。行走在雨中,调动听觉、触觉、视觉,感受到踩雨的无穷乐趣,赏雨的无限美妙,使读者也不禁对这富春的雨喜爱起来。在灵动的笔调中,一切都显得唯美动人,可爱美丽,令人陶醉不已。作者正是有了这样的独特发现,富春的雨才灵动富有神韵。

（指导老师:章丽英）

雨·东梓关

—————— 新登镇小惠来校区　四(4)班　童川恬 ——————

"一家一家的瓦上,都盖上了薄薄的晨霜。枯树枝头,也有几处似金刚石般地在反射着刚离地平线不远的朝阳光线。"郁达夫向我们娓娓道来一个别样的东梓关。春江边住着远近闻名的老中医,岸边有轮船码头,池塘边的青石板小街,两边店铺林立……这是一个恬静、悠闲的江边村落,充盈着纯朴、温暖的民风,俨然一个世外桃源,让人心驰神往。

于是,带着那一份憧憬与遐想,在江南初冬的一个细雨淅沥的清晨,我跟随父亲慕名前往东梓关。

站在村口,极目远眺。春江两岸,水汽氤氲,给聚落在江边的古村,增添了几分云烟水墨、淡雅素净的诗情画意。一排背靠青山,面朝田野、错落有致的三层小楼连绵成片。白墙黛瓦,宛如吴冠中笔下的水墨江南。

这是东梓关吗?怎么似曾相识却又如此陌生?

我跟随父亲,在如烟细雨中,撑一把伞,缓步前行。走街串巷、穿堂过户,真真切切地感受着雨中江南的意境。在村口的一块大石头上,刻着"美丽中国、设计先行"八个醒目的大字。走进村里,石阶、小巷一尘不染。雨水落在长达百米的水塘里,荡起一圈一圈涟漪。塘水清晰地倒映着古宅和树影。池塘的水很清,红色的小鲤鱼在长塘一角的睡莲下嬉戏穿行,很是悠闲。

长塘两侧是有着悠久历史的老石板路,两边是一幢幢珍稀的老房子。房子都不高,白色的墙,黑色弯弯的瓦片。门和窗都是木头的,别有一番江南的味道。老人们坐在那杭派的高墙大院里喝茶聊天、聆听雨声,自在怡然!

绵绵的雨丝,细如针,轻似线,密密斜斜地飞织在空中,慵懒惬意地织就了一张薄薄的雾网。踮起脚,闭上眼睛,轻轻嗅着,那是雨的味道。浅浅漫漫地游在心里,泛起一层层幽古情怀。

其实,在漫长的岁月里,东梓关也一度繁华过。这里曾是重要的水上交通要塞。当地的骨伤名医张绍富曾在此行医,各色人等熙熙攘攘。随着时代的发展,东梓关也慢慢萧条下来。那些清末民初的建筑大多无人管理,年久失修。曾经的雕梁画栋有些已经腐朽,有些则已被改建,到处是断壁残垣、破败不堪。

如今,政府已对长塘周边的古建筑进行了集中的整治改进。铺起了青石板路,建起了村史馆,还重新修缮了江边的小庙和码头。一排排杭派建筑在青山绿水间矗立,许家大院、安雅堂、姐妹山,加上那些大大小小的水塘,让人恍如穿越了历史的烽烟。时尚的咖啡吧与传统的酒作坊,民清古朴建筑与新式民居在这里互不惊扰,可谓并行不悖,和谐共生。

雨,静静地飘洒。听雨轻敲琴键,观雨叶滴绿意。这就是东梓关,一个美丽的地方。其实,对于真正生活在东梓关的人们来说,一切才刚刚开始。

点评:小作者以郁达夫笔下"别样的东梓关"情境描写为引子入题,极富画面感,让读者如临其境。带着憧憬与遐想慕名前往,感受着如烟细雨中水墨江南的意境,小作者运用多种感官用心感受,细腻的笔触无不体现着其深厚的语文功底。以雨为媒,引发了小作者的幽古情怀和现代意识,东梓关既是历史的,也是现实的,更是未来的。最后,点题升华了主题。纵观全文,层次清晰,语句隽美,思想深邃,值得推荐!

(指导老师:叶志琴)

雨中的两个硬币

实验小学虎山校区 六(6)班 沃怡然

雨,突如其来地下了起来。

我没有一点点防备,身无分文也没带雨伞,硬生生地被困在路边店铺的屋檐下。从天而降的雨越来越大,没有一点儿要停下来的意思。我仰面望着那压得极低、灰蒙蒙且乌云密布的天空,心中默默祈祷着它的心情能好起来。可是,看那豆大的雨珠如扯不断的子弹,颗颗都重重地砸在我那小小的希望上。我长叹一声,无奈地垂下了头。

我衣衫单薄得很,只穿了一件短袖和一条中裤。狂风肆意作乱,刮得树枝摇来晃去,吹得行人手中的雨伞东倒西歪,也把我吹得瑟瑟发抖。

一刻钟、半小时,一个世纪都快过去了,雨仍然肆无忌惮地下着,不但没停,反而跟我杠上了似的,越下越猛。

站着站着,我摸到自己的贴身口袋里,居然还有两个五角硬币。我如获珍宝,把硬币攥在手里,生怕丢了。我想:说不定我还能坐公交车回家呢,这个点应该有车。心中的希望再次燃烧,我奋不顾身地跑进雨中,冲向公交站点。短短几秒,雨就与我来了个亲密接触,全身上下湿透了,没有一点儿干的地方。

更冷了,我抱着双臂,看着一辆一辆打着明晃晃车灯的私家车飞快驶过,溅起朵朵水花,可终究没有等到那辆8路公交车向我驶来。两个五角硬币有了体温,可雨还是不肯停下。

我的心渐渐坠入谷底。

一辆出租车停在我面前,车窗缓缓摇下,一个光头的胖司机注视着落汤鸡似的我。我突然觉得他的目光充满温暖。

"你怎么不回家?姑娘,没伞?"没想到他先开口了。

我点点头,欲言又止。

"那你快上来,我载你回家。"他把车门打开,向我连连招手。

"可是……我……"我说不下去了,像被什么卡住了喉咙,把手中的硬币攥得更紧了。

"可是啥呀,快上来,你会着凉的。"他比我还着急,眉头都皱到一块儿了,想帮我开门似的。

"可是,我只有一块钱。"我逼着自己说出了这句话。

他先是愣了一下,可马上又笑了,肥厚的嘴唇咧出一个大大的笑。他挠了挠头,说:"没事儿,你先上来,就当坐一次公交车。快,快上来。"

他笑得并不好看,皱纹都挤到一块去了,我却觉得这笑容看着太顺眼了。我轻轻说了声"谢谢",扭扭捏捏地上了车,手指不由自主地玩着两个五角硬币,一言不发。

司机师傅看透了我的心思,对着后视镜说:"没事,我下班了,刚好顺路。"

我不由点点头,心里好像得到了一点儿安慰。

"回去多喝水,喝点姜茶,不会感冒的。"他说个不停,话语中满是关心。

"到了,姑娘。"胖司机回头看着我。

我把那两个五角硬币塞到了司机手里,说了声谢谢,下车便跑了。还没跑几步,我听见两声清脆的响声,还有师傅的喊声:"姑娘,钱在路上,你拿回去吧,我回家啦!再见!"

回头一看,两个硬币躺在雨中,出租车已经调转方向开走了。

我捡起两个还有温度的硬币,呆呆地望着,那辆出租车已经不见了踪影……

点评: "人间处处有真情",一个雨天,两个没有用出去的硬币,感受到的是一份浓浓的关爱之情。小作者笔触细腻,以环境描写烘托人物的心情,以细节描写突出人物的品质。寥寥数语中,心地善良的胖司机形象跃然纸上,带给读者的不仅仅是温暖,更多的是感动。

(指导老师:孙 萍)

听 雨

——————— 富春二小　六(3)班　张亦惠 ———————

　　有人喜爱"润物细无声"的春雨,有人心仪"白雨跳珠乱入船"的夏雨,有人钟情"寒雨连江夜入吴"的冬雨,我却独爱秋天那连绵不断的雨——"留得枯荷听雨声"——那一番别有情趣的秋雨。

　　夜幕降临,窗外的秋雨仍"滴滴答答"落着,丝毫没有停歇的意思,躺在床上的我困意全无。聆听着这诗意而绵长的深秋之雨声,心中佩服它那"永落不止"的精神,思绪又飞回到了那一次雨中游戏……

　　已记不得那时我几年级了,朦胧忆得那次下课时,还是个懵懂小屁孩儿的我和几个玩伴,随手披上一件雨衣,来到楼下,又玩起了丢手绢的游戏。坐在雨中,闭上双眼,任密而细的雨丝落在雨衣上,只觉得凉凉的,很是清爽。过了许久,似乎有了一种仙气飘飘的感觉,好一个"雨中仙境"! 不知不觉,一伙伴已把假扮手绢的钢笔放在我身后了,我却浑然不知,引来众伙伴的哈哈大笑,我也情不自禁扬起嘴角。啊! 一颗童真之心正荡漾其中……这一切是多么的美好温馨!

　　如今的我,不禁惆怅起来,因为学习的压力,成堆的作业,我们虽处在童年,却无法在这小学的最后两年充分体会童年的"余味"。于是我又闭上眼,想重温这秋雨的美好。

　　"滴滴答答……",秋雨姑娘正轻声歌唱着,她动听的歌声如一颗颗饱满的珍珠,不断从她那娇艳的嘴唇下滴落。"沙沙沙",小树叶们也厌倦了夜晚的宁静,弹着它们自制的"琵琶"为秋雨姑娘伴奏。"叭——"马路上调皮的汽车时不时地打断雨夜的美好祥和,仿佛在对我说:"嘿,朋友! 注意我,不要忽视我的存在!"雨点小伞兵落在屋檐上的声音也别有洞天,"叮叮咚咚",细听之下,又像是无数雨之仙子在屋檐,哦不,在只属于她们的舞台上飞快地旋转、跳跃。"咕噜噜——"几个"不务正业"的小雨点正在下水道中进行着激烈的游泳比赛。"加油,加油!"我似乎还听到了它们的加油呐喊声……不知过了多久,这场秋雨仍不知疲倦地下着,"滴滴答答……滴滴答答……"雨点儿们难道不晓得累吗?

　　记忆中,一切都豁然开朗。

　　点评:都说见字如面。看到"雨点小伞兵"和"'不务正业'的小雨点",就感受到亦惠是一个内心火热的活泼的女孩,这与她娴静的外表相左。一场秋雨带给作者童年深刻的记忆,也是一场秋雨,排解了小作者内心的困顿——世界是如此丰富多彩,我们需要用心去发现!

(指导老师:杜瑾瑜)

苦雨，酸雨

富春五小　六（四）班　陈永泽

在历代文学家眼中，雨既代表着忧愁，又有着丰收的意义。现在的"雨"已变成了一种遍布农民心中的那一簇"污云"。

现在，人们的生活逐渐变好，出行有汽车，长途旅行有飞机，航海也有了邮轮。这些事，对于从前的人来说，是不可想象的；但是在从前，也有一种我们不可想象的东西，那就是环境。

雨，通俗地来说，是指地面上的水蒸发后，到天上形成了云，云多了，便降了下去，成了雨。这一过程，近似于现在的蒸馏水。蒸馏水中，不会有任何细菌、矿物质，以及重金属。既然蒸馏水无害，那为何近似于蒸馏水的雨，会成为农民的"灾难"呢？还不是因为空气中有害物质多！雨从高空落下，途中吸附了大量烟尘、有害颗粒，使原来的净水变成了污水。

曾经听过一个笑话，说："如果发明了时空穿梭机，将古代的人带到现代来，不一会儿就会因为大气的混浊染上疾病而死；而把现代人带到古代，也会因空气之清新而兴奋死。"前者无可怀疑，而后者便略带讽刺意味了。不过这也是对现在污染严重这一事实的真实写照。

在《悟空传》这部电影的末尾，有一句豪情万丈的话："我要这天再障不住我眼……"初闻，令人热血澎湃；细思，又略感可笑。现在的天，早已失去了那碧蓝，成了灰蒙蒙的。雾霾这一"老天爷的障眼法"也越演越烈。哪怕再出一位如悟空般的"旷世奇才"，也怕是无济于事。杜甫的《绝句》中有一句"两个黄鹂鸣翠柳，一行白鹭上青天"。诗中的"青天"是现在不可比拟的。

我曾经去过新疆，因为那边的车少，污染也小，那天是如此的蓝，云是那样的白，与富阳的天形成了鲜明的对比。富阳的天如同要下大暴雨般，灰暗得不成样子，根本不能与新疆媲美。

有民国时期的作家为自己的书斋起名为"苦雨""甜雨"，而现在则成了"酸雨"。"酸、甜、苦"都是味道，但意义肯定不同。"甜雨"是因为作者看到了雨所带来的丰收；"苦雨"是因为作者看到了雨带来的忧愁；而"酸雨"则是人们感叹环境污染严重的叹词。

达夫先生应该不会想到，在他诞生一百二十一周年之后，他眼中的雨，已完全变了模样。

还好，人类已渐渐意识到了自己对大自然所犯下的滔天罪行，已开始弥补，希望我们还能看到那新疆的碧天。

点评：陈永泽的文章语言老辣，行文流畅，有一定的文字功底。更难能可贵的是，小作者对题材的把控能力超级强，在短短的一个小时里，将新疆和富阳、民国和现代进行了对比，纵横跨度如此之大也没有离开对主题的深化。这种把控能力不是一般的孩子能够达到的。

（指导老师：张　萍）

那雨，那人

富春五小　六（1）班　孙艺珂

江南的雨，在习习的凉风中，悠悠地洒下，霏霏的雨丝密密麻麻，随着风飘忽而不凌乱地飞舞着，发出"淅沥沙啦"的声响，柔和如小令。

忽地，风大了，雨也大了。冷风呼呼地吹，雨点斜斜地下，把一股股凉气直逼入我体内。在雨中的江边行走的我，只得压低了雨伞，匆匆地赶路。可尽管这样，仍挡不住接踵而来的美景——映入我的眼帘。时值深秋，一棵棵挺秀的大树，一排排整齐的灌木，无不涂上了一抹抹浓艳的色彩，这里一簇浓郁的苍绿，那里一片耀眼的金黄；这里一抹火样的红色，那里一撮鲜艳的亮紫。雨把一切色彩冲刷得尤为清新自然，清洗得闪闪发亮，像涂了一层蜡似的，十分艳丽。

然而，这一切，在凄凄的冷雨的映衬下，也平添了几分"秋风秋雨愁煞人"的凄楚与萧条。

风继续吹着，雨继续下着，秋景继续展示着她那凄美的红树黄花。突然，一抹鲜艳的橘色在眼底掠过：不是树叶，也不是花朵，而是一位穿着橙色制服、头戴橙色工作帽的环卫工人在雨中打扫的身影。这是一个年岁已高的老奶奶，花白的乱发上挂着几颗晶亮的雨珠。只见她两腿微微叉开，一只手紧紧地握住扫把，在雨后湿淋淋的地面上一下一下用力打扫着，随着扫把的舞动，地上溅起了阵阵水花。一簇簇落叶在风的带动下，勉强在地上跳了几跳，转了几个圈子，就打着转儿被赶进了环卫工人另一只手紧握的簸箕里。扫帚和簸箕不断地擦到地面，发出"呲——呲"或"咔，咔"的声音，虽与周围静谧的景致有点不太搭调，可在我看来，倒有几分情趣在里边。

扫了好久，老奶奶环视四周，见周围再无落叶，便提上扫帚，慢慢地向前走了一段儿。她像个久经沙场的狩猎者似的，已不再灵活的眼骨碌碌地转着，又发现了一大堆金黄的落叶，她紧走几步，提起扫帚，"刷——刷——"扫帚与叶片和地面摩擦着，一片片叶子又顺从地打着旋儿飞进了簸箕里。

我皱着眉头，看着菲菲的冷雨无情地敲打着她的防雨外套，粗大的雨珠"啪啪"地飞溅起来：她难道就不冷吗？按理说，冷雨敲打着她的衣服，她应该全身都已冰冷得僵透了呀？怎么……

就在这时，她的背影猛地一颤，打了个哆嗦，像是在回答我心中的疑问。

目送着老奶奶矮小的身影渐渐远去，远去，直到她消失在马路的尽头。我凝视着她消失的方向，久久不忍移开视线。此刻，在我心里，她平凡而高洁的身影，早已灿烂成一朵秋日里最美的花，我想，这朵花永不会凋落……想着，我的心底涌上了一种莫名的美好。

点评： 本文作者在开篇以诗一般的语言描绘了江南的秋雨悠悠的、密密的、如小令般美好的特点，接着用一系列的叠词和不同的表示颜色的词语写出了秋雨中景物的美好，细腻的文笔书尽了雨中江南的别样景致。然后，作者话锋一转，以一个女孩的敏感道出了"秋风秋雨愁煞人"的独特感受,直至目睹在马路上打扫落叶的老奶奶认真负责的打扫之后,作者的情感又重归美好。江南的秋雨中,作者的情感经历可谓丰富;如诗的文句间,作者的写作功底可见一斑。

(指导老师:裘惠琴)

雨中·遇见您

新登镇小惠来校区 六(2)班 余项冉

下雨了,周围起了烟雾,远处的群山显现出黛青色的轮廓,格外朦胧。那雨时而舒缓,时而微小,仿佛是蚕吐出的银丝,织在了万物之上,真是"水光潋滟晴方好,山色空蒙雨亦奇"。

我撑着伞,独自倚靠在恩波桥上,望那奇妙之自然,感那人文之无穷。朦朦胧胧中,我的眼前出现了一个若隐若现的背影,挺拔、精神。白色的衬衫,黑色的单裤。哦!是郁达夫先生,是郁达夫先生!视线顿时清晰了,仿佛被擦拭过似的。您转过身,微笑着,朝我招手。这一刻可真暖人心窝。我兴奋地奔了过去,好像从闸口涌入渠道的水流。在这一刻,我们相拥,认识了彼此,心中布满了无穷无尽的喜悦。

不知不觉中,您领着我来到了您美丽的故居。走过林荫道,与枝头欢唱的鸟儿招手;踏过石板路与路旁的蝴蝶共舞;穿过小树林,感受泥土的芬芳。虽是蒙蒙细雨,但这雨似丝线织成彩缎,把我们的心织在了一起。您带我进了里屋:"你瞧,这是我当时写的《登富春第一楼》……"您给讲着屋里每一物的来历,嘴角总是洋溢着快乐,而我时不时挠头,似懂非懂,偶尔还会点点头。随后,您与我坐在了那两张布满岁月痕迹的小椅子上。您为我泡了一壶安顶山云雾茶。闻一闻,啊!清香扑鼻而来,整个人舒畅了多时。您拍了拍我的肩,与我笑呵呵地讨论起写作。颇有趣味!您说写作最重要的是情感,而这让我想起了您所说过的一句:"没有情感的理智,是无光彩的金块,而无理智的情感,是无鞍蹬的野马。"

您又带我来到了龙门古镇。古韵悠悠。踏在石板路上的我们撑着伞,缓慢行走着。前方是一个不大的鱼塘。雨打在水面上泛出阵阵涟漪,相激相荡。那群妇女不顾雨天,有说有笑地洗着菜叶。檐头、屋里、路上都充满了快乐。我们穿过幽幽的小巷。你瞧,一个戏台。"天上掉下个林妹妹,似一朵……"这鲜明生动的歌声在我们耳畔响起。"这可是江南地区,甚是有名的越剧!""嗯,我还记得它是《红楼梦》里的呢!"我们停下脚步,细细品味了一番。

随后,您又带我去了文化深远的鹳山、独特风趣的东梓关……晚风轻拂,您还带我看了姐妹山……

雨仍淅淅沥沥地下着,我与您再次来到了恩波桥头。您在桥那头,而我在这头,挥手告别。顿时,我想欢呼,我想雀跃,我想高歌,对于这个雨天,我无比激动……

"啪嗒,啪嗒!"

又是烟雨蒙蒙的一天,我撑着伞,仍倚靠在恩波桥上……

(指导老师:颜素英)

秋　雨

————— 场口镇小　四(1)班　何语菲 —————

"嗒,嗒",车窗玻璃上,是谁在奏出一首乐曲? 唱得可真好听。

哦,原来是雨! 朝车窗外望去,稻田里除了金黄的稻浪,还有一排又一排的厂房,好像望不到头。高高低低,错落有致,像极了海上的波浪。

像这样在雨中的波浪,我以前也是看到过的。

记得小时候,有一回跟爸爸妈妈去大源那边走亲戚。看到公路两边那连绵不断的厂房波浪,我都惊呆了:我不知道一个地方的工厂,竟然可以那么大,那么多!

不过,那次走亲戚给我的印象并不太好,因为那里天空中的太阳总是若隐若现,空气中总是飘荡着一股令人反胃的气味。那股气味让我吃饭时面对着大鱼大虾都没有丝毫胃口。

忽然又想起早晨的事了。

天刚蒙蒙亮,雨还是停不下来,母亲便骑着电瓶车,去开发区那边上班。她带我到接送车候车点后,再三嘱咐我:"在学校要认真学习,可不能丢三落四了。"我知道她是不放心我,就因为那天到校后,我发现语文书忘在家里了,打电话给她,害得她上班期间请假回家,帮我找书。可是,她当着那么多同学的面,不停地说,不停地说,就让我有点受不了了,忍不住顶了她一句:"说好了没!"

"再不来管你了!"母亲扔下一句,骑着电瓶车去了。

看着她气冲冲远去的背影,我的心没来由地凉了一下。

转过头去,望着雨中的稻田,我觉得自己实在没有和母亲顶嘴的资格。

"到家了,到家了!"有同学在喊,他的声音高亢响亮,一下唤醒了还沉浸在回忆中的我。

站起身来,随着人流走下接送车,回头看看,远处开发区的上空,天边现出了一抹金黄色,雨丝渐渐消失了。江面上一艘大船"呜——"的一声长鸣,向上游驶去,汽笛声在富春江的水面上久久回荡。

大桥。江面。田野。

开发区那边的马路上,忽然出现了很多人流和电瓶车流,母亲也到下班时间了吧。

忽然想起王老师今天才教的那首歌,叫什么来着? 好像是《在希望的田野上》。

嗯,就是这首歌。

我的心忽然满满地涌上一股特别的温暖了……

点评:何语菲同学这篇文章构思巧妙,以放学回家时在学生接送车上的所见所想为主要着力点,从一个很小的点,深入刻画了家乡的变化和家人的关怀,全文语言生动,感情真挚,是一篇上好的佳作。

(指导老师:王海平)

雨中的红纸伞

新登镇小惠来校区　六（4）班　金溪羽

雨又开始下了，落在了小羽家的房檐上。"滴滴答答"的声音，仿佛是天间演奏的一曲美妙的音乐……

自从小羽上了三年级后，奶奶就很少来学校接她了。不过，只要是下雨天，奶奶就会早早地等在学校门口。

"小羽奶奶，又来了！快进去喝口热茶，坐着慢慢等。"学校的保安王大爷对奶奶说道。

奶奶笑着摇摇头，她撑着那把红色的油纸伞，站在雨中，美极了。红色的伞映着她那满头的银丝，成了雨中校门口的一道风景。

放学了，孩子们像蜜蜂似的拥出了校门，小羽在家长们中一眼就认出了奶奶。奶奶也在潮水般的孩子中，找到了小羽。因为小羽身上有着别的孩子没有的特点。"奶奶！"小羽欢快地叫道。

奶奶一把把小羽揽入怀里，在她的耳边亲昵地喊道："羽羽！"在只有奶奶和小羽两个人的时候，奶奶才会叫小羽的乳名。而小羽也会在奶奶耳边喊"阿梅"。

小羽撑开了那把小的红油纸伞。就这样，一大一小两把红纸伞肩并肩撑开了。小羽和奶奶在雨中撑着红纸伞漫步走在新登老街头的样子，成了雨中最独特的风景线。

雨落在红纸伞上的声音格外好听，奶奶和小羽都喜欢在雨中漫步。

走着走着，小羽和奶奶就走到了一家蛋糕店，奶奶给小羽买了一块草莓蛋糕。小羽坐在蛋糕店靠窗户的沙发上，静静地品尝。奶奶从来不吃，她喜欢看小羽慢慢舔着奶油，每次小羽会说："奶奶，你也吃一口。"奶奶总是笑着拒绝。吃完，小羽把嘴角的奶油用纸抹去，因为奶奶教导她要讲卫生。

两把红色油纸伞又撑开了，奶奶带着小羽来到了葛溪旁，望着葛溪的那碧玉般的水……

"奶奶，快来追我！"小羽大叫道。奶奶望着天真可爱的小羽笑了。"我来啦！"奶奶撑着红纸伞在雨中和小羽嬉笑玩闹起来。

在奔跑的时候，红油纸伞"嘶啦"一声撕开了，奶奶和小羽挤在那把小油纸伞下。一会儿，奶奶干脆把小红纸伞收起来，和小羽一起奔跑回家。

到家的时候，奶奶和小羽成了落汤鸡。妈妈连忙递上两块毛巾："两个傻瓜！"奶奶和小羽却咯咯地笑了起来。

第二天，奶奶托人从万市又买了两把新的红纸伞来……

点评：作者用细腻的笔法勾画出一幅优美的江南雨景，小镇甜美的生活多么本真，散发着和谐之美，亲情的醇香温暖浸润着每个心灵。

透过文字，我们可以感受到小作者敏锐的才思和灵动的气息，通过生活场景自然地表达出奶奶的爱，抒发独特的情感，如此细致美好的写法源于作者深入的观察、敏锐的感受、丰富的联想。

（指导老师：郭　诚）

夏 雨 匆 匆

————————— 高桥小学　五(6)班　周思婕 —————————

富春江畔的夏雨别有一番趣味。它没有春的温柔与秋的凄凉,仿佛,还没来得及体味,体味那夏雨的潮热,夏雨便离开了富春江畔。

刚刚,富春的天空还晴空万里,生机活泼的一派景象。眨眼,便不知风伯伯从哪儿领回来一群调皮的乌云,一来就哭着流泪。它先是掀起一阵大风,忽又腾空狂卷。空气显得有些闷热,瞧天空的气势,大雨要来了。我们一家连忙到附近的屋檐下避雨。"呼——呼呼——",风越刮越大,猛然抬头,远处一大片乌云正低压压地向我们这边进军。

"哗啦啦呼——哗啦啦——",雨下来了,夏风夹着雨,像一支乐队似的,演奏着自己独特的乐曲。再往富春江远望去,啪嗒嗒的雨水打在柔情的江面上,溅起一朵朵漂亮的水花。晶莹莹的水花有的大,有的小,仿佛在眼前闪一下就忽地没了;又像一朵朵娇羞的白莲,一忽儿就在水面开花了。雨水娃娃调皮地欺负着大树爷爷,刮得树叶乱颤,可是街道两旁的大树在雨中依然笔直地站着,任风吹任雨打。

夏是炎热的,尽管雨下得很大,风刮得厉害,但空气中仍散发着一丝湿而不爽的闷热。只下了两三分钟,就感觉江水涨了,太阳也不再低压压地沉下来,少了夏日平日的生机,但泥土应该是高兴的,植物更是最高兴的,炎热的夏季,夏雨难得来一次,它们可以在雨水中肆意沐浴,获得充足的水分,增加更多的能量。

雨下久了,人们就都赶到屋檐下避雨,但哪有那么多空位呢? 大家就挤在一起,显得更热了,可是人们从不埋怨,大人们说说笑笑,仿佛在告诉大家:"挤就挤呗,大家照样和和气气多好,何必争吵呢?"所以,你绝不会在下雨天看到人们为了抢避雨位而争吵,因为在富春这片土地上,随处能感受到雨中的和谐暖意……

没过多久,夏雨停了,估摸估摸,雨差不多下了十分钟。感觉时间也不长,而且如果你运气好,说不定还能看见雨后彩虹。富春的雨,雨下完了立马就晴了,雨下完后没多久,居民就出来晒太阳透气了,或是老人或是父母,牵着一两名孩童的手,在江边散起了步,父母走得平和缓慢,孩子不知因何事而兴奋,往往喜欢连蹦带跳地走,构成了一幅亲切和谐的画面。

一场夏雨,把高楼大厦清洗了一遍,把宽阔的马路清洗了一遍,把富春江畔清洗了一遍,似乎,让整个城市又多了几分纯净和生机。

夏雨匆匆,让这个城市焕然一新,却又飞速离去,望着还在"滴答,滴答"着的雨水,大地笑了,我笑了……

点评: 小作者用活泼跳跃的笔触细致描写了富春江畔一场夏雨来去匆匆的特点。字里行间,都透露出小作者对夏雨来之前、来之时、雨停后细腻的观察。与众不同的洞察力、清新动人的笔触让此文熠熠生辉。文章用词酌句生动,丰富多彩的想象力体现了小作者视角的独特:就算是一场夏雨,也洋溢着孩子享受其中的快乐与童趣,抒发了对富春大地的深切热爱,让人眼前一亮!

（指导老师：詹美华）

烟雨江上雾幻景

新登镇小惠来校区　六(6)班　应　康

雨,灰蒙蒙地下着。

即将出国留学的晓江,漫步在她的故乡——富春江畔。

晓江已长大,不再是多年前那个祈盼快些长的小女孩了。如今,她要离开这片滋养她成长的土地了,但她终究还是眷恋着,不舍得离开。然而又有什么办法呢? 她得见识更多的东西。

手中的油纸伞,早已被年幼时的晓江涂画得红一块绿一块了;头上的木头发夹,也被岁月磨去了原有的光泽和清香。

沿着桥栏,走在富春江畔,看着那重重叠叠的飘浮在江面的烟雨薄雾,晓江突然惊了一下。在她的眼前,那些薄雾竟缓缓幻出了她幼时在江边耍玩的情景:

一个小小的女孩光着脚嘻嘻哈哈地从那幢低矮的、瓦盖的屋子中"逃"了出来。又一会儿,才奔出来一个大哥哥,挥舞着手中那本已经被撕得破破烂烂的图画小书,生气地朝小女孩哇哇大叫。而那小女孩却只是在远处嬉笑着,直朝他做鬼脸。

一艘小小的木篷船摇摇晃晃地走在江上,船上的大人无奈地呵斥着那个在船头蹦蹦跳跳的小女孩,一边努力把竹竿插进江底,勉强保持着船的平衡。小女孩挨了训,却像个没事人,依旧顽皮地跳着、跃着,试图去摘下那支挂在船篷顶上的钓竿。

一家人吃团圆饭、放爆竹,热热闹闹。小女孩却悄悄从饭桌上溜下来,走进哥哥的房间,把抽屉一个一个打开,翻个底朝天,直至找到哥哥珍藏的新年零食,才"哇呀"欢呼一声,一股脑地抄起零食装进自个儿的小口袋里,跑到江边看烟花吃零食来了。

……

晓江呆呆地立在江边,伞也掉了。她擦了一下眼睛,又用力地揉了一会儿。再看,那江上就只剩下一片灰蒙蒙的雨雾了。细雨,早已淋湿了她的头发,她整理了一下,然后有一些失神地抬起了手。

啪! 滴答!

雨落在了她的手中,还是那么凉凉的,还是那么清清的,二十年了,一直都没变过。

雨没变过,江水也没变过;家没变过,家乡也没变过。但是,晓江变了。她要走了。

晓江再次懵懵懂懂地抓起了油纸伞,慢慢地,慢慢地,远离了这江,远离了这江上的烟雨,远离了这江上的薄雾,远离了她孩童时的一切……

富春江上,又只剩下灰蒙蒙的雨雾了。

点评:文章塑造了一个叫晓江的女孩,即将远离家乡,远离伴随她成长的富春江,内心充满不舍和眷恋,人物形象鲜明,读着如见其人,可以充分感受到她内心淡淡的忧伤。整篇文章条理清晰、构思巧妙,以"雨,灰蒙蒙地下着"开头,以"富春江上,又只剩下灰蒙蒙的雨雾了"结尾,首尾呼应,结构完整。中间以幻景的形式回忆了三段儿时美好的生活场景,小女孩活泼中略带些顽皮,使晓江的形象更趋于丰满。小作者还注重情境的创设,追求语言的准确和生动,给人留下了深刻的印象。　　(指导老师:罗丽群)

雨

———————— 实验小学虎山校区　六(1)班　梅凌寒 ————————

　　走在富春江边,我眺望远方。在江的尽头处,水天相接,笼罩着一层轻纱般的薄雾,一切只剩下朦胧的白茫茫一片。

　　我仿佛忘却了时光,只是呆呆地驻足痴望。

　　悄悄地,轻轻地,它来了。

　　雨。

　　一开始,我只觉得脑袋上几点清凉,而并不知晓是它来了。渐渐地,雨大了起来,雨点落在江面上,滴答滴答,溅起一朵朵小巧可人的浪花,仿佛是一首绝美的钢琴曲的前奏。我想起了许多描写雨的诗句:什么"天街小雨润如酥""两三点雨山前"……可还没容我细想,就感到身上传来一阵阵的凉意,原来我没带伞,雨水不知不觉间已经浸湿了我的衣裳,我赶紧跑到江边的凉亭中去避雨。

　　站在凉亭里,我更加饶有兴趣地仔细地欣赏起这场雨来:它如梦似雾,向远处望如果不细看还真瞧不出来在下雨,似是一场铺天盖地的雾将人们笼罩其中;它如诗如画,人们成群结队打着伞在雨中穿行,颇有一番唯美的意境。

　　雨愈来愈大,愈来愈大,无休无止地下着,仿佛要把整个世界吞没。富春江,水天一色,到处都是白茫茫的一片。远处苍翠的树木在雨中若隐若现,一切都好似一幅浓妆淡抹的泼墨画,抽象而又微妙,豪放而又不随意。而江上晚归的渔船,打着伞匆匆回家的人们,让画面显得更加灵动。正看着,雨,无声无息地停了,正如来时一般匆匆忙忙,我却还沉浸在雨的梦幻之中。

　　到了家,我的脑海中依旧清晰地浮现着刚才的那场雨,久久不能忘却。如果说它像诗,我觉得它比诗还悠扬;如果说它像画,我觉得它比画还要优美;如果说它像梦,我觉得它比梦还要美好。

　　推开窗,我望望外边,只剩下几点水珠从房檐上落下,掉在阳台的窗上,发出清脆的声音,仿佛是一场雨的余韵。雨后,树木变得更加青翠,花朵变得更加娇艳,空气也变得更加清新……

　　我舒了一口气,坐到沙发上。可就在这时,雨仿佛睡了个回笼觉,水帘再次贯穿天地,又拉开了梦幻的帷幕。

　　点评:富春江,一个美丽的传说,她早已成为我们富阳人民的骄傲。富春江上一场看似平常的雨,在小作者笔下变幻莫测,充满了灵性,它是美的化身,它是神的韵味,它更是梦的帷幕!这雨,让富春江起了涟漪,让小作者的心里起了涟漪,也让我们读者的心里起了涟漪……

(指导老师:包小燕)

美哉！烟雨

东洲中小 六(2)班 陆梓惠

见过淅淅沥沥的小雨。很美，很轻盈。

雨，或是如迷雾，或是"天街小雨润如酥，草色遥看近却无"，这便是韩愈口中的雨。众人皆知，这如酥油般的雨怎能不滋润春的一派容颜？或是"水光潋滟晴方好，山色空蒙雨亦奇"的迷蒙格调；或是"雨色秋来寒，风严清江爽"的秋雨之寒意，抑或是三冬的寒雨，若不是身临其境绝不能体会冬雨的韵调。

天，飘起了青螺数点。依稀会有零星的雨沫从窗口飘进，打落在吊兰上，雨珠从叶上滑落在叶尖，坠落。可不像个孩子么，期待着下一轮的滑梯。

偶有一丝清风路过。我的发絮就黏到了一起，证明它们曾经认识过。

雨，还在窗外下着。我与外界隔着一扇玻璃窗，便可以望到这如江南烟雨的美景。这种迷蒙就是那种湖面上氤起的烟雾一般。可是这种烟雾更美，更轻，更悠扬。这"江南之烟雨"如蝉翼，似迷雾，像丝绸。朦胧的不仅仅是双眼。

烟雨打在了玻璃窗上，几根细小的银针怎能不让那些文人墨客起怜爱之情？就好比"小荷才露尖尖角，早有蜻蜓立上头"——杨万里口中的那四五月份如许嫩的荷花。这娇弱的雨珠化成一线水迹消失在玻璃窗上，只留下自己最后的美。

雨愈加白了，就好比少女不施粉黛的脸庞那般清纯。若是把戴望舒的《雨巷》里那个像丁香般结着愁怨的姑娘添入此景中，岂不是不能再美啦！虽说在雨的哀曲里，散了这位姑娘的颜色、芬芳及惆怅。但我想姑娘会爱上这江南烟雨的。这素雅的烟雨，和在银杏的颜色里，银杏便飘落了几片叶子，在没人看见的地方，静默之中化作泥土。也许这就是"死如秋叶般静美"的意境吧！

玻璃窗上的雨珠消失了，留下了几条痕迹。吊兰上的雨珠，再次滑到叶尖上，坠落。大抵"雨打芭蕉"便是这样的吧！

眺望着。富春江上泊了一只乌篷小船。那里甚是迷蒙。远处的山剩下一片青绿。近处，吊兰的叶子轻颤着。

点评：诗一般的感觉，轻盈、绵柔、迷蒙。读罢，满心满眼都沉醉在这江南的烟雨中。贴切的用词、跳跃灵动的语言，再加上点缀其间的诗句，好一位江南的少女，好一场江南的烟雨。真正美哉！

（指导老师：叶 萍）

"双面"雨

东洲中小　六(2)班　肖　静

不知何时下起,又不知何时停下,它就是——雨。

雨就如轻捷柔软的手指弹起了动听的音乐,落在树枝上,"滴答,滴答,滴答……"真像一首无字的歌谣。可为何,雨在我的记忆中又是那么的"坏"呢?

想起那天放学回家的路上,哎……真是悲剧啊!不知为什么那天老天爷哭个不停,雨啊,你能否停停,我在心中默默念叨。妈妈来接我了,突然,一阵狂风刮来,吹翻了我们的雨伞,在慌乱中我和妈妈都措手不及,只是着急地往前走。这时一辆大卡车从我们身边飞驰而过,就是那么一瞬间,我和妈妈突然觉得身上一阵凉意,啊!我大叫了一声,原来旁边有个大水洼,我们一下子被淋成了落汤鸡哦,不对,是洒成了落汤鸡。我心中顿时燃烧起仇恨的火焰来,像怪兽一样吞噬着我的心,我和妈妈愤怒的脸扭曲成暴怒的狮子,如同优雅的花猫忽然尖叫着露出锋利的牙齿!这时,我只感觉身上凉飕飕的,犹如冬天吃冰淇淋的感觉。

妈妈生气地说:"真是见鬼了,这鬼天气,为何总是下雨?气死了……"我心里默默念叨:雨啊,雨,不是我说你,如果不是你下这么大,就不会有这个水洼了,没有这个水洼,我们怎会成现在的样子呢?下次你可要看着点哦,把我们弄感冒了,你可赔不起哟!

到了家,我赶紧把衣服换了。话说天气就像娃娃的脸说变就变,这不,刚才还是万里无云,不一会豆大的雨珠就倾泻而下,它早已没有了从前的可爱,树叶被打得尖叫起来,看着都心疼,而有些调皮的雨点似乎想进来瞧瞧,不停地敲着玻璃窗。于是,我打开了一角窗,小雨点迫不及待地跳了进来,风也悄悄进来……

不知何时下起,又不知何时停下。它就是——雨,双面雨!

点评:小作者选择的写作角度不错,别人赞美雨,写雨的优点,肖静同学却在写雨的另一面。她写雨的善变,写雨的冰凉,写雨的调皮。她将雨写成了一个活泼的人。文中个别比喻拟人句写得很传神,让人眼前一亮。小作者是带着情绪写的,但这种情绪恰到好处,收放比较自如。首尾一模一样的句子,让作品变得富有节奏,且圆润完整。

(指导老师:叶　萍)

雨景·雨情

富春二小　六(8)班　胡雨婷

雨,淅淅沥沥地下着,如烟如梦,为大地染上了一身神秘的色彩。

雨,滋润了干渴的幼苗,洗净了叶片上的灰尘,浇灭了草原上星星的火苗……

　　我素来喜爱这细雨霏霏的日子，撑一把伞，独自走在这悠长而又寂寥的小路上。听！雨打到树叶上了，"滴滴答答、滴滴答答"。看！树上的鸟窝中有两只鸟儿，它们依偎在一起。"啊，多么有爱的一幕！"我不禁感叹。

　　雨，打落了桂树上细小的金黄的桂花。我爱花，特别爱不与百花斗艳的花。它独自开放在萧瑟秋季中，它不争不抢，只是做好自己的本分。可再美的花也会遭遇凋零的那一天，残缺地留在枝头，令人不由得生出一丝伤感。可桂花却不一样，该凋谢时没有丝毫留恋，只是义无反顾地落下，准备培育来年该开放的花，正应了诗句"落红不是无情物，化作春泥更护花"。

　　走着走着，雨有些变大的势头。雨珠儿一连串儿地落了下来，或落在伞上，或落在各式生灵上，或落在水潭里，泛起一层层涟漪……我随意找了户人家，站在屋檐下，白墙黑瓦，接着的便是一片片金黄的麦子。麦穗很饱满，加上雨点浇灌，麦秆竟有些撑不住了，在雨中摇曳。远处山上雾蒙蒙的，叫人看不清它有多高。雨衬着这山，更增添了一份神秘。我想：有机会，一定要登上这山的绝顶，在那儿遥望远方，应该别有一番韵味吧！

　　雨，不知什么时候停了，我收起伞。天上出现了一道彩虹，太阳也悄悄地从云层中探出大半个脑袋，雨点在阳光的照耀下闪出五彩的光芒，此时的世界不再是灰蒙蒙的，而是彩色的。靠着墙，静静地站着，这一切仿佛就是一场梦，那么的不真实。

　　该回家了，转身，只留给天空一个孤独的背影，夕阳目送着我踏上回家的路……

　　点评：难忘雨中禾与花，洗净纤尘，倔强顽强；最美雨中情与景，麦苗金黄，远山近影。于梦想，义无反顾；暖阳出，恰是彩虹……联想则为触景生情，情景自然相融，结尾含蓄，以景寓情，极好地渲染意境。

（指导老师：李玉琴）

冷　雨

富春二小　六（4）班　夏星晨

　　哭丧着，踩着沉重的阶梯，流着溢满情绪的泪，我离开了最温暖的那个梦境，去闯，不再有对家的牵挂。

　　马路上有些空荡，沉寂着闪烁的跳动。光，撒了一片海，金灿得未免有那么几分可爱，可谁又会去留恋呢？想起妈妈的无情，我加紧了步伐。可能是天不忍少年哀若弃养，欲辍余奏，雨，惨惨戚戚地下了起来，扬起了一片飘笼的光雾，千丝万缕，落尽凡尘。

　　眼里透着的，亦不是雨的思念。我的心被雨安抚着，虽不曾有那么一丝淡淡的凉，也好比凉过那一丝残忍的怨。恍惚间，我不想走了，雨那软绵绵的消沉，摄走了我迷途的灵魂。坐在江边的椅子上，眼角泛着近似泪的闪光，一个人似乎活在朦胧的梦中。一江水，晃入了雨的梦境里，凄凉。家，虽可归，可家，显然已成为奢望。抚着栏墙凹凸的痕迹，谁不能说雨的恩泽就是那冷冷的伤痕！

想够了,我已不愿久坐于此,走吧,走吧,总有一地容下我的生活。是有点傻,尽管,我已经不属于那个肮脏的家了。现在的思绪可能有些乱,乱得已经无法思考,无法进行正常人的思维。这江水漂着的雨影,引诱着我,一跳,千事万事,可能就平静了,没有复杂的、鲜活的人生。雨冰冰凉的,敲在我肿起的头盖骨上,不负责任的表现,化为了雨洼,流入下水道里,就算下次仍旧不清醒,那也是下次了,等雨的记忆来慢慢唤醒吧!

孤单的雨,孤单的小孩,为什么不融在一体呢?都是这么无所适从,那么可怜,非分之念,忍不住的泪涌出,来啊,来大哭一场吧!鼻尖猛地一阵苦酸,含着雨,号啕大哭,什么真实,什么虚假,一切终究是情感的渊源。荧光隐着雨,模糊了这个世界,摇晃着,只剩下冷冷的雨,剥着我的皮。

或许已凌晨了,雨,还一直执着地下着,完成着它最后的创作。我拿起一块手帕拭泪,想起一针一线地缝制它的人,脑海中便又浮起妈妈那布满青茧的手。

我再也忍不住了,家,我的归宿。

雨,打湿了我的思念,打湿了我对家真挚的情感!

点评:这篇文章在选材上独辟蹊径,以雨传情。文中孩子因为和父母起了冲突离开了家步入雨中,雨的凄冷也映衬着孩子此时的心境。雨中的他坐在江边的椅子上,细雨江景一孤影,渲染了一份悲凉。"这江水漂着的雨影,引诱着我,一跳,千事万事,可能就平静了,没有复杂的、鲜活的人生。"与家人的冲突甚至让孩子产生了绝念,但也仅仅是一瞬间,妈妈一针一线缝制的手帕最终唤醒了孩子,虽写的是雨,但字里行间传递的却是浓浓的情!

(指导老师:王利红)

轻 烟 小 巷

富春七小　六(4)班　胡清煜

心之所向,也不过小巷;心之所往,也不过烟雨,心之所爱;也不过渺茫轻纱……

"吱呀",沉重的木门被轻轻推开,像是通往画水的另一道门。

陈旧的石板路上,托起了一双绣鞋。"嗒,嗒……"下雨了,石板上投下了一块阴影。

薄薄的轻纱,盖住了绣鞋,长长的水袖抚在石板上,精巧玲珑的油纸伞,猛然撑开,挡住了来势汹汹的大雨,梅花自白伞上绽开,幽香仿佛隐隐浮动在周围。

"下雨了吗……"

"对呀!"

油纸伞隐藏了女子精致光滑的面庞,只露出白瓷似的牙齿,嫣红的嘴角,桃花般俏丽的眼眸。屋檐下的一滴雨落下,溅起了小水塘里的水花,渐渐浸湿了那双绣鞋。

"咦,你是来听我唱戏的吗?"

"是啊。"

　　她笑了,笑的那样好看,大眼里的光芒像盛了整个世界。

　　他那样迷恋戏曲,用五颜六色的油彩在脸上涂抹是他最擅长的,把自己当作戏曲里的人物是他最爱做的。

　　布满纹格的窗棂渐渐打开,枯瘦的手渐渐伸出,皱纹与窗外女子相触、融合、轻散而去,化成一股青烟。

　　夜晚,月亮如迷人的少女般,微微一笑,投下了丝丝浅影,晚风轻轻拍打纸窗,奏起沙沙的乐曲。

　　清晨,雨,终于停了……

　　淡淡的雾气拥住了这条小巷,温柔地笑着,露珠拽着桃花的手轻轻摇动,可清风一摇,露珠便跳向大地,躲藏了起来。轻灵的麻雀成双成对地依偎在一起,叽叽喳喳的叫声平添了几抹灵动和快乐。

　　"长亭外——水光潋滟——金銮搔头——水袖翩翩花海里徜徉……"

　　稚嫩的童声唱着生涩的戏词,曼妙的舞姿、婉转的唱腔讲述了一个个凄美的故事……老人布满皱纹的脸上却扬起了一抹淡淡的笑,刻画进了脑海,蹒跚地走进阴影,半晌,手里多了一件戏服,青色的薄纱被轻轻一抖,仿佛和那天空中的一抹色块连在一起,当少女精致的眼中倒映出那片青衣,笑意如阳光攀上她俏丽的脸庞,手指微微颤动,欣喜的泪水夺眶而出。

　　"你知道咱们这条巷的尽头是什么不?"

　　"不知道。"

　　"是江唉,富春江唉!你想啊,自由奔腾的江水里有着自由的小鱼小虾,有自由歌唱的渔民,有好多好多新奇的事……"

　　轻纱从石板上擦过,仿佛带起了丝丝雨雾,女子仍然在吟唱,闪亮的双眼频频回头张望巷口,她在期盼什么呢……

　　小巷的烟雨,还是那么轻,那么渺茫,带着点桃花的嫣红……

　　点评:文章语言优美、清逸婉丽,给人以美的享受。开头的诗化语言,充满韵律之美,结尾含蓄点题却又令人饱含期待,言已尽,意犹未了。文中精妙词语的运用,使读者领略到江南小巷神秘而迷人的气质,读之仿佛置身于梦境一般,其间对话、动作等细节描写又颇具匠心,恰到好处地揭示了人物的内心世界。由此可见,小作者是一个阅读广泛、文字功底扎实的孩子。

　　　　　　　　　　　　　　　　　　　　　　　　　　　　(指导老师:孙少明)

雨

———————— 东洲中小　六(4)班　孙格圣 ————————

　　江南一带,自古以来,便多雨。而我所居住的富阳城,春、秋、冬这三个季节,更是时常下起一阵阵小雨。而夏天,下的多是暴雨,使得那原本贫乏无味的天气有了几分润色,造就了那"江南水墨"的称号,令古今文人墨客连番赞赏。

春天之雨,用处广泛。可以润禾,可以成为报春之使者,可以让原本死气沉沉的环境变得生机盎然。"天街小雨润如酥,草色遥看近却无。"这种诗句更能让人体会到春雨朴素、无私却不张扬之美。春雨绵绵,我家后面镀子山上,一到冬天,便成衰败之象,那些树啊,花啊,草啊,大多呈枯绿之色,毫无生机。能保持原本翠绿的,几近没有。而春节过后,初春下起春雨时,不过多久,树上老枝绽满新芽,到处可见嫩绿,而草地上却长出了那些小草。可见春雨之"魔力"有多大。

夏天之雨,最得益之处便是消暑。夏至到大暑那段时间,可谓酷暑难耐,尤其是下午,一出门,迎接你的便是那酷热的天气。走着走着,你便像在家中洗了个热水澡。而此刻,若是下上一阵雨,该有多好!雨,将那暑气尽数逼退,仿佛整个世界都随之凉快,七窍八脉为之一振,享受天然之美。但是夏天,多的则是中雨、大雨、暴雨,所以基本上,下完一场雨,再去玩,出门才走天之道也。因为那时,下完夏雨,而太阳却也还未现身,气温随之能降几度。

秋天的雨,多有些萧瑟、凄凉,多的是悲感,也有彷徨。雨夹杂着风,一起将众多枯叶拂落在地。这不禁使我想起小学四五年级时,我还未曾转学,仍然生活在那五年共处的大家庭中。那天,回家吃中饭,下起小雨,天色较为昏暗,可是我却未曾带雨伞,因为早上还是阳光明媚,秋高气爽。天气说变就变,于是我便找了同学与我同路,一齐撑一把伞回家。我家比较远,于是同学便先送我回到家后再返回。这感人的一幕我至今还记得。可是,如今我转学了,想到不能常见到旧友时,便有些伤感。

冬天的雨,若把人浇成落汤鸡,那便是一个透心凉。朔风凛冽的早晨本来已经能让你瑟瑟发抖了,倘若此时再来一阵冬雨,便是雪上加霜。衣服少许也该有五六件才保暖,口吐着白气,手都冻着,不敢握那冰凉的伞柄哩。冬天的雨,落到地上,一夜之后便可结冰。南国尚且这么冷,不用说北国了。

曾几何时,周作人先生名曰:苦雨。苏轼文:《喜雨亭记》。吾笑曰:雨乃有苦有甜,四季的雨,不同阶段,不同历程,真乃善变也。

点评:本文中的"雨",小作者把它写活了,仿佛自己化成了四季的"雨",调皮而温情,穿梭于江南的四季,景中有"雨",雨中有"情"。
（指导老师:汪萍芳）

雨 的 杰 作

—————— 实验小学虎山校区　五(6)班　林可欣 ——————

又是一个宁静的早晨,雨静静地下着。走出门,便与带着泥土清香和青草芬芳的微风撞了个满怀,它们仿佛调皮的精灵,停在柳梢头,停在花瓣中,停在草尖上。它们扑闪着翅膀,翩跹在空中。我张开双臂,做了个深呼吸,说:"香香,别藏了,我看到你们啦!"

行走在富春江边,栀子花仰着脸庞,贪婪地吮吸着大自然的馈赠,雪白的花瓣经过雨水的洗礼,竟晶莹剔透起来,闪烁着珍珠般的光芒。一颗颗小水珠滴在花瓣上,栀子花笑得更欢了,好像在说:"来吧来吧,欢迎你们!"江边的小草,更加嫩绿了,让人不忍心去碰一碰,怕一不小心,就会让它们化作粉尘,飘向空中,永不复返。

"嘀嗒,嘀嗒",雨下得更猛烈了,富春江的水更绿了,仿佛是西王母遗落在人间的碧玉,又仿佛被施了魔法,闪着耀眼的绿光。慢慢地,慢慢地,江面上升起了白雾,大山变模糊了,绿树变模糊了,小花也变模糊了。我宛若进入了仙境,和仙女们一起舞蹈。

就在我陶醉其中时,悠扬的渔歌从远处响起,把我从幻象中拉了回来。我静静地聆听着这美妙的歌声,心情更是无比舒畅。白雾笼罩的江面上驶来一个小黑点儿,近了,更近了……终于看清,是条渔船,一位打鱼人独立在上,撑着竹篙,展示着他动人的歌喉,让人想起了"青箬笠,绿蓑衣,斜风细雨不须归"的诗句。渔船,渐行渐远;歌声,绕江不绝……

雨还在下着,青草的味儿却一直没有被冲走,它们紧紧地跟在我身后,甩也甩不掉,赶也赶不走。我,笑了,笑得很甜。

向东远眺,富春江延伸到很远很远,被一座座大山挡住了去路,它们高低不一,连绵起伏,让人产生无限的遐想:那高高的山顶上乌云缭绕,是谁在做法?雷公?云母?还是……

起风了,微风宛若一位妙龄少女,身披绫罗绸缎,脚踏绣花布鞋,手持鸳鸯团扇,纤纤玉手轻轻一挥,富春江上碧波荡漾。富春江水像一只大手,轻抚着江边的岩石,小雨点儿也来凑个热闹。"嘀嗒,嘀嗒""哗啦,哗啦",两种声音交织在一起,奏成了一首交响乐。花儿不摇了,鸟儿不叫了,我也站住了,倾听这美妙的乐曲。

天色入暮,我要离开了。可我的心却遗落在了烟雨中,遗落在了富春江的深处……

点评: "天街小雨润如酥",在小作者的笔下,富春江上的雨是如此的温润婉约,她默默地滋润着江边的万物,洗涤着世间的尘埃,同时她又是那样调皮可爱,美妙的雨声和悠扬的渔歌相映成趣,奏成了一曲动人的交响乐,绘成了一幅烟雨朦胧的江南水墨画。而结尾处,一个"醉"字,意境深远,回味无穷,更是抒发了作者"家在富春江上"的自豪之情。

(指导老师:彭晓霞)

凄　雨

富春二小　六(8)班　冯惟楚

漫天的星辰,潮起潮落。闪得晃眼。雨来了?雨,来了。明明在这样的天气下雨是有违自然规律的。可是大雨来临竟不让我惊讶。满山遍野染上雨丝。

雨,是很纯净的,透明闪亮的。他们是星辰的儿女。尽管没有人告诉我——带着星光儿女应有的璀璨而来,携着天地的纯洁而来。

雨,在转瞬化作雨点。

雨点的纯净不达心底，有点蒙了尘。不知为何传来阵阵呜咽声，干涸的声音，凄惨的声音。有多少忧愁夹杂其中，声音竟是这般凄凉。

泪，就下来了。

雨点猛地扩大，倾盆大雨遮了星辰。凄悲的啜泣声铺天盖地，甚至还在变响。是雨里的声音吗？

我就这样哭醒了。

撕下旧日历，今儿个立夏了。我似乎知道雨为什么哭了，怕是在悲悼那逝去的春吧。

后来，后来。下了一场很大的雨，浩浩荡荡地宣告着夏天的来临。我就蹲在窗前。一个小男孩从屋子里溜出来，大概是背着父母的。他把小手放在叶子上，叶上的水落入他的小手。小男孩的妈妈出来了，揪走了小男孩。

雨，还是在唱。唱的如《义勇军进行曲》一样雄壮的。他们都在迎接豪爽的夏吧。

这场雨和梦里的，是差很远的。每个雨滴都是大相径庭的。

爷爷是喜欢玄学的。他这么说："雨用灵力带去了春，将一年未面世的夏领来。要好好过这个夏天呀，雨为了领来夏天，恐是做了不少努力。"

我又想起了那个梦。我倒是觉得，雨其实也在惜别春，在梦里它悲寥的哭咽，让我绝对不会忘记的。这样想想，总感觉这场夏雨的雄音里夹了一丝对春的惋惜。

卑微如雨丝，也是有眷恋的。

晚上的时候，雨，歇了。

北斗星摇摇坠坠，叶上的雨珠，也摇摇坠坠。

点评：小作者行文流畅，想象悠远，把内心的感触流露在笔尖，纯净如星辰，凛冽抵心底。牵绊着春和夏，每一滴，都是多情的倾诉。这样的雨，纵使暂别时凄咽，她的梦，定也是瑰丽无华。

（指导老师：李玉琴）

那片橙黄　那片温暖

永兴小学　六（3）班　张惟奕

来得突然，跟着一阵阵湿润的秋风，雨悄悄地来了，枝头的树叶经过秋风秋雨的洗礼，日渐泛黄，远远望去，映入眼帘的是一片水淋淋的橙黄。这温暖的颜色，又一次把我带入另一个下雨天，那位老师……那片温暖……

那同样是一个冷丝丝的秋末，同样，也有那一片在雨中浸润的橙黄。当时，身为一年级住校生的我看来，那落英的雨天却显得如此冰凉。这才周一，我就开始想爸爸和妈妈了。同为警察的爸爸妈妈工作忙，即便是周末，我们也很难全家相聚一起。呆立在雨中，我就如同那秋风带走的落叶，远离了树妈妈的怀抱。想到这儿，泪水已悄无声息地滑落脸庞，夹杂着秋雨一起滴落在校园的操场上。伴随着周围过路同学的哄笑，我的哭声显得格外凄凉。

"哎呀,怎么了?"在我封闭的心中突然飘进一阵柔和的声音,就像淌过一股暖流。我抬起头,是班主任刘老师。不知怎的,心中的委屈一下子爆发了。我穿着雨衣哭得像个泪人。刘老师大概猜出了些什么,安排好其他同学,就带我去了办公室。走进办公室,我抬眼偷偷瞄了眼刘老师,她略显疲惫的脸上用淡妆撑起精神,两眼平和极了,像深深的潭水……我突然感到紧张,干咳了几声,便呆立在刘老师面前,脸上还挂着泪珠,一副不知所措的样子。

此时,窗外的雨下得更大了,仿佛是要替我诉完这场浓浓的思念。刘老师转身俯下身子,轻轻地用手捧起了我的小脸,用隐隐透着担忧的语气说:"惟奕,我知道你想妈妈了,我很理解你,但是没办法,我们是为了学习呀,学很多的本领呀……"连同手心透出的温暖,刘老师那轻轻柔柔的声音,以及微微上扬的嘴角,慢慢地打开我尘封的心门。我慢慢止住了哭泣,心中既充满了对妈妈的思念,也填满了对刘老师的感谢。"但是……我总是感觉不到妈妈的温暖……"我呜咽着,心中的坚冰却在一点点地融化。"在学校,刘老师就是你的小妈妈呀!你有什么事情都可以来找我,好吗?"说着,那温暖的手轻轻地替我抹去了脸上的眼泪……

后来,我不记得我是怎么回去的了。但那个秋天,那天的那份温暖一直沁入我心中:似乎还停留在脸上的温度,刘老师春风拂面般的笑容,还有窗外枝头的那片橙黄……从此,我对秋天的雨多了一份喜欢。每当思念席卷心胸,每当秋风刮过心田,每当泪水浸润眼眶,那个雨秋的温暖一直鼓励着我不断向前走。

点评:那阵秋雨,那抹橙黄,又将我们带到了一年级时的那个秋末。小作者文笔细腻,借景抒情,将一个初次离开父母住校的孩子的那份孤独、无助刻画得淋漓尽致。笔下刘老师轻轻柔柔的声音、微微上扬的嘴角,更是处处透着关爱。真挚的情感,充满温暖的笔触,不失为一篇佳作。

(指导老师:黄 琳)

雨 中 "景"

永兴小学 五(8)班 华晟悦

"滴!滴!滴!"我静静地靠在窗边,远眺富春江的雨景。雨不大,只是不停地交织着风景,洗涤着世界……

我喜欢雨天,更爱它那种难以描述的高冷,所以我迫不及待想要去江边散步,想要一览雨天中富春江的雄伟壮观。

我打着伞漫步江边,放眼望去,映入我眼帘的是一片粉色与一片大红色。再仔细一瞧,这种不知名的野花每一朵都特别小,但成片地开出来,给人的感觉就不一样了。"可爱深红爱浅红呢?"我停在花前思索片刻便决定不再想这个问题了。因为每朵花都有自己的特点、自己的个性。我走着走着就不小心走到了玫瑰花堆里。我最喜欢的就是这种花,并不是因为喜欢这种红色,而是喜欢这种花与生俱来的一种"花中之王"的霸气,仿佛整个宇宙都变成了红色。我喜欢这种玫瑰花的另一个原因就是它自信,它坚强,从不屈服于其他的花,只要自己活得精彩,活得漂亮就够了。

我欣赏了许久的花,准备在亭子里休息片刻再出发。我选择了一个相对比较好的位置,坐了下来。我的正前方是一条8号路,路上发生的所有事都一目了然,背后就是富春江。

我望着川流不息的车子,心中总有一种不祥的预感,总觉得要发生些什么。"别胡思乱想了,不过就是下了场雨,也没什么可担心的。"这时一位妇女带着一个孩子想要过马路,可等了一会儿见车来车往一下子也过不去,便开始玩手机。一步、两步、三步……"糟糕!"孩子好像正在朝马路中间走去,可妇女却丝毫不知情,但我一直没敢吱声,因为还是隔着一定距离的。我怕我看错,所以跪在亭子上使劲将脖子伸出栏杆外去,瞪大眼睛,想要仔细看清楚。"但真的已经来不及了!"我见在不远处有一辆小轿车正在飞速朝这边驶来。"当心孩子!"我大声对妇女喊道。她下意识地扔下手机,可是来不及了。

可就在几双焦急的眼睛盯着那个身处险境的孩子而显得心有余而力不足的时候,一个身影猛地跑过去,仿佛一个生命体追赶着另一个生命体,拼了命地迅疾地撞向狰狞的死神,顷刻,空气完全凝滞了,我的呼吸完全停止了,我笃定没法想象的将是一幕痛彻心扉的场景。然而就在一秒钟内,也许更短时间内,我和我眼前的一切似乎经历了穿越,没有声响,没有惊恐,更没有痛彻心扉,有的只是细雨真实地刷刷地飘落。这惊险瞬间,这位救下孩子的神奇人物,成了我们的骄傲,富阳人的骄傲。

"滴!滴!滴!"雨滴拍打在我的耳际,一阵凉风掠过我的脸庞,这一切的一切都安抚了我那颗惊魂未定的心灵。

点评: 小作者一落笔便是非凡的。她笔墨中呈现的雨景是有声音的,是有形的,是有思绪和故事的天地的。读这样的文字,不由让读者遐想无限。

然而,更厉害的是小作者的行文巧思。她首先带领读者走进一片美好的雨景中,虽说雨是"高冷"的,但雨洗涤过的花及花之色、花之神足以让人眼前一亮,心中喜悦。在这样的美好氛围中,一个意外发生了,着实让读者有意外之喜。然而在这份"喜"中,小作者的细致笔触又是多么让人窒息,"心慌意乱""心有余悸"。一景一事的组合串联思路,景的浪漫之美和事的圆满之美融合一起,足以让读者感受到小作者大气与内敛兼具的潇洒文风!

（指导老师：姚　进）

古巷听雨

富春七小 六（5）班 包雨轩

家在江南，总是朦胧的。三月多雨，好似云烟，又似梦境。

长长的回廊曲折绵延，可是听雨的好地方。雨丝拍打青瓦白墙，顺着上挑的檐间淌下，击出了层层水花，清澈透明。

席坐于檐下，煮一碗带着清香的佳酿，酒汁顺着心肠化开，不炽热，却似如烟的温暖，刚就停留于你的心头，久久不散。

飘忽的雨丝，犹如江南女子的纱袖，徐徐罩住这个小村，织出了一曲清丽的歌谣，回荡在起伏的山林。幽幽的青石巷深处，是否会走出撑伞的白衣女子，与你擦肩凝望，是梦？可石栏粗糙的触感却是那么真实。就如此刻下着的雨，如此朦胧！

江南的雨，忽忽洒进窗棂，沾湿了浅粉的粲然，飘进了红泥炉中晕开的花香。青石板上的坑坑洼洼积了些水，远处有卖糖葫芦的吆喝，还有一曲悠远绵长的戏腔，穿过雨雾织成的屏风，飘摇而来，是哪家戏院开了唱？

撑着纸伞，走过青瓦白墙，听闲花悄悄落地，吟唱细雨浅浅湿衣，丝一般地流淌着，化开嫩嫩的山岚，抹上新生的色彩，竹屏外，又会是什么光景？

夜色晕上天空，雨雾中的远山刚刚被描出了个影子，家家户户都挑上了暖黄的灯光，星星点点隐于雨丝织成的半尺烟罗，神秘清新。江上未归的船只也点上了灯，好像穿梭于时空的交点，变化到了那里，短短几秒的时间，便是半阕歌谣，半阕思绪。

雨巷江南是一个烟雨交织的梦。青瓦、白墙、石栏，晕开的花香，飘荡的戏腔，迷蒙的山村，还有那丁香般温婉女子隐约的背影……

雨巷江南是一个桃源般的梦境。细雨未完，古巷的思绪，好像绫罗飘起，掩住了落下的夕阳，把时间定格在了一瞬。抬手拂一曲断肠的古曲，历尽人间铅华，道尽沉浮起伏后的才子佳人，王侯将相，邂逅雨巷，定然入梦，让伤痕累累的心灵寄放，被烟雨锁住，再无起航的欲念，故乡！

点评： 以多雨江南，似云烟，似梦境，直接切入听雨。看似漫无目的的遐想，跨越时空的书写，却把一个个雨中江南带有独特韵味、雅致曼妙的意境，缓缓地呈现在读者面前，如诗如歌，极具感染力。最后把江南与历史与人生联系在一起，升华主题，与"鸢飞戾天者，望峰息心；经纶世务者，窥谷忘反"（《与朱元思书》）有异曲同工之妙。小作者想象丰富，笔触细腻，描写有致，语言典雅。这和其敏锐的观察、丰富的阅读和细腻的情感分不开的。

（指导老师：徐华丽）

行在细雨中

富春二小 六(2)班 王语涵

我坐在窗前,突然听到一个个小精灵在敲打窗棂,是下雨了么? 我的心忽地冒出了淡淡的喜悦! 我知道,江南古镇,雨水是她的灵脉,正是这样,古镇才会将她所有的娇柔、所有的妩媚、所有的美丽都展现在人们的眼前。

去雨中走走吧! 我撑上一把油纸伞,沿着长廊,来到清清的小溪边。雨滴在水面上跳着舞,几只小麻雀迈着灵巧的小脚,悠闲地散着步,时不时地低头啄理那被雨滴沾湿的羽毛,这样的景色,仿佛给平淡无奇的雨天增添了几分生机。

随着脚步的移动,我又站在儿时的老房子前,望着院子里那一撮一撮的蔷薇花出神。我一直很喜爱这种并不名贵的花。开花时节,她肆意绽放,把自己最美丽、最娇柔的一面展示出来,即使花落,也能义无反顾地跌入泥土中,不让人看见残花败柳之相。我知道,她并不娇弱,而是有骨气的。

隔壁阿婆家的大黄狗依然待在门前柔软的稻草窝里。阿婆依然忙碌着。想到以前,我经常带些小零食来逗大黄狗玩,而阿婆总是在一旁笑眯眯地望着我,这儿曾经传出多少欢笑声啊!

走着,走着,我来到了一片油菜花地前。雨打湿了金黄的花瓣,我不禁惊叹:"这不就是大自然春的气息吗?"

天色慢慢暗了,太阳的身上仿佛穿上了雨送的衣裳,发出晶莹剔透的光芒,远处,灯光逐渐亮了起来。咦? 以前这儿的老房子呢? 我走过去一看,哇,一幢幢白墙黑瓦的房屋错落有致,有镂空的墙壁,里面灯火通明,我轻声赞叹,真是应了一句古诗:"天下佳山水,古今推富春!"

雨,还在下着,淅淅沥沥,我的思绪纠缠在城市的纷繁琐碎中,一首小诗自然而然地浮现在我的脑海中:

> 飘零的雨,
> 精灵般扑棱着翅膀来到天边,
> 洒下彩虹的种子,
> 待雨过天晴让她绽放在阳光之下。
> 雨,给世界蒙上一层纱帘,
> 精灵撷取种子归去,
> 还记得吗?
> 最易去的地方是远方,
> 最难回的地方是家乡。

点评: 虽身处城市喧闹之中,但儿时家乡东梓关的一景一物在小作者心中留下了深刻的印象。烟雨朦胧中,她撑着油纸伞漫步在小镇上,意境唯美。在她笔下,小麻雀、蔷薇花、油菜花在雨中都别具韵味。结尾的小诗更是文章的点睛之笔,童年家乡美好的回忆是心头无法抹去的温暖。

(指导老师:王利群)

犀利雨，人间情

永兴小学　四（3）班　寿馨妍

有人喜欢太阳高照的大晴天，因为他们可以在灿烂的午后踢足球；有人喜欢舒适的阴天，因为她们可以在温暖的中午来上一次惬意的野餐；还有人喜欢下雪天，那时，白雪一片，孩子们可以在柔软的雪地里玩上一个下午……但我与她们不同，我喜欢雨点在窗台上跳动发出的音乐。每当我伤心的时候，它总是会变成一块手帕，为我擦去心中难过的痕迹，或者在我毫无头绪时，给我一些启示。

"淅沥沥——淅沥沥——"一大早，又开始下雨。正好！可以尽情地趴在窗台上看雨的故事——这是我最陶醉的事。正因为现在是梅雨季节，雨像是个黏人的小精灵一般，日复一日地下，从不顾及人们的心情。我迅速地穿好衣服，蹦蹦跳跳地跑到窗台边。"哇，那是仙境吧！"我不禁赞叹道。树叶上的雨"滴答滴答"，车上的雨"啪啪啪啪"，还有江上的雨"叮咚叮咚"……雨点欢快地跳动着，我的心也跳动着。

雨天，大街上的行人似乎都躲起来了，只有那稀稀拉拉的车子穿梭在雨中，喇叭声、雨声合在一起，完美地拼成了一首欢快的交响曲。这时，一位中年妇女身穿橙中加绿，戴着一顶草帽，拖着一双大大的雨鞋，拿着一把笨重的扫把，出现在我的视线中。"咦？为什么下这么大的雨那位阿姨还不回家呢？"好奇心使我油然而生一个念头：下楼去问一问吧。于是，我推开门，迎面而来的是一股秋的气味：香香的，甜甜的，中间夹着那麦穗、高粱……的味道。

我拿着一把崭新的雨伞，小心翼翼地走到那位阿姨那儿。离她不远，我闻到了一股汗酸味。过了一会儿，她转过身来，我看她面容和善、和蔼可亲，但她眼睛里布满了血丝，疲劳使她脸上增添了皱纹。

我走过去，轻柔地问："阿姨，您为什么不回家呀？"

"哦，我是一名环卫工人。"阿姨笑着说。

"那您为什么不撑把伞呢？"我满怀期待地问。

"撑伞不方便，我没有亲人，我现在唯一的亲人就是社会了，我要为我的'亲人'服务，我要把它打扫得干干净净！社会是我家……"阿姨像演讲一样说着，还时不时地看我一眼。她继续说着，我却热泪盈眶，心里暖暖的。

话音刚落，她便继续埋头扫起来。

只留下我——撑着伞和雨一起呆呆地思索着，思索着……

点评：小作者心思细腻，喜欢雨天的她更喜爱思考；小作者热爱观察，喜欢探究的她更善于关心他人。在窗台上看雨的瞬间，捕捉到了城市普通而又感人的一幕，让我们将视角锁定于那些曾一度被忽略的人群之上。我笔写我心，情真意切，令人深思。何时，我们是否也该学习十岁的孩子，去关心身边的陌生人呢？　　　　（指导老师：金芳芳）

雨 与 我

富春五小 六(6)班 彭 靓

太阳躲到了山的后头,街灯把漆黑一片的天空烫了个洞,雨,就从这个洞里,不知不觉,悄无声息地来了。

雨,来得突然,就似大自然在琴键发出的乐声。雨,带着它独有的韵味和举世无双的声音,来了。这雨,就似调皮的小精灵。这不,许多人都没有带上雨伞,回不了家了。

一个积着灰尘的小帐子下,传来两位老人的声音。

"老头,这雨看似是下得没个尽头了,怎么办?回不了家了咯。"一位老奶奶动着嘴巴,在小帐子下踱来踱去,她悻悻地跺跺脚。

"还能咋的,好久都没在这儿走过了,今儿这么走一遭,就碰上了这雨,呵!这雨,跟咱有缘分呐!老伴儿,要我说,咱们就在这,看看这雨,听听这雨,还有点儿意思呢。"老头倒是一点不急,还颇有兴致。

"哎,瞧你这性子,你本就身子不适,再吹寒风,容易生病!"

"不会,俺老头子还健壮着呢,这点小雨小风算什么?别担心!"看着轮椅上的老伴儿,老奶奶不禁用手揩了把眼泪。

风还在作怪,雨仍旧"嘀——嗒"地下着,好似蛮乐意在人间这么玩一遭。

凉意上来了,老头用嘴"呼——"地暖了暖手。见此,老伴儿把放在口袋里捂暖的手拿了出来,把老头的手握在自己手心给他取暖。

眼前一片朦胧,白茫茫的世界。雨如掉了线的珍珠,"噼里啪啦"下个没完。冷风袭面,白雨跳珠。雨,还没有要停下来的意思。

两位老人静静地注视着眼前的一切,孤房花木街道,轻烟老树寒鸦。这是个偏僻的城镇一角,很少有人来往。周围的一切都是旧的,古老的,装了很多以前的记忆,不比那些有名的古镇差。花儿低着头,草儿在风雨中摇曳着。树有的已经光秃了,它们安然地站着,历经风霜,饱受岁月的拷问,向飘然而下的雨索取最后的滋润。房子上爬满了爬山虎,爬山虎有的已经泛黄了,附在那旧房上。

这里的一切都是旧的。

沉默了一阵。

两位老人同时落下了心酸的眼泪,雨是有灵性的。老人的记忆敞开了大门,恍惚间,回到了从前。借着街灯微弱的光,我清清楚楚地看到,现在也清清楚楚地记得,他们的脸是如此的蜡黄,如此的瘦削,脸上布满了皱纹,满是岁月的痕迹,眼睛已经深深地陷了进去,失去光泽的眼帘外,落下几纵老泪。

"老伴儿!""老头!"他们异口同声地说道,他们彼此相互望了一眼,心里充满了安定。"你若安好,便是晴天!"

我跑向两位老人,把雨伞递给他们。他们的眼里充满了诧异,怕他们不收雨伞,我赶忙转身跑开去,只听背后传来一声"等一等",我站住了。

"小姑娘,你倒是和我孙女年纪相仿。"老奶奶看着我说。

"可惜,她在城里念书呢,难得一见。唉……甭提了,谢谢你,小姑娘!"老头说。

我点头冲他们微笑,随即准备跑回家去。

"小姑娘,你同雨一样有灵性!"老头又喊了一句。

我同雨一样有灵性?我停住脚步,回头一望,街灯的照射把老伴儿推着轮椅上老爷爷俩人的影子,拉得很长……很长……

点评: 小作者善于捕捉生活的细微之处,以小见大。以"雨"为场景,通过神情、对话来刻画人物,写出了一对躲雨老人的相濡以沫。亲情似雨丝,有浓浓的暖,有淡淡的愁,由雨及我,读来萦绕在心头。

(指导老师:卢中悦)

雨

富春八小　四(1)班　胡益善

到门前,一下子打开了门。可是,出现在我眼前只有一个逐渐消逝的背影和楼道里惨白的灯光。我开始有些着急了,心想:爸爸在干什么呢?他不会忘记这件事了吧?想着想着,我开始有些生气了。望着窗外的雨,突然觉得他们一点也不可爱,甚至开始讨厌起他们来了,如果没有雨,爸爸或许就早回家了吧?

又过了半个多小时,爸爸还是没有回来。我感觉自己已经快变成"愤怒的小鸟"了,真想马上批评爸爸几句,一定要让他为自己的不守时道歉!这时候,门外突然传来一阵急促的脚步声。我赶忙跑去开门——是爸爸回来了!只见被雨淋得湿漉漉的爸爸,一边解衣服扣子,一边从怀里拿出礼物,嘴里还不住地向我道歉:"孩子,刚刚单位发生了一件必须马上处理的事情,耽搁了。去给你买礼物的时候又遇见了大雨,所以迟到了。请原谅哦!"看着完好无损的礼物,还有爸爸头上往下滴的水珠,我小小的心被融化了。我的眼睛开始模糊,鼻子酸酸的,一头扑进了爸爸的怀里……

窗外的雨还在下个不停,好似一支乐队,滴滴答答地正为我们奏乐……

今天的雨,精彩极了……

点评: 作者善于运用细致的心理活动描写,生动形象地再现了生日当天心情的变化。文中的雨犹变幻莫测的小精灵,随着作者心情的变化而变化,增添了文章的表现力。

(指导老师:何桂兰)

雨　中

————————————— 永兴小学　五(2)班　谢　语 —————————————

登上鹳山,极目远眺,江水平阔,浩渺如海,隔青螺数点,微痕一抹,出没于烟雨朦胧之中。

细小的涟漪向外散去,一圈一圈。细雨打在树上、路上、房屋上,泛起一层乳白色的雾气,天地间显得更加迷蒙了。雨越下越大,细小的树枝被打落,枝上的残花落了个满地。我撑着伞,疾步走下,见周围都是行色匆匆的人,这豆大的雨点,丝毫都没能阻挡住他们匆匆的脚步。山脚下,我焦躁地等待着爸爸的车子。

可是直到雨帘收住,爸爸都没能及时出现。我焦躁地环顾四周,在不经意间,抬头一瞥,远处的景象瞬间让我惊呆了:雨后的夕阳被没散去的云朵覆盖着,周围有一圈金色的光芒,没有明确的边缘。慢慢地,阳光、云块融为一片艳艳的天空,慢慢地,夕阳坠落于隔岸两山之间,形状变得更加柔和,仿佛置身于一幅不用墨线勾勒,只用绿色渲染的山水画之间,到处的翠色欲流,与夕阳的艳红搭配在一起,没有一丝违和感,有的只是融洽的柔和。

雨中的这一幕让我震惊,生活中这样的美,我究竟错过了多少?我看看周围湿漉漉的花草,虽然有点打蔫儿,却也有一种病态的美,晶莹的雨珠挂在枝头,折射出异样的光芒,透过它们,我仿佛看见了大千世界的奇妙之处。风,拂过,吹皱一池春水,花朵摇曳,甩落颗颗雨珠。

我终于坐上了爸爸的车,眼前又浮现出刚才的美景,这不都是生活中处处可见的一些事物吗?平时我怎么就没有注意呢,或许是来也匆匆,去也匆匆吧。这匆匆间,我错过了多少美景与世态人心啊?

下了车,我放慢脚步,看左右的人来人往,看身边的一物一景,发现了很多以前从来没有见过的美景。我再回头去看一眼逝去的时光,又发现它从没停下脚步等过我,它们已经一去不复返了。假如以前我能放慢脚步,留意过他们,记住过他们,即便时间碎在路上,美的回忆会在时光之中,荡漾,荡漾……

点评: 都说"慢慢走,欣赏啊!"可现代社会快节奏的生活已经让我们习惯了匆匆,阅读匆匆,步履匆匆,生活匆匆……很少有人会真正地放慢脚步去欣赏身边的一花一草,一房一瓦,满以为这样的生活很现代化,殊不知,我们已经错过了人生中很多美好的风景。作者小小年纪就能悟到如此深刻的人生道理,不禁让人刮目相看。再读小作者的文字,优美如春日的暖阳,娓娓向你道来,使人如沐春风。　　　　　(指导老师:白智群)

雨 景

———————— 富春八小 四(2)班 林芝延 ————————

天气有许多种变化,比如:晴、多云、阴、雾……各有各的好处、坏处,也有美丽的景色,但是,我唯爱雨天。

雨,构成了家乡的一道风景。看!它给花儿草儿献上甘甜的琼脂玉露,给大地穿上美丽的水珠长裙,给整个城市洗尽铅华、返璞归真……雨的好处多得不知到哪儿去。但是,如果雨失去控制,一直下个没完没了,那后果将不堪设想:山洪暴发、山体滑坡、泥石流,数不尽的房子和生命被洪水迅速吞噬……

但是,我们也要看到好的一面呀!正在雨中的富春江一天的景色是怎么样的呢?就让我带你们领略一下富春江的雨景吧!

日出,太阳露出了半张红彤彤的脸,雨中的富春江江面上,闪烁着一缕缕金光,仿佛把一大把钻石或金子撒入水中。这么好的一番风景,一个个小雨滴一定要来凑凑热闹,它们争先恐后地跳进江中,江面就变得不平静了,一会儿这一个水纹,一会儿那一个涟漪,惹得江水都沸腾起来。哈哈!小雨滴们真调皮,可真爱锦上添花!

慢慢地,慢慢地,来到了午休的时光——中午。啊哈!你们看调皮的水娃娃,仿佛他们玩累了,想休息一会儿,渐渐地变小变小,变成毛毛雨了,毛毛雨似乎跟中午的温柔时光很配,"滴滴滴"的声音仿佛在打木鱼,节奏异常相似,让人心生疑问:难道雨滴中藏了个优秀的音乐家吗?

过了许久,才到了傍晚,傍晚的雨景比清晨、中午……都要迷人一百倍。

你瞧!傍晚的富春江边有一圈霓虹灯围绕簇拥着江水,映在江面上,让人感到心旷神怡,加上雨娃娃的帮助,富春江面上,当雨滴映在江面上的灯光时,总会漾起波纹,好看得很。

不只是富春江,在富阳其他景点的雨景也有不同的韵味,只要您细心观察,就会发现大自然的美景。

点评:这是一篇写景状物的散文,小作者以诗意的语言、拟人化的手法让我们认识到雨的功与过,雨的顽皮与可爱,为我们描绘了日出、中午、傍晚三个时段各具韵味、清新唯美的雨景图,字里行间洋溢着对雨的喜爱和礼赞之情。 (指导老师:孙剑媚)

雨系心·心系雨

——————————— 大源镇小　六(3)班　方镇娓 ———————————

　　我虽不是富阳人,心里装的却是富阳。十二年了,我看的是富阳的山,喝的是富阳的水,读的是富阳的书。十二年了,富阳千变万化,不知怎的,我却觉得她好像没变,没变的是她的心和她的美。十二年了! 我从一个不懂事的小女孩成长为一个即将毕业的六年级学生,我也没变,没变的是一样爱她的心和从未改变的痴迷。十二年了,我似乎忘了一切,却没忘记她的美和她的雨。

　　很多人是讨厌雨的,每到下雨时,心里总是失落的,仿佛少了什么似的。可我却是爱雨的,看着她的洋洋洒洒,原本烦躁的心却是冷静了不少。

　　街上的平静被阵阵狂风打碎了,"呼——呼——",他咆哮着,毫不掩饰地散发出雄威,一棵棵笔挺的树在风的怒吼下倾斜了身子,每一片树叶都在用力地抵挡寒风。

　　雨终究还是来了。

　　见雨来了,风立马恭敬地站在一边静候着雨的命令。

　　"沙啦啦,沙啦啦……"雨飘飘然地落在房檐、屋顶、水洼……谱写成一曲优雅的小调。

　　路上,匆忙赶路的行人总是忍不住停下脚步,驻足欣赏。亦或许是因,有了听众一般,演奏者们的兴致愈发高涨。一曲曲优雅的小调,俨然成了海面上的波涛汹涌。

　　"沙啦啦——沙啦啦——"

　　豆大的雨点,疯了似的往下落。一旁脆弱的枝叶早已撑不住雨点儿洒落在身上,忍不住发出痛苦的呻吟。这时沉迷于演奏的雨,才好似缓过神来,抱歉地挠挠头。

　　雨终究是停了。

　　行人这才好似回过神来一般,各奔东西,一切又归于往常,好似从未发生过这一切一般……我见天色已晚,便匆忙要走,眼角却无意间瞥向对街一个步履蹒跚的老奶奶在街上来回踱步焦急地等待着什么。这么晚了,老奶奶怎么还在街上呢? 过了一会儿,迎面走来了一个身着西服的中年男子,见来人是老奶奶,他原来严肃的面容松动了,走上前去,搀着老奶奶走了。他们的身影渐渐淡没在街上。可惜的是我没听见他们在谈些什么,只知道他们笑得很开心,老人被淋湿的白发成了这雨后的一道别样的风景。

　　看着这场雨,我不禁想起自己三四年级时干的傻事。记得那时不喜欢体育课,就在前一天飞奔向阳台,虔诚祈祷明天一定要下雨,却不曾想第二天真的下雨了……

　　点评: 小作者结合平时的观察,融入自己独特的感受,抓住了雨说来就来的直率,落在各种地方发出的声音美妙及善解人意等特点,赞美了富阳雨的美。接着再写雨中中年男子搀扶老人的动人故事,赞美富阳的人美。情景交融,表面上赞雨,实则借助雨抒发一个外地学生赞美富阳、喜爱富阳的思想感情。

　　　　　　　　　　　　　　　　　　　　　　　　　　　　(指导老师:杨孝英)

雨落街灯，繁光永未逝

大源镇小　六（2）班　俞溢恬

　　暗夜渐退，天空翻出点点鱼肚白，雨后的富春江面，披上一层薄纱，遮住了那张略施粉黛的俏脸。

　　"嘟——"货船发出沉闷的声响，犹如大提琴般沉稳有力，携着雨后清新，渔夫踏上了一天的征途。

　　我颇爱这雨后的空气，湿润的，夹杂着富春江的味道，一齐吹送鼻间。里面，仿佛有桂花香味，又有柳条的淡雅气息，还有……望着远处渐渐消退光亮的街灯，心情有种难以言说的味道，是对凉凉冬季的盼望，还是对富春江的深深爱恋，抑或是对儿童回忆的红墙黑瓦略带怀念。

　　雨，再一次悄无声息地下了起来，他们张开双臂，投向江面，顿时，碧绿的水面被投出一个小坑，下一秒又一反常态，饱满的雨珠撒满富春江岸。柳树扶着腰尽情吮吸，那片片身影打在花瓣上，裂出几点小水珠，在花瓣之上显得那样纯净动人，澄澈而又清亮。

　　放晴的暖阳从薄薄的云层中透射进来，勾勒出富春江棱角分明的脸庞。如一卷画，没有油画的浓墨重彩，也不全是水墨的淡雅，恰到好处。雨融进画卷，晕染出片片交叠的美丽。

　　雨珠打湿了江边的灰白石砖，宛如一张黑胶老唱片，在搭上唱针的那一刻发出悦耳的乐曲，像百年陈窖中的红酒，浑厚醇香。不知不觉的，眼眶里也仿佛沾上了些许湿气，回忆起父母口中几十年前的富春江两岸，不禁红了眼眶。

　　那时的雨，却显得凄凉、滂沱地打在坑坑洼洼的土地上，变得泥泞。路边的灯，是那样无助，任狂风拍打，散发着微弱光亮。大街上，已不再有非凡的热闹了，唯剩片片枯叶，飘动着粘在泥路上，尽管用力摇曳，也始终起不了身。

　　回忆当下，江边的柳是那样婀娜多姿，垂着串串霓虹灯散发五彩的光芒。两边的大道，尽被橘色街灯所照亮，黑色柏油马路上交错着条条白漆线，街灯将他们照亮一派繁华。

　　从江边沿上鹳山顶，雨落街灯，繁光永未逝……

　　点评：景中有情，情中有景，景情相生。小作者通过对以往与当下雨中街灯的对比描写，让读者们深深地感受到了一种巨变，如一江春水在雨中徜徉，在心中缱绻，美丽与繁荣永远盘踞在富春大地上。结尾点题，升华了感情。　　　　（指导老师：叶　茵）

雨

富春四小 六(2)班 艾 乐

　　窗外的雨淅淅沥沥地,似悲伤、似惆怅,正如这阴沉的天,我缄口不语,只是望着窗外,静静地,静静地……

　　我的心如一只漂泊的小船,找不到任何可停靠的港口。手里紧紧握着那张只有84分的试卷,站在雨帘前,不断地回想起这次的考试,泪已湿润了我的眼眶。

　　风刮过我的脸颊,带着几滴清凉的雨点,记忆的优盘不断回放着平时的一点点,一幕幕,犹如在看一场生动的影片,优盘上正闪烁着红点儿……课堂上,老师在讲课,同学们沉浸在知识的海洋中,而我却在回想着昨晚的电视内容;课余时候,同学们认真地做着练习,而我却捧着书本傻傻发呆……思绪逆回,试卷上的红叉叉又一次刺痛了我的眼睛,我的心跌进了懊悔的深渊。

　　走进雨中,感受风雨对我的侵袭,仰起头,雨水不留情面地滴落到我的脸上,此刻正冰凉地拍击着我的脸庞,"淅沥沥,淅沥沥——"突然,雨似乎停了。我疑惑地转过头去,原来是久违的对手,她来干什么? 嘲笑我? 讥讽我? 真不想理睬她。"艾乐,其实,谁都有失败的时候,只是在于你会不会转悲为喜罢了。"她朝我笑了笑,跑过来,小声地安慰着我,我望向她,她睁大着她那双水汪汪的大眼睛,一脸真诚地望着我,悄然间,伞已朝我这边倾斜……

　　我不好意思地抬起头,嘴里半天才挤出一句话:"谢……谢谢。""谢什么,都是同学!"霎时,我的心中荡起一丝波澜,有感动,也有温暖,渐渐地,雨好似变得柔和起来,风也不再那么刺骨,沙沙的树叶声仿佛在告诉我:失败并不可怕,可怕的是一蹶不振。

　　我俩站在雨幕中,转角处,没有人发现我们,只见她的脸冻得通红,一只紧紧抓着伞柄的手也已经因过度的凉意而有些红肿了。莫名的,一颗晶莹的泪珠从我的脸颊滚落,又悄无声息地滑下。"走,今天我们一起回家,咱不是顺道吗?"我刚想张口,她又接过话茬:"胜败是常有的事,上次我比你还惨呢! 今儿个,姐们还不是活得好好的!"说着,还故意加重了"活"字,我一下子乐了。一路上,没有一丝嘲笑,没有一点厌倦,只是陪着,伴着……温暖的关爱,就像冬日里的一道暖阳驱散了我的阴霾。

　　此刻,我的心里似乎已经被一只无形的大手拭去了灰尘,只有感动与幸福存在。雨,仍缠绵地下着,飘飘洒洒的雨丝似无数轻捷柔软的手指,轻抚我的脸庞,细细的,柔柔的,雨景中,一切都变得清晰,变得明朗……

　　点评:小作者以一次考试的不尽人意为切入点,通过雨天这个特定的环境,把自己的郁闷、懊恼刻画得细腻、传神,将对手温暖的关爱透过文字传达给我们。值得一提的是,作者把自己的心情和雨的描写紧密地融合在一起,让雨也变得有温度、有情感。行文流畅,多处情景交融,令人回味。

(指导老师:陆冠群)

冰凉的雨点

实验小学虎山校区　六(6)班　孙慕悠

"滴答,滴答",雨淅淅沥沥地下着,滴在屋顶上,溅起细细的水花;滴在我的心间,泛起阵阵涟漪……

太爷爷去世那天,雨也是这样下着。

太爷爷是爸爸的外公,也是家里最年长的,他无比疼爱我们这些小辈。小时候,因为妈妈的工作,我们平时都住在新登,只有周末才会回家。每次我们回家,太爷爷都会拄着拐杖来我们家。他不太爱说话,更多的时候只是静静地坐在一边,微笑着听我们聊天,看我们玩游戏,仿佛这是世间最美的景色。

有时我会拿出最爱的橡皮泥,蹦蹦跳跳地走到太爷爷面前,让他给我做几道"佳肴",然后假假地咬一口,感叹一声"真美味啊!"然后假装给他几个"铜钱",完成交易。最后忍不住"扑哧"一声笑了,整个屋子都回荡着动人的笑声。

别看太爷爷年纪大了,他可是个如假包换的老顽童,是个"游戏高手"。捉迷藏时,他躲的地方,我们做梦也想不到;扔纽扣时,他总是又准又快;捏泥人时,他捏得最栩栩如生……与他游戏的时光,我感到无比的快乐。

可是,如此有童趣的太爷爷,却长期经受着病痛的折磨——他患有严重的糖尿病,每天都要在饭前打针。慢慢地,眼睛越来越模糊,戴上厚厚的眼镜,他才能勉强看到这美好的世界;听力也随着年纪增长慢慢下降,只能靠助听器勉强听得到我们的声音;腿脚也越来越不方便,拐杖成了他不能离手的必需品……可他从不抱怨,一个人默默承受着这一切,依然尽他所能疼爱着我们。

再多的坚强也抵不过时间,三年前的一个雨天,太爷爷离开了我们,纵然有太多心痛与不舍,也依然无法挽回。

我最珍爱的橡皮泥已经硬化,大概它也知道再没有用武之地;那副老式的黑框眼镜,仿佛还在传递慈祥的笑容;那根实木拐杖,让我依稀看到了蹒跚独行的背影;再次瞥见那黑白照片,我的眼眶就情不自禁地红了……想到太爷爷,我的心中无比酸楚。

窗外的雨,依旧滴滴答答,伸出手,冰凉冰凉的。我的心亦如老天爷的眼泪,冰凉冰凉的……

点评: 小作者触景生情,冰凉的雨点勾起了对亲人的思念之情,唤起了藏在心底的美好回忆。富有童趣的太爷爷,与他在一起的点点滴滴是那么快乐;坚强的太爷爷,他的忍受与离去都让人如此心痛与不舍。读着这些饱含情感的字字句句,不禁让人潸然泪下。冰凉的雨点,不正如小作者冰凉的心? 悲伤的心境溢于言表。

(指导老师:孙　萍)

雨

实验小学虎山校区　六(3)班　张润舟

雨,飘飘洒洒地下了起来……

"天街小雨润如酥,草色遥看近却无。"起初是几滴不起眼的雨,人们似乎没有察觉。后来,雨渐渐大起来了。"下雨了!"不知哪个人喊了起来。轻细的雨花,像飘忽的雾,白茫茫的,轻吻着人的脸,微微觉着痒。仿佛一刹那,地上便撑开了一朵朵五颜六色的花朵,在人流中移动。没有雨伞的人纷纷跑到树下、房檐下……原本热闹的城市,一下子空旷起来。

早听大人们说:"富春江的雨,如泣如诉,两岸茅屋炊烟阴阴沉沉,像一幅染湿了的铅笔画。"雨,越下越大。整个城市被笼罩在了一片神秘而又缥缈的白色之中,宛如海市蜃楼一般。透过绵柔的雨丝,我望着那些打伞的抑或匆匆避雨的行人,脸上都不约而同地带着幸福的笑容。

远处的群山连绵起伏,烟雾缭绕,如同人间仙境。在雨水的浸润下,许多的色彩都像融合到了一起。深秋的树,在一次次雨水的洗礼下,浓绿并未褪尽,却平添了成熟的金色。残存的叶片,虽想留恋枝头,但哪禁得住"风催雨打去",幸而她有"落红不是无情物,化作春泥更护花"的深情。

近处的富春江,在雨水的洗礼下,更显露出了她那超凡脱俗的美丽。雨,落在富春江里,一滴、两滴算不了什么,但千千万万滴雨汇聚起来,便会溅起无数的水花。江上形成了一片白色的雨雾,整个富阳城似乎迷失在一片神秘里……

一路走,一路停留,一路观赏,眼前似乎看到故乡的雨,挥手撒出春花烂漫,挥手涂抹绿树成荫,挥手变幻秋高气爽,挥手装扮红装素裹。

不知过了多久,几只白鹭划过江面,江面一下子灵动起来。哦,原来是雨停了。地上潮湿一片,也有不少小小的水洼,水滴从树叶上缓缓凝结、滴下,令人怅然若失。江边的行人也渐渐多了起来。不少行人纷纷拿出相机,想把这美景永恒保留下来。

此时此景,令我想起苏东坡的诗句——"水光潋滟晴方好,山色空蒙雨亦奇。"没错,富春江正有这样的灵秀绮丽。

点评: 小作者起笔入题,随后缓缓铺展开眼中的人、事、景,情景交融。先从整体描写富春江雨轻柔、迷蒙,然后从远到近抓住山、江富有特征的细节,把诗句恰到好处地融入文中,细腻地刻画富春江下雨时的独特美丽,增添了典雅的书卷气。虽在写雨,实则为自己生活在美丽的富春江而感到自豪,对故乡的赞美之情跃然纸上。

(指导老师:盛美文)

苦　雨

实验小学虎山校区　五(3)班　屈子云

　　"哗啦啦",一滴滴晶莹透亮的雨珠打在小河边依依多情的杨柳上。这些可爱的小精灵优雅地排起了队,一个接一个地跳入小河,小柳树轻拂水面,仿佛正在与顺流而下的小雨滴们告别。

　　小河流向大海,因此,小雨滴在那里将会获得永恒……小雨滴回到了归宿,而那一日的我却站在淋淋大雨下,头上滴下的小雨滴和我委屈的泪水融为一体,打湿了我的衣裳,还打伤了我那一颗幼小的心。

　　那一天,我正在收衣服,可老天爷却和我对着干上了,让一位位抱着必死决心的"雨点兵"从天而降。尽管我反应及时,尽管我全速收衣,可在慌乱之下,我的手肘还是一个不小心碰到了母亲视如珍宝的裙子。裙子东摇西摆,突然,一阵风吹来,"咯吱",裙子在夜色中下降,不一会儿就落到了地上。我吓坏了,慌忙窜出了房间,向外冲去。当我拿着湿淋淋的裙子回到家时,母亲正站在门口,一双冰冷的眼睛直直地看向我,她一把夺过裙子,将我关在了门外。我的眼睛湿润了,我知道我不是故意的,可在母亲眼里,我却是一个弄脏她裙子的罪人!在她眼里,我依旧是那个调皮捣蛋、一无是处的孩子呀!想到这儿,眼眶变得通红通红的,可又有谁能理解我呢?

　　雨,在夜里格外清脆响亮。我仰望天空,雨水不再像刚才那样狂暴了,可依旧是那种刺人心肺的冰凉。雨水打着我,可此时的我却感觉不到那种透心凉,大概是因为我那冰凉的心更胜它一筹吧。突然,几滴雨水把我的泪水打掉了,我突然明白,原来雨水才是我的知音呀,它正在为我抹去委屈的泪水,抚慰我幼小的心灵。我没有擦去那刺骨的雨水,而是让它一滴一滴流向大地母亲的怀抱。

　　四周静悄悄的,雨停了,消了气的母亲也打开了门。我的身体回到了温暖的家,可那冰凉的心还在那雨中漂泊。

　　母亲,我不是故意的,为什么您连一丝解释的机会都不给我呢?您可知道,在我心中,那一场苦雨一直下着,我的苦泪也随着这场知音苦雨下着,它们下着,下着,下着……

　　点评:苏轼有云:"参横斗转欲三更,苦雨终风也解晴。"可是,在小作者幼小的心灵里,那一场苦雨却一直下着,下着……

　　一个小小的意外,让母亲视若珍宝的裙子"惨遭不幸",而为了这区区小事,小作者却被母亲拒之门外,经历一场苦雨的洗涤。小作者细腻的笔触下那悲凉的环境描写更衬托出内心的委屈,也让读者心头颇感沉重。　　　　　　　　　(指导老师:蒋琴华)

雨中的桂香

富春七小　六(7)班　邹佳恒

　　我静静地坐在学校紫藤树下的石椅上,望着天空中几线偷偷地从云里溜出来的阳光,丝丝缕缕地映射到旁边那棵桂树上,把桂花照得金黄。

　　慢慢地,阳光被乌云完全遮住了。微风在天上地下吹拂着,似乎一不小心打翻了那些用来盛冬雨的白云,于是,细雨便飘飘洒洒地落了下来。雨轻叩到叶上、花上、石头上、草上,凝成了一篇轻柔的乐章。纤细晶莹的雨丝在飘,思绪也和着这冬雨的迷蒙在飘。

　　在这"承江南人文之源,育东吴少年才俊"的乐园里,已是第六个春秋了。很多人随着年级的升高,慢慢地觉得每天上课、下课、活动的生活枯燥得很,甚至会厌倦。但是我却越来越喜欢这里的一切:可爱善良的同学、童心未泯的老师,还有校园里的一丛丛青青绿草、一朵朵春花秋菊,农场里一棵棵亲手种下的蔬菜,哪怕是现在落到我身上的细雨,我也舍不得嫌弃她……我爱这里的一切,因为有了正是因为有了它们,对我来说,生活有了很多色彩,知识拥有了许多灵气,那么学习便是快乐的!

　　那细如牛毛的雨依然不紧不慢地下着,我的衣服慢慢有些湿了,我却仍不想离开,只想在这里停留!这初冬的雨,怪凉的,一不小心跳到了我的手上、肩上、脸上,就变成一根根冰做的银针,刺进了我的血肉,直至骨髓,在我的全身蔓延。

　　再过几个月,我就要离开了,六年的喜怒哀乐一起涌上心头!茫然的我不知该如何去迎接这即将到来的离别愁绪!渐渐的,雨似乎越来越大,冰凉的雨滴打在我的脸上,身上的寒意飘散到潮湿的空气中,我的心也飞入了这份寒冷清寂中,融进了这茫茫冬雨中。

　　我戴上帽子,拉紧了穿在身上的衣服,大步往教学楼走去!突然一阵清香扑鼻而来,是校园中的那几棵迟桂花,在冬已铺天盖地而来的寒冷中,仍在傲然地开放!我走近一看,今年的迟桂花似乎比去年开得还要更闹一些,香气似乎也更浓一些了!我一下子豁然开朗了起来。花开花谢,聚散离合,短暂的告别,不就是为了来年更好地相聚吗?

　　我伫立在桂花树前,天空的雨一直淅淅沥沥地下着,闻着校园里初冬桂花独特的清雅的香,心也就温暖起来了!

　　点评:"少年不识愁滋味,为赋新词强说愁。"雨,似乎总能唤起人的愁绪。小作者借冬日寒冷清寂的雨,来抒发自己对即将到来的离别的感伤。雨中的一草一木都承载着美好的回忆,更衬托内心的不舍。但那淡淡的桂花香又带来了心境的豁朗——花开花谢,聚散离合,本是为了更美好的相聚。由此笔锋一转,淡淡的忧愁一扫而去。小作者善于观察,富于想象,情感细腻又拥有内心的光明与温暖。　　　　(指导老师:夏建筠)

龙 门 雨 景

富春三小　五(6)班　李成轩

撑着伞,踏上由鹅卵石铺成的小路,望着远处朦胧的古镇,品味着龙门独特的雨中美景。

雨下得并不小,雨点不停地落在伞上,发出有节奏的"嗒嗒嗒"声,它们顺着伞骨滑下,像是为伞披上了一层水帘,优美至极。白墙黑瓦的老房子与灰蒙蒙的天空相互衬托,只有房子里星星点点的昏黄的灯光,若隐若现地为我们指引着方向。狂风呼号着混杂着雨点吹在身上,留下了斑斑驳驳的印迹。也怪,鞋没湿衣服却湿了,雨虽大,但在这鹅卵石小路上也失去了作用,"走遍全村不湿鞋"这句话说得一点也没错啊。

一个"黑影"掠过,我和同伴们一起望去,那"黑影"蹲在墙角瑟瑟发抖。过去一看,是只花猫,虽满身泥泞,但不难看出它本来的可爱模样,水汪汪的大眼睛长得俊俏。也不知是谁家的猫,出来玩耍,不料撞上了这劈头盖脸的大雨,一时慌了手脚,迷了路,还受了冻。我们抬头看看这漫天的雨雾,人都可能摸不着路,何况这小猫呢? 出于怜悯,我们给了它点儿饼干,便继续赶路了。

在完成走读任务的路上,我们碰见了许多手艺人:剪纸的、做油面筋的,还有墨庄里的种种香墨,都令我们穿越时代,见证了中国这些传统手艺的奇妙。

虽是暖春,但雨打在身上还是刺骨的冷。回来,在湖边找了家客栈,暖暖身子。衣裳烘干了,手也暖和了,点了六碗馄饨、六张大饼端了上来。路上我匆匆忙忙吞了个面包,但肚中还是空,三下五除二将小吃咽了下去。

吃罢,我们走到不远的长廊内,扶着那散发着古香大粗柱子,观赏砚池的景色。

雨雾笼罩了整个砚池,像是为她盖上了神秘的面纱。鱼儿们纷纷游上来透气,瞧去,个头竟大得惊人。它们在岸边复杂的水草里来回穿梭,寻找人们扔下来的食物。雨水有节奏地打在湖面上,溅起一朵朵水花。我们登上湖心平台,看着这诗情画意的一幕,吟起了郁达夫先生的小诗、散文——那悠扬的朗诵声久久回荡,很久,很久……

一行人,一行心,留恋这场动心的雨,留恋这桌可口的饭,留恋这池神秘的景,还有这里的人炙热纯真的心……

点评:文章开头创设美好雨中情境,点题引入,带领读者进入雨中龙门。过程围绕一场动心的雨、一段雨中生动的相遇、一池雨里神秘的景,以轻松愉快的文风,带领我们徜徉在雨中的龙门小巷,令人回味无穷,流连忘返。小作者观察细致,通过生动、形象的语言,描写得细致入微,使文章读起来有滋有味。结尾文风悠扬,令人心生暖意。全文清新秀逸,亲切委婉,行文自然洒脱,舒展自如,确是一篇值得一读的佳作。

(指导老师:张静雅)

雨 中 即 景

富春三小　六(1)班　毛佳瑶

雨,是天空派来的使者,是滋润世间万物的神灵;雨,是顽皮而又可爱的小精灵,时而乖巧,时而淘气,让人们对它既是爱,又是恨;雨,是小伞兵,带着自己的使命,从天空扑向大地……

记得那天傍晚,秋风瑟瑟,天空不再湛蓝深远,反而像一位发怒的野人,拉下了脸,黑得让人起了一身冷汗。空气闷得令人窒息,路上的行人都缩着头,艰难地在风中行走。"呼——呼——"像是愤怒的狮子,天空发出了沉闷的低吼,一阵阵充塞在人们耳畔,一次又一次敲击着人们的内心。风也不甘示弱,以百米冲刺的速度在上空奔跑着,吹起片片落叶,扬起阵阵尘土。女人的尖叫声,小孩的哭泣声,男人的怒骂声……一字不差地灌进了风的耳朵里,它得逞地笑了,又玩味地瞄了一眼脚下的人类,继续横冲直撞,开始了新一轮的游戏。

树,疯狂地扭动着那纤细的腰肢,旗帜在风中无力地摆动着,被风撕扯得不成样子。玩累了,风坐在树上静静地看着人们。"哗——"这时,雨下起来了! 像是一颗颗出膛的子弹,朝着目标射去。"啪,啪啪!"雨珠一个劲儿地朝马路上使劲地砸去,溅起阵阵尘土,片片浪花。大街上的人们瞬间成了"落汤鸡",一个个抱着头,狼狈地四处逃窜。风看见了人们的囧相,"哈哈"地狂笑起来。雨点儿更加有力地击打着地面:"叮咚,叮咚……"好似一个个快活的鼓点,在大地这架巨大的架子鼓上尽情演奏。

一会儿,雨停了。人们仿佛看见了希望,嘀咕着向大街上冲去,大街立刻又回到了以往那般热闹的景象。然而,这只是雨点儿的一个恶作剧,没过两三秒,"哗哗哗——"雨伴随着人们的尖叫声再次落下。很快,大街上空无一人,只剩下雨点儿独自在与风舞蹈……

终于,雨玩累了。被雨洗刷过的世界,像是全新的一样,散发着耀眼的光芒。天空湛蓝深远,清风徐徐,轻轻抚摸着人们的脸颊。空气湿漉漉的,清新中夹杂着丝丝甜润,令人心旷神怡。街道上,行人快活地走着,汽车排着长队,灯光在闪耀,鸟儿在欢唱……

点评:一场大雨,赋予了世界别样的生动! 文章描写了大雨的率性与淘气,在孩子的眼里,一场大雨也是可爱和喜悦的,心生欢喜,世界就变得纯净而美好,这是文字的温度。

(指导老师:李水萍)

雨

—————— 实验小学鹳山校区　六(7)班　邵天然 ——————

风悄悄地来了,天也变得阴沉沉的,时不时传来一两声闷闷的雷声。

"轰隆,轰隆隆……"突然,一声声惊天动地的响雷按捺不住自己的性急,争先恐后地呐喊着,炫耀着蓄积已久的力量。

"唰唰,唰唰唰……"随着雷声由远而近,顷刻间,像有征兆似的,无数的雨滴从天而降,仿佛是上天派来的战士,又犹如水的活精灵,滋润着每一处大地,把富阳的燥热冲刷得一干二净。

雨,终于下了起来!

"哗啦啦,哗啦啦……"整个富阳变成了雨的狂欢世界:街道、绿树、草丛旁,江面上,目之所及,处处是雨。雨像一个顽皮的孩子,尽情欢舞着,越闹越起劲,似乎想跟人们开个玩笑,时大时小。前一秒还是毛毛细雨,后一秒又突然大了起来,俏皮地扮个鬼脸,吓得树上的叶子往下落,害得没带伞的路人笑着、跳跃着,四处逃散。

"沙啦啦,沙啦啦……"雨,不停地下着。从窗外远眺,雨中的富阳增加了不少神秘感,身处在朦胧和薄雾之中,附近的高楼若隐若现。富春江更是妙不可言,整个江面都处于薄雾之中,一眼望去,只能看见近几米的地方,对岸根本无法看到。远处的山林缭绕着或浓或淡的云,令人仿佛来到了奇幻仙境一般。"一蓑烟雨任平生",朦胧中,只见身披蓑衣、戴着草帽的渔翁,慢悠悠地划着船,渐渐驶向江心深处。

"叮咚,叮叮咚咚……"雨轻盈地落在各处,它们仿佛琴键一般跳落着,弹奏出美妙清脆的声响,音符的魔力弥漫在空气中。大自然沉睡的音乐家们被唤醒了。于是,树叶唱歌了,小草唱歌了,屋檐唱歌了,它们尽情地放开嗓子,陶醉于天与地合力举办的这场盛大音乐会中。

雨的声音很动听,雨中的景色也很迷人。放眼望去,几乎所有的植物都沐浴在雨中了。被淋上了雨的,就仿佛在墨上加了水一样,将颜色扩散开去,融入雨中。加了颜色的雨在窗前、屋檐下流了下来,像翠绿柔软的线条,将窗户、屋檐也加了美丽的颜色。整个富阳都染上了绿色,在渺渺薄雾的衬托下愈有韵味。

"嘀嗒,嘀嗒……"不知什么时候,雨渐渐小了下去,雷声也越来越小。雨,是要停了吗?我看着愈来愈小的雨,心中默念着。撑着伞,慢慢走下楼去。深呼吸一口,一股雨特有的清凉感扑面而来,甜润的空气令整个人都神清气爽。

雨来得突然,去得也突然。

正当我还沉醉于雨中的美景、悦耳的声音时,它,却悄悄地走了,只留下了几滴残余的小雨滴:

"滴——答——,滴——答——"

点评:"烟雨微微,一片笙歌。"雨,从来都是一种情怀。而在小作者独特的视角下,雨像个孩子一般,带着俏皮,从天而降。它活泼泼的,由着自己的性子嬉戏着,欢舞着。

天与地，是雨狂欢的舞台，它弥漫成一种情调，滋润万物，浸润心灵深处。整篇文章清丽流畅，想象丰富，小作者敏锐地捕捉雨声的变化，用形象生动的拟声词贯穿始终，赋予了雨神奇的音乐天赋，读来妙趣横生。

（指导老师：唐雯漪）

雨

实验小学虎山校区　五(4)班　闻子砚

雨，有时细如蚕丝，柔美恬静；雨，有时大如黄豆，肆无忌惮地敲打着枝丫，正所谓"黑云翻墨未遮山，白雨跳珠乱入船"。"嘀嗒"，一滴晶莹剔透的雨落在树梢，悄悄滑进了富春江。一时间，江面上笼罩起一层薄烟。雨水如同一根根银丝，纵横交错，上下不一，在富春江上织起了水帘。富春江变成了一位慈祥的老人，粼粼的波纹如同皱纹一般爬上了她的脸庞……行人被吸引了，匆忙的脚步放慢了；司机被震撼了，驰骋的汽车缓了下来……

静静地坐在富春江边，品着郁达夫先生的散文《雨》，听着雨水与富春江奏出的美妙乐曲，不禁勾起了我埋藏于内心深处的那段温暖的回忆。

当黄昏最后一缕阳光射入窗棂，我们家的晚饭开始了。餐桌上，有着我梦寐以求的鸭肉面饼。鸭肉丝丝分明，有着油光发亮的焦红色，长着疙瘩的鸭皮在灯光的反射下散发出润泽的光，一阵阵香喷喷的气息溜进鼻孔。面饼轻如绞绡，薄如蝉翼，光滑而有弹性，远远望去像一块洁白无瑕的玉，包着鸭肉，吃起来甜中带着咸味儿。

窗外，雨像牛毛，像花针，像细丝，斜织在别人家的屋顶上，好像给晚餐配上了婉转的乐曲，增添了一份情趣。

我和妈妈开始狼吞虎咽。突然，我们伸向盘子的手不约而同地停下了——一块面饼静静地躺着。是的，只剩下一块了。它正散发着格外诱人的光芒！

我抬头看看妈妈。妈妈正低着头，似乎思索着什么。

此刻，窗外的雨越下越大，噼里啪啦，这乐曲啥时变得这样杂乱了，我懊恼地想着，心也像雨一般乱作一团。

挺起背，把伸出的手缩了回去，我的妈妈。理了理头发，我的妈妈。温柔地说："你吃吧！"我的妈妈。露出了欣慰的微笑，我的妈妈。

我轻轻地拿起面饼，轻轻地咬着，情不自禁地鼻头一酸，心中像麻绳一样混在一起。

窗外的雨渐渐平静了下来，春雨绵绵，轻轻的，小小的，在枝头打着旋儿。"妈妈，你为什么不吃？"疑惑许久的我终于把话问出了口。妈妈一如既往笑着回答我："我要减肥啊！"

妈妈真的是减肥吗？或许在相伴的一分一秒中，答案已悄悄爬上我的心头。

"滴答，滴答"，不知什么时候，窗外的雨又畅快地飘洒起来。我埋头吃着面饼，嘴里塞得满满的，吞咽下的是甜甜的幸福感。

点评：江南的雨清新秀美，江南的雨温柔多情！小作者串起细细密密的江南雨，编织成一张轻柔的网，网住了整个世界。开篇，白雨跳珠溅入江面的美景引人浮想联翩，随即铺展开温馨的画卷——黄昏，桌前的母女，窗外的细雨，情景交融，景随情变，一波三折，将母爱与雨点巧妙融合，让雨有了人情味，有了喜怒哀乐。小作者观察细致入微，描写生动细腻，还能借助朱自清等名家之笔，学以致用，信手拈来，实在精妙！

（指导老师：李凤华）

雨 的 画 作

实验小学鹳山校区　四(4)班　何旻峰

"嘀嗒——嘀嗒——"，清凉的雨滴轻轻地滴落在一把把撑开的花伞上，滴落在我们漂亮的校园中。雨中的校园，空气中弥漫着雨水的清香，令人迷恋。

学校西边墙上的爬山虎，在轻风中微微摇曳着，一滴晶莹的水珠从叶片上滚落，顽皮地跳到了草叶上，似乎在给小小的草叶挠痒痒。泮池中倒映着斑驳的树影，时不时被悄悄落下的雨珠打碎，向四周泛起了一阵阵梦幻的涟漪。金黄的树叶从树上飘落，落在水面上，变成了一只只漂亮的小船，小雨珠们像一位位帅气的空降员，纷纷跳入"小船"中着陆。

饱经风霜的黄楼在雨的洗礼下，显得更加沧桑，如酥的小雨轻轻地打在它的身上，好像想和它说说悄悄话。可它却一言不发，静静地接受着这场洗礼。它的全身凝满了一层细细的水珠，让它显得更加古朴和威严。

新大楼挺拔的身影在这场小雨中显得更加苍劲有力，像一个帅气的小伙子，又像一个坚毅的卫士。天井中的那棵漂亮的广玉兰，虽然她的花朵已经凋落，但她依然坚韧不拔，展示着她不一样的美丽。操场边的桂花树上的桂花姑娘们悄悄地落到地面上，小小的，黄黄的，像撒落了一地碎金。

雨，轻柔地落在操场上、篮球架上……美丽的校园由于雨的润色，变成了一幅迷人的画卷！

点评：整篇文章语言活泼，富有童趣，小作者有着丰富的想象力，运用比喻、拟人等修辞手法对下雨时雨的美丽姿态进行了细致的描写，又生动描绘了雨后校园的美丽景象。学校西墙边的爬山虎、饱经风霜的黄楼、新大楼……在经过雨的洗礼，变得更加静美和与众不同。字里行间都抒发着孩子对雨、对校园的深深喜爱之情。

（指导老师：叶红英）

雨·情

实验小学鹤山校区 六（1）班 姜语嫣

雨，开始从天上降落，"滴答——滴答——"

我站在教学楼上，默默注视着那场毁坏我一天好心情的无情之雨。怎么办？我已经等了很长时间了，可这雨却丝毫不讲理，硬是下个没完没了。眼望整个校园都已悄然无声，独留我孤单在走廊徘徊。

泮池，已泛起圈圈涟漪，惊得水里的鱼儿浮出水面看个究竟；那柔弱的小野花也经不住秋雨的打击，疼得直不起身子；旁边，那一向傲然的大树叶，也渐渐弯下了腰，试图把叶片上的水全倒进泮池里。雨中，走来一位红衣女孩，手撑着一柄彩色雨伞，脚穿一双棕色的皮靴……等等，那人是不是梦琳？

"喂！"我正想叫住她，让她帮忙，可想起昨天还和她吵了一架，顿时把话咽了回去。那人微微一抬雨伞，露出那双大眼睛。没错，是她，可是……"嗯？是你呀，语嫣。你怎么还不回去？"哼，一听她欢快的口气，我就觉得她在故意气人。我没好气地回了一句："等人。不，不要你管！"本不想说出后半句，可见到她又如平时那样歪着头看我，又气又急地脱口而出。瞬间，她脸上的笑容僵住了，随即把笑容收了回去，低下头，默默注视地面。我后悔了，真想打自己一巴掌，可泼出去的水收不回，说出去的话也无法挽回，真想让时间倒流啊！

"哗哗哗——"雨，越下越大，气氛也越来越沉重了。

好几次看到梦琳抬起头欲言又止。心，实在是不甘。

"对了。"我紧闭双眼，像挤牙膏似的费力地挤出一句："对不起！"

"谢谢你能够说出来，其实昨天我也有错，对不起！"她的双眸顿时熠熠如星。梦琳，一向是个宽容的人，可我没料到她会如此大度啊！

梦琳缓缓地走向了我。"知道你没带伞啦！你怎么老是这么粗心？真是的。"她脸上又露出了笑容，戏谑地看着我。我轻轻一拍她的肩膀，笑道："你不是也落过东西？哈哈！"梦琳像什么事也没发生过一样挽起我的手，很自然地把伞往我这儿送过来。我们手牵着手走在江边的小路上。

雨渐渐小了下来，风把乌云推开，让阳光普照大地，温暖我们的心田，清风为我们吹散了一切的烦恼。天气也有情有义。

我们站在江畔，望着那江水拍打着礁石，溅起的洁白水花又再次冲入江水中，流向宽广的大海。

点评： 这是一篇借景抒情的叙事散文。小作者以独特的感受、丰富的想象和清新的笔调向读者展示了一幅有声有色的校园雨景图。将"雨"作为一条情感纽带，叙述了作者化解内心的矛盾而重拾友谊的过程。全文语言生动形象，善于通过视觉听觉所及，发挥合理而新奇的想象，运用拟人等修辞手法，描绘出雨的特点，如心情低落时的"雨的不讲理"，去除烦恼时"雨后天气的有情有义"，同时感受雨中浓浓的同学之情。运用环境描写烘托人物心情也是本文一大亮点,如描述"泮池泛起涟漪""小野花直不起身子""傲然的树叶弯腰"等,以表达内心的忧愁。　　　　　　　　　　(指导老师:赵　青)

细 雨 丝 丝

—————————— 实验小学鹳山校区　五(3)班　曹哈凌 ——————————

时而连绵,时而倾盆,雨——总是让人思绪万千。一个"雨"字,总会让我想起不该想起的或十分美好的往事。

小时候,我有一个慈祥可爱的太爷爷。如今,他已经逝去。不懂事的我在幼儿园放学后总要去公园玩,他总是陪着我。一天下雨了,我却兴奋不已,因为等雨停了,我就可以让太爷爷带着我玩捉泥鳅的游戏了。雨下个没完,可我再也等不及了,迫不及待地要求太爷爷陪我出去玩。"太爷爷,我要玩捉泥鳅的游戏,我要玩……""宝贝,你看雨这么大,就别……""别什么?"我急了,"你快出来!"可外面的大雨如瓢泼,急急地倾泻下来。我还是执意拉着太爷爷走出了家门。太爷爷用他那瘦弱的身躯护着不懂事的我,干枯的双手一手拄着拐杖,一手撑着雨伞,努力地不让雨滴落在我的身上,我却若无其事地踩着水花。雨,淋湿了太爷爷佝偻的背,伤害了太爷爷本来就不健康的心脏……

太爷爷过世了,我听到消息后直奔医院,想让太爷爷那温暖的双手再摸摸我的头。可是,病床上只剩下了一张铺平了的被子。我再也没有太爷爷了,坐在医院冰凉的铁椅子上,晃荡着凌空的小腿,望着窗外的倾盆大雨,"哇"的一声大哭起来,泪水如窗外的大雨,湿透了我的衣襟。

或许,在雨中产生的爱更让我温暖。"丁零零——丁零零——",放学的铃声准时响起。我很开心,今天是周五,回家可以大吃一顿了。可这一丝开心,却被外面的大雨冲走了,"我怎么回家?"正想头顶书包踩着水开跑时,眼前闪过了一片熟悉的彩云,正飘在我的头上呢! 啊,那是我好朋友的花伞! 我一把抱住她,一股暖意在我心中徘徊……

雨,在我心里留下了一丝牵挂、一份自责,但更多的是出现在我眼前暖暖的爱。

点评:哈凌同学采用传统的总分总的结构布局,选择发生在身边最真实的感受最深的事例,综合详略、懂得取舍的写作方式,让读者倍感朴实亲切。同时,她对人物也进行了细腻的描写,使得故事虽然平凡,但是感情真挚、充沛,情真意切,感人至深。

(指导老师:戚慧群)

雨 中 的 你

实验小学鹳山校区　六(2)班　孙　桐

清晨，朦胧的薄雾渐渐升起，笼罩着整个富阳城，不一会儿，就下起了小雨。

我，是个土生土长的江南人，本该是不喜欢雨的，却不知为何，雨是我深爱的灵感来源。

一座座山，矗立在水中，薄雾还没有散去，一层层轻纱笼罩着山头，一袭墨绿色的长袍，映衬着你雪白的头纱，令我沉醉其中。在我的身旁，是我们的母亲河——富春江。她一身洁白的长裙上，点缀着几处墨绿的花纹，显得高贵却不世俗。

"滴答——滴答——"，活蹦乱跳的雨珠落在树叶上，那小巧可爱的叶子承受不了这样的重量，倒了一半的身子，把小水珠"扔"了下来。树梢，几只不知名的鸟儿正举行着一场音乐会。雨这调皮的小家伙也赶来凑了个热闹，着实为这场迷人的音乐会增了色。

转过身来，望见了你，心中不禁有些震撼。你的门前，立着郁达夫先生的雕像，身着一袭墨色的长衫，手握一卷书册，安详地望着富春江。而他身后的你，白墙黑瓦，被身旁的有些泛黄的树叶遮掩着，你身上的白漆明显有些褪色，满脸的风尘被雨水冲刷着。

我按捺不住自己的好奇心，踏过门槛。

走进去，全部都是实木的简陋家具，墙上却裱着几幅精致的画，挂着普通的渔帽，风格截然不同。

走向二楼，楼梯也是实木的，却极不平稳，走起来还嘎嘎作响。二楼几间房间里，摆着几张破旧不堪的床及其他家具。还有一间房里，有郁达夫先生的半身雕塑和一些精美的画。

站在二楼的走廊上，细听雨的声音。这雨下得并不大，让我不禁想起了"天街小雨润如酥，草色遥看近却无"这句诗，这样的意境，我的感触至深。

走出门，望着你——郁达夫故居，雨水洗礼着你的风尘，却洗不掉你的沧桑。

点评：一个清冷的阴雨天，小作者伏案于富春江畔，思绪万千。远山近水，细雨薄雾，雕像故居，历历在目。文章的高明之处在于调动一切听觉、视觉和感觉，融合于景物描写中，一种淡淡的情思飘然而至。

（指导老师：杨爱敏）

恰到好处的雨

实验小学鹤山校区 六（1）班 叶 诚

"六月的天，孩子的脸，说变就变。"的确，刚才还是艳阳高照，突然，就下起了倾盆大雨。有时倾盆大雨会给人带来说不清的烦恼，但有时那恰到好处的丝丝细雨又会给我们增添无尽的乐趣。

夏日午后，火红的太阳烘烤着大地，好像把富春江都蒸发了一半。江上的水已被烤得暖乎乎了，在太阳的照射下，江面波光粼粼，使人睁不开眼睛，只好用墨镜挡一下。偶尔，几只渔船快速驶过，"嘟嘟嘟——"留下一串燥热的汽笛声；"哦——"那边，传来一声嘹亮的欢呼声，原来是来富春江上游泳的人。他们在岸边划出一条优美的曲线，"扑通"一声，钻入了水中。平静的水面上溅起一大朵水花，波纹一直荡漾得很远，很远。再回头来找那个人时，已经游远了。

老刘在家没事干，背了个渔具想出去钓鱼。他来到江边，架好了渔具，接下来就是漫长的等待了。"呵呵，今天，我要钓一条大一点儿的！"他喜滋滋地盯着鱼竿，生怕遗漏什么动静。

鱼竿抖动了一下……

"上钩了！"老刘大喊一声，举起鱼竿，可是只有一条比家里金鱼还要小的石斑鱼。"我就不信了，再来！"老刘又挂上鱼饵，他突然想明白了自己为什么钓不了大鱼了，"对呀！这大热天鱼都躲水底了，哪儿有大鱼钓呀？唉，要是下场雨就好了！"话音刚落，一滴水落在了他头上，他抬头一看，天何时阴沉沉了，天上乌云密布，闷雷滚动，突然，"轰隆隆"——雨倾倒下来。

老刘穿上雨衣，"哈哈，大雨来得真及时！"鱼竿又猛烈抖动了一下，他马上一拉，这下他费了九牛二虎之力，才把猎物拖上岸，是个大家伙啊！

雨停了，几只麻雀在空中尖叫着飞过，好像在倾听雨后的余韵。大街上仍有几朵"花儿"在开放，这场恰到好处的雨把夏日的酷热冲刷得烟消云散，把大街小巷洗刷得干干净净，别有一番景致。

如果郁达夫先生见到这番景象，是否会感到欣慰呢？

点评：小作者向我们展示了一幅富春江边夏日垂钓的画卷，以他的视角依次展现了江面渔舟、江中嬉水、江边垂钓的春江美景，动静结合，结构合理。全文语言自然、朴实又不失生动，充满儿童情趣。而垂钓的"老刘"所期盼的夏雨如期而至，更是小作者美妙童心的真实写照。小作者的文笔显得略微稚嫩，对景物的描写不够细腻。幸好小作者对于文章的主题把握较准，结尾的点睛之笔为文章增色不少。

（指导老师：赵 青）

秋雨的洗礼

实验小学鹳山校区 六(7)班 袁新翔

浅秋,梧桐微黄,秋蝉稀鸣,风起,青石板的路上,铺满了金色的银杏叶,泛着微波的江中一片碧绿。远眺,乌云如幕,细闻,雷鸣如滚石过山,带着秋韵的雨悄然而至。

一会儿,江中波纹点点,白雨跳珠,如同碧空之繁星。而我,于老槐树下,身倚石栏,伫立雨中,望着依稀模糊,随着雨帘的飞舞时而扭曲的母校。眼中混杂着秋雨,还有我的泪。

时光掠影,心底泛起五年前的黑白画面。五年前,也是这么一个雨天,我撑着伞满脸稚气地走进了这个校园,操场上欢声笑语。那时的我,或是紧张或是兴奋,还有一分忐忑,就随着雨混合后沉淀在了我的心底。光阴似箭,那么地快,那么地快,快得令人措手不及,就如雨后天晴的水洼,在你不注意的瞬间出现,又忽而消失得无影无踪。

风,带着秋的凉意,夹杂着雨丝,轻抚着我的脸庞,又快速地汇成雨线,滴落在草地上。而我的耳中除了风雨声,只能依稀地听到自己的啜泣,有伤心也有委屈,在这棵伴随了我五年时光的挂着碧绿槐子的老槐树下,我流着泪。老师的批评让我又难受又伤心,痛恨自己那时候的懦弱与无能,忘记了分辩,"真的都是我的错吗?"一阵阵的惆怅,把我的心包得那么紧那么紧,心似乎也是一阵阵的绞痛,"难道我真的那么坏,那么不讲道理吗?"一声长长的叹息:曾经美好的时光似乎随着这场秋雨的到来而远去,越飘越远,即使我竭力挽留,也无法留住一分一毫。而唯有留在心底的记忆,亦如这雨中的景物一般,彩色变黑白,又渐次模糊!

树,随风摇动,发出清脆而又温婉的沙响,片片飘落的黄叶,透过雨这层朦胧的幕布,我凝望着水雾茫茫的江面,犹如我心底的那片迷茫。

天还是那么灰暗,路灯也自觉地释放出灰黄的光,似乎在寻找着阴暗中的光明。这个世界似乎仅有我的存在,孤立而又无助!陪伴着我的唯有秋意与秋雨,还有身边的那棵老槐树。

"兄弟,别淋雨!"忽然间,一声熟悉的喊声划破了这片寂静……"是他们!"我抹去眼中的雨抑或是泪水,看见校园那里跑过来三个身影,路灯的昏黄把他们脸上的雨水映照得闪闪发光,他们一样淋着雨踩着水塘向我跑过来,一个个小水洼飞溅出朵朵水花,而那水花又以令人来不及看第二眼的速度有如玻璃一般摔碎在地上,发出清脆而又短促的声音,随之消失。此时的我又懦弱了,眼中的热泪随着雨水淌过我的脸庞。是我的兄弟,五年的时光里与我一起奔跑的兄弟,约定了永远一起奔跑的兄弟。他们狂奔的脚步渐行渐近,终于几双坚定的臂膀落在了我的身上……

雨似乎停了,风也小了,唯有带着秋意的浅凉!我擦干了眼泪,今天的这场秋雨仅仅是我成长过程中的一次洗礼,明天,我依然与兄弟们在秋意中奔跑向前,无惧风雨。

(指导老师:唐雯漪)

乡 雨

富春二小 五(4)班 郭菲杨

"淅淅沥沥、淅淅沥沥",如丝的细雨从灰蒙蒙的天空中洒下来,先是落到倾斜的屋檐上,继而像坐滑梯似的滚落到坚硬的泥土上,湿润了慈祥的大地妈妈那柔软的脸蛋……

我撑着一把淡粉色的油纸伞,拿着相机走在家乡的石头小径上。也许,家乡不是那么完美,没有城里的高楼大厦、锦缎丝衣。可是,即使是一座小山村,也有自己别样的风韵,在我眼里,下着蒙蒙细雨的家乡——一座小山村,就宛如一片仙境。

我走走停停、行行摄摄,把家乡一处处带有芬芳记忆的画面定格在我的镜头里。瞧! 这一条经历了沧桑岁月的长廊里,不正是奶奶教我蹒跚学步的地方? 那一块绿油油的麦田,不就是儿时我和小伙伴们一起嬉戏玩耍的乐园吗?

雨,不断地落下来,一颗颗水晶般闪烁的雨珠挂在树梢,好像风一吹它们就会被带向远方……

如今,这个小山村住的大多是老人和孩子,青年们都背井离乡去了大城市生活。这样美如画的风景、雨景已经很少有人看到,去细细品味的人更是少之又少。我,一个12岁的少年,每逢过节、寒暑假,都必定会回到这儿感受景物、事物,在朦胧烟雨中形成一幅幅浓淡相宜的水墨画,而我,就像画里的一个小小人儿,在画中穿梭,回顾往昔……

我喜欢在观赏雨景时,听一些关于"雨"的歌曲。因为我觉得,歌曲可以让人放松心情,愉快地做一些事情,就比如观赏乡雨,回忆童年时在山村里曾经的点点滴滴。

乡雨,纯净了我的心灵;乡雨,晕染了山村美丽的景致;乡雨,擦亮了我儿时的美好时光;乡雨,更让我品味到了家乡真正的韵味和乐趣!

点评: 小作者用诗意的笔触,以一个回乡少年独特的视角描写乡雨。与其说是写景,不如说是心灵深处对儿时欢乐的一次深情回望。家乡永远是游子的根,一个人即使走得再远,也走不出对家乡的眷恋。

(指导老师:章碧云)

仲夏夜雨

富春七小 六(2)班 裘 昊

在我的记忆中有这么一场雨,它不在桃花流水的春季,也不在硕果累累的秋天,更不在万里冰封的晚冬,而是发生在仲夏之夜。

家居小楼,昨夜忽来阵雨,一夜未眠。

亮堂堂的灯影下,透过呼吸的热气,勾勒出一位少年的身影,灯光为笔杆镀上了淡银色的光晕,而远处寂寥的夜中,朵朵薄片似的阴云,似乎在密谋着什么。

淡淡的,城市上空的夜里,暗色的云雾悄悄织上了天空。随即落下三两滴银针似的雨,忽的,砸落地面,惊醒了草的美梦,又销声匿迹。

如果说夏是燥热的、不安的,那么雨便是清凉的、透澈的。当夜的画笔染上雨的色彩,则颇有一番美感和韵律……

雨真的来了,少年停下手中的笔,惆怅地望向被夜色笼罩的天。

悄无声息,千千万万颗雨露一齐落下,打湿了翠绿的柳、嫩黄的花。似云,似雾,曼妙的雨在空中跃起,犹如一位淑女,轻抚着整个城市。世间所有的色彩仿佛融浸在雨中,虚无缥缈的纱雾时间盖下,万物变得模糊不清。富有韵感的清脆声回荡在熟睡的人儿耳畔。

"滴答,滴答……"

雨声洗净了所有忧愁,褪去炎热的夏色,城市似一块宝石,在夜色中熠熠生辉。

"滴答,滴答……"

雨声落在少年的心田,他痴痴地观赏着一场独特的演出,雨滴溅落在窗扉上,迫不及待地想要闯进来。忽然,一片被雨儿打湿的花儿沾在窗上,少年将它捧在手心,小心地抚摸着,淡红色的露在手心闪耀,一缕醉人的幽香在温暖的屋里洋溢。他的眼前,出现了一片雾。少年从未想过居住了十几年的家乡竟在这一刻变得如此迷人,他第一次触碰到了那云雾状的东西,那就是乡愁吧。

这场雨,缓缓地落幕了,好像从来没有到来过,万物又进入了梦乡,只有那少年的心中还在下着别样的雨……

"滴答,滴答……"

那一场雨,如此迷人!

点评:看裘昊的文章,就想起丰子恺的漫画,没有浓墨重彩,却直达神韵。裘昊寥寥几笔就勾勒出一个看雨的少年,小作者敏锐的观察力、干净平实的语言,无不触动读者的心弦。我愿意读这样的文字,十分难得且迷人! 小子,这是小鹰试飞,期待你鹰击长空!

（指导老师:应　静）

雨

———— 高桥小学　六(5)班　何舒琪 ————

跟着一阵阵湿润的山风,跟着一缕缕轻盈的云雾,雨,在人们热切的盼望声中,悄悄地来了。

雨点宝宝们手拉着手,唱着欢乐的歌,跳着快乐的舞蹈,成群结队地来给大地送甘甜的雨水。

雨点儿们轻盈地落下,那么干净,那么晶莹,飘飘洒洒的雨丝是无数轻捷柔软的手指,而绿色的树叶、嫩绿的青草则变成了奇妙无比的琴键,手指轻快地在琴键上弹奏出优雅动听的小曲儿,一串串快乐的音符随着手指的韵动而轻快地跳起了舞,一个个黑色的音符在草地上快乐地玩耍,每一个音符都带着幻想的色彩,每一首小曲儿都是那么的美妙,让人深深地陶醉其中。

雨点儿们在风婆婆真挚的祝福中飘到了树叶上。它们拿着大扫帚,"哗哗哗",雨点儿们开始清扫树叶上的灰尘。不一会儿,树叶变得一尘不染,每一片叶子都绿得发亮。树叶连声道谢,它们舒展着胖乎乎的身子,唱着快乐的歌谣。每一片叶子都是那么绿,它不同于其他的绿,它是那么独特,引人注目。这清新的绿色仿佛在流动,流进我的眼睛,流进我的心胸。

雨点儿们蹦到桂花上,轻声唤道:"桂花姐姐,快起床啦,天亮了,太阳都晒屁股了!"桂花睁开睡意蒙眬的眼,打了个哈欠,张开了自己娇嫩的花瓣,桂花散发出淡淡的清香,那么迷人,醉人心脾。雨点儿则顽皮地跳到树叶上,玩起了捉迷藏:有的雨点儿躲到了树叶后面,有的跑到了桂花姐姐的怀里,而有的雨点儿则倒挂在绿色的树叶上,好奇地看着来来往往的人们。更多的雨点儿跳到了草丛里,跟草叶姐姐、泥土哥哥打招呼。可总有几个不听话的雨点儿,你瞧,那边有两个雨点儿打起来了!你一拳,我一脚,两个雨点儿的身上很快多了新的伤疤。风婆婆赶忙拉开他们两个,草叶姐姐也来劝架,可其他雨点儿却在一旁兴奋地起哄:"这儿!小心后面!对,在后面踢一脚!"受到其他雨点儿的鼓舞,两个雨点儿越打越来劲儿了,有的时候还打到了别的雨点儿,而那些被打到的雨点儿又去打他们了。整个场面变得愈发混乱了。乌云妈妈气得七窍生烟,把发动"战争"的罪魁祸首狠狠地骂了一顿,两个雨点儿这才乖乖落入大地怀抱。

雨点儿们蹦到了小河里,"哗哗哗",小河唱着欢乐的歌;雨点儿们跳到了小河里,痛痛快快地洗了一个冷水澡,时不时向对方泼水;雨点儿落在小河上,溅起一朵朵小水花,小河里传出它们嘻嘻哈哈的笑声。

雨停了,地上还留下了几个小水洼,就像一面面圆圆的镜子,映照出人的影子。不远处,一只不知名的鸟儿开始啼啭起来,仿佛在倾吐雨后的欢跃。近处,凝聚在树叶上的水珠还在往下滴着,滴到路旁的小水洼中,发出异常清脆的声响——

叮……咚……

仿佛是一场雨的余韵。

点评:小作者以独特的感受、神奇的想象和联想,用灵动的笔调向大家展示了一幅有声有色的雨景图。在小作者的笔下,雨是一群调皮的小精灵,一会儿弹着优雅的钢琴,一会儿与桂花捉迷藏,一会儿相互打闹,恰如其分地表现了不同时段的雨所表现出的不同特点,突出了雨所特有的音韵美,寄情于景、情景交融,表达了小作者对雨、对大自然的喜爱之情。

(指导老师:何晓群)

雨·新生

————————— 新登镇小 六(2)班 洪盛凯 —————————

飘飘洒洒的雨像烟雾一般，从天而降，说来就来。田垾、菜蔬、草丛，都笼罩在这"烟雾"之中，恍惚间，我又看到了那个高大的身影。

或许，也是在这样的早晨，童年郁达夫背着书包，向鹳山走去。

或许，也是在这样的早晨，少年郁达夫拿着大伞，叩响青石小路。

或许，也是在这样的早晨，青年郁达夫握着一张船票，开始逐步之旅。

百年一瞬间，恰如东江水，东流到海不复回。看着富春江，嗅着富春雾，听富春江拍打石岸那清脆的响声，一声声，一阵阵。啊，我看见了，看见郁达夫笑着向我走来——哦，不，是向着他一心牵挂的富春江走来。

郁达夫几乎一生都漂泊在外，无论身处顺境还是逆境，都念念不忘富春江的山水。"我欲乘风归去也，沿滩重理钓鱼竿，归至富春江"是他一生的夙愿。

如果你顺着郁达夫的文字，来到富春江，你会发现：曾经，他立下的"为祖国奋斗"的承诺还萦绕耳畔；曾经，他受委屈时的诉说还回荡在山谷中；曾经，他受老师表扬时的欢笑还隐藏在绿油油的小草上。

"家在富春江上"，每当听到这朴素的话语，我的心中总是情不自禁地生出一股自豪之情。这富春江，曾经养育了多少烈士，也养育了郁达夫。

"祖国啊，你快富起来，强起来吧！你还有许多儿女在那里受苦呢！"这是郁达夫对旧中国的呼吁，也是所有中国人的愿望。如今这愿望早已达成，可我们不会忘记那段屈辱的历史，会把它刻在心上，世代流传，化为我们不竭的动力。

不知何时，那一抹早起的光战胜了雨，暖融融的，紧接着，金黄色的圆日升起，映得富春江波光粼粼、闪闪发光。我想，那是他的泪光吧，为这初升的太阳而欣喜。那个高大的黑影沐浴在这阳光下，也会欢笑吧。

面对敌人的屠刀，郁达夫眼中满是决然，但又有一丝留恋。他在留恋生命吗？不是！在留恋钱财吗？不是！在留恋他的大好前程吗？不是！他在留恋富春江，富春，中国。

"家在富春江上"，这是郁达夫一生的骄傲，我们要让这骄傲，世代流传下去。

（指导老师：颜素英）

细 雨 深 情

富春七小　五(9)班　叶子萌

　　我喜欢看雨,望着雨丝从眼前飘忽而过,任思绪随着它轻轻地飘。或许雨丝会润湿一段过去的回忆;或许它会使心里的一缕缕灵感萌发出勃勃生机;或许雨滴会激起我心中的层层涟漪。

　　小时候,妈妈很喜欢带着我听雨。妈妈是一个语文老师,很富有诗意。一到下雨天,就会抱着我到阳台上听雨。她总是问我听到了什么声音,并且会把我说的稚嫩的话语记录下来,她说那就是诗歌。妈妈说我想象力丰富,很会触景生情。有一次,在我的口述本里我看到妈妈为我记录的一首儿歌:

　　　　淅沥沥,哗啦啦,

　　　　下雨了,

　　　　我的妈妈来接我。

　　　　淅沥沥,哗啦啦,

　　　　下雨了,

　　　　我和妈妈撑着小花伞。

　　　　淅沥沥,哗啦啦,

　　　　下雨了,

　　　　我和妈妈赶快回家去。

　　现在我去翻看那本口述本,觉得那些语言很幼稚,但是妈妈却把它们当成宝贝。那个本子她珍藏得很好。那一年我 3 岁,妈妈 32 岁。

　　有一年深秋,我染上了一种病菌。连续几天,我发着高烧,上吐下泻。爸爸刚好去外地出差了。妈妈忙得不可开交。早上妈妈会炖各种粥给我喝;白天,她上完课会带我去医院挂水;晚上,妈妈会烧很多开水,为我擦身;还要时不时清洁被我吐脏的地板或棉被。有一天晚上,我吐得很厉害,见我病情反复,妈妈准备送我去医院。那时外面下着雨,妈妈不会开车,她撑着伞背着我到小区门口打车。等了一会儿没有一辆出租车经过,心急如焚的妈妈决定边走边打出租车。妈妈怕我淋湿,就把我抱在胸前。她一手撑着伞,一手抱着我,没一会儿就累得气喘吁吁了。出租车还是没有打到,雨打在伞上,滴答作响。我听到了抽泣声,如同这淅沥沥的雨声。我轻轻地问道:"妈妈,你哭了?"妈妈却很坚强地对我说:"妈妈没有哭,就算狂风暴雨来了妈妈都会给你顶着。"听到这句话,我安然地睡去。等我醒来时,我已经在医院的急诊室里,医生为我量着体温。我躺在妈妈怀里,妈妈的大手摸着我的小手,她的手冰凉,脸色苍白,头发和脸上都湿了,不知道是被雨水还是泪水打湿了。看着我睁开眼睛,她微笑着安慰我:"没事的,宝贝,你很快就能回家。"经过各种折腾,凌晨三点,我终于可以回家了。回去的路上,依旧下着小雨,淅淅沥沥的雨声一路陪伴着我们。我和妈妈的心都被雨打湿了。那一年,我 6 岁,妈妈 35 岁。

　　去年的一个雨天,我的心情糟透了。那一天,我的数学考试成绩创历史最低。在妈妈的办公室里看到滑落在玻璃窗上的雨滴,我觉得就像我的眼泪。以前,我等妈妈下班都会等得不耐烦,今天,我还来不及想好怎么和妈妈交代考试成绩,她就来到了我的面前。知女莫如母,看到我板着的小脸,她就知道我心情不好。她什么都没问我,就让我跟着她回家。一路上,我不想撑伞,淋着雨,说要清醒头脑。妈妈也陪着我淋雨。她搂着我的肩膀说:"想哭就哭,在雨里哭,别人听不见。"我的眼泪顿时像决堤的洪水一样从眼眶汩汩涌出。妈妈任由我哭。等到我哭声有点平息了,她语重心长地对我说:"人生就像一场雨,可以欣赏美丽的雨景,可是却必须忍受雨的潮湿、雨的沉闷,在没有阳光时,你自己便是太阳,为自己照射快乐。你记住,再大的雨都会有停歇的时刻。"妈妈的这番话让我很快走出了考试失败的阴影。那年我 10 岁,妈妈 39 岁。

　　我成长的路上,只要是雨天,只要我和妈妈在一起,都有美好的回忆在我心坎荡漾。那如烟如雾的雨,是我和妈妈眼中最美的风景;那淅沥沥、哗啦啦的雨声是我听过的最动听的旋律;那蒙蒙雨天上演的感人故事,是我拥有的最宝贵的珍藏……

　　点评:富有诗意的开头,温暖感人的故事,耐人寻味的结尾,情真意切的语言,加上一个简单感性的题目,构成了一篇如蒙蒙细雨般虽不起眼却点点润人心的文章,让读者沉醉其中,产生共鸣。小作者和妈妈都喜欢雨天。小时候"我"听雨作诗,妈妈视为珍宝;生病时,妈妈撑着伞送"我"去医院,感人至深;考试失败时,妈妈陪"我"淋雨,让"我"走出阴影……这雨,这情,那样美好,那样珍贵。文章结构清晰、情感真挚、布局精致。

（指导老师：陶红丽）

天 边 的 雨

富春二小　五(1)班　温静雯

雨,是晶莹的,
如爷爷曾经挥洒的汗水;
也似父亲期望我们一飞冲天的目光。
天边无瑕的雨滴啊!

雨,是灰白的,
如父亲无光的发丝;
也同母亲不再有力的手掌,
天边黯淡的雨滴啊!

在灰蒙蒙的一片天空下,
在晶莹的,灰白的雨幕下,
我,

还有多少年能牵着父母的手，

前行在泥泞的小路上？

点评：这首小诗结构清晰，先写雨是晶莹的，犹如父亲期望的目光；再写雨是灰白的，像母亲不再有力的手掌；最后升华主题：我还有多少年牵父母的手。表面上写雨，实则抒发自己对父母的情思。借雨寄情，文字虽不多，情感却深沉。可见小作者是一个有着丰富情感的人，敏感、灵动，还有着深厚的文学功底。　　　　　（指导老师：骆琴芳）

细雨访龙门

————————　富春八小　六(1)班　杨　帆　————————

又是一个雨天，细雨点点滴滴落在伞上，溅起一丝丝水花。龙门古镇的白墙黛瓦就在雨中静默着，仿佛在等待我们的到来。

踏着青石板小路，我们来到了今天的第一处景点——砚池。砚池的水是平缓的，雨点打在小池中，泛起层层涟漪，就像姑娘的心事。砚池边有一个铜像男孩，手握毛笔，正在书写一个大大的"龙"字。据说，男孩是神童下凡，摸他的头可以沾文气。我摸了一下"神童"的头，妈妈也摸了一下。我问她："你那么有文气，为什么还要摸？"妈妈笑着说："可以变美啊。"我这才注意到"神童"的头被摸出了一片光亮。哎，这么多人摸他的头，不亮才怪呢！

参观完砚池，我们又踏着青石板与鹅卵石铺成的小路，去寻找墨庄了。

来墨庄前我曾无数次想过墨庄主人的模样：那是一位白头发、白胡子、手拄拐杖的老爷爷。可眼前站着的却是一位年轻漂亮的阿姨。阿姨叫程美玲，名字和人一样美。她是墨庄的第十七代传人，她的声音柔柔的，微笑地跟我们介绍做墨的初衷，她说她的初衷是："用心做好每一滴墨，让大家用到真正的中华好墨。"她还告诉我们，她的祖辈们制墨用的都是古法，不添加任何化学物质，是可以养生美容的。说罢，她竟端起那碗墨，一仰脖子喝了下去，旁边的人直看得目瞪口呆。

程阿姨还给我们讲解了古墨的由来和古墨的研制过程。妈妈还享受了一回程阿姨亲自服务的墨灸。

时间不早了，我们起身，程阿姨把我们送到了门口。一出门，我们便闻到了一股浓浓的油面筋香味。小店里的阿姨热情地向我们打招呼。我们蜂拥而上。刚出炉的油面筋个个金黄，一口咬下去，先是肉香溢满了我的口腔，接着就是笋香、葱香接踵而来，加上脆脆的面筋皮子，真是"此食只应天上有，人间哪得几回闻"啊！

吃着美味的小吃，漫步在青石小路上，细雨敲打着我们的伞。砚池、墨庄，还有油面筋店，都刻在这漫天飞扬的雨中了。

点评：伴随着丝丝细雨，踏入意蕴深厚的千年古镇——龙门。砚池、墨庄在雨中更富神秘，那"层层涟漪"让人思绪万千。那细雨，不禁使人想起郁达夫先生的文字："我生长江南，按理是应该不喜欢雨的；但春日暝蒙，花枝枯竭的时候，得几点微雨，又是一件多么可爱的事情！"

（指导老师：李科明）

过富春江
——幸会记

郁达夫中学　八（7）班　汪涵彧

起风了。

石板路上，青苔丛生。原来不觉间，匆匆六十几载已从指缝间溜走，就此消逝在岁月的罅隙里，飘散在浮光掠影间。六十多年了，故居前的枇杷开了又败，富春江的河水东流不还。唯有那人的身影，隐在乱世硝烟之后，却依旧是一道永不落幕的风景。

我听见耳畔传来熟悉的嬉笑声，侧首望去，发现少年时的他正背着泛黄的包，与同窗好友谈笑风生。俊朗的眉目间是掩不住的意气风发，他像一轮炽热的烈阳，照亮了那个压抑得让人喘不过气来的时代。他瘦削的背影愈行愈远，眼看就要与落日融为一体，却又忽而出现在东渡口前。是了，他马上就要去日本留学，开启人生的新征程了。我仍站在原地，看着他与亲人告别，看着他闪着光的双眸，看着他背过人群而偷偷流下的那滴泪。心中涌起莫名的慌张，我明知历史的轨迹却又对此无可奈何。

泪眼蒙眬、无语凝噎之际，又惊喜地瞥见他的身影。他比先前还要瘦了，颇有形销骨立的感觉。在桂香浓郁中，他身穿一袭长衫，手捧一叠书卷，正慢慢地啃读着。岁月的沉淀将他打磨得更成熟稳重。这是一块璞玉，只有日日把玩之人才懂得内里的潋滟风华。"放棹江湖飘零客，国亡我命亦绝矣。"我读不懂他话语下深藏的那颗赤子之心，更读不懂他紧皱的眉宇下盛满的那份忧愁。我只能静静地伫立在时光的这头，望着那端的他踽踽独行于那个兵荒马乱的时代，狂狷于文字，浮浪于生活，凋零于异乡。星空下，是他发出这样的誓愿："做不成文天祥、陆秀夫，也要做伯夷叔齐。"有人麻木，有人屈服，就会有人反抗，有人坚持。他是一颗晨星，用渺茫的微光与黑夜斗争。

迎面有江风吹来，才发觉脸上已是一片咸湿。我向远方眺望，这条路，终是要走到头了。他的死讯从异国传来，哀歌四起。越来越多的人从泥沼中站起身来，心中总算有些许慰藉。所幸，他做的一切并非无用功。

我走过富春江，也走过他的一生。这短暂的一生，恰似故乡的桂花，酝酿了整整三季，也只是默默地在将要凋零前，奉上并不惊艳的花香。而我回首最后一次凝望，正是江面上新日初升的一刹那。他在熔金般的光中对我微笑，笑容依旧儒雅温和。于狭仄心尖这明艳一瞥，使我终是忍不住了。素风里漾开细碎的不成调的哭声，缥缥缈缈地飞向另一个世界。

感此，幸会故人，此生永记。

点评：读书犹如读人，情由境生。作者悟懂了郁达夫先生的一份家国离愁，悟懂了一份赤子情怀，"我走过富春江，也走过他的一生。这短暂的一生，恰似故乡的桂花，酝酿了整整三季"。达夫先生启迪着一个民族在沉沦中崛起，铁笔丹心更是民族救亡的号角。虽然时移境迁，故人已昨，但作者以巧妙的构思、凝练的文笔、满腔的真挚，穿越时空，于富春江畔和达夫先生来了一场精神的交会，以此表达自己对郁达夫先生的深深的仰慕与缅怀之情。

（指导老师：章晓萍）

祖父·七年·留下的我

富春中学　七(6)班　钱家仪

阳光洒在富春江的江面上……

金闪闪的斑点，随着起伏的波浪，一晃一晃，摇得人花了眼。

我一个人，一个人站在岸上，和七年前一样靠着那扶手。但，七年前陪我一同站在那江岸的人，已不在了。

想着想着，一阵凄楚那么自然地浮上了心头。金色的斑点呐，摇摇晃晃，像是阳光的泪一般，眨呀眨，闪呀闪。

陪我看富春江的人，是祖父。

祖父其实就是那么普通的一个小老头儿，貌不惊人，很难给人留下深刻的印象。

祖父的手很巧，废弃的电线，可以被他做成一个崭新的电灯泡；破烂的布条，在他手里可以化为精巧的洋娃娃的衣裳；就是失去了黏性的胶带，也能变成实用的刀柄。

也许是基因的问题吧，父亲并没有遗传到祖父的巧手，我亦没有那天赋。恰恰相反，每次手工课，我不是破了皮便是坏了事。

祖父就那么笑笑……不堪说，不堪说。

祖父也是个有生活趣味的老头儿。他喜欢摄影，亦爱品茶。

幼年的我只顾玩自己的娃娃，根本不理解祖父。那时的我嫌茶太苦，看祖父的茶杯总带着一丝嫌弃。但又敌不过茶浓厚温暖的香，踮着脚费力地取下茶杯，趁祖父看不到，偷偷地，偷偷地吸一点儿。哎哟，整张脸皱成了苦瓜。

也不知为何，愈苦的茶，我愈要尝尝，即使我会呛得恨不得把舌头拔出来，即使我会在祖父祖母的哈哈大笑中羞得满脸通红。

亦不知为何我会背起那台沉重的单反，左拍拍右拍拍，东挑西选，在祖父的相机中留下一丝我童稚的痕迹。有时祖父删了里面的照片，我还会和他闹上一场。

那么意外的，那么令大家难以置信的，我爱上了喝茶，爱上了摄影，甚至开始狂热地做着拙劣的手工。

我和祖父的影子，一点点重合。每个看到我和祖父的人都会笑："哎呀，您孙女跟您这么像呢！简直是一个模子里刻出来的。"

我笑而无语，祖父亦笑，不堪说……

七年前，祖父领着我，那个年少无知、娇气的我，站着，站在富春江畔；七年后，他全新的孙女，和他那么像的我，又站在岸边，望着那波光粼粼的江面，可惜早已物是人非。

祖父，不在了……

但他留下了那么多：灯泡、娃娃的衣裳、刀柄，以及那个早已成为他的影子的我。祖父一辈子创造了那么多东西，他有没有想到，他创造了一个全新的我？那个爱手工的我，那个爱品茶的我，那个爱摄影的我……我的一切一切都带上了祖父的影子。

波光粼粼，江面上我的倒影，幻化为祖父，又幻化为七年后的我……

点评："倚蓬独立久未眠，静看水月摇清圆。"作者驻足富春江畔，触景生情。江水悠悠，情思悠悠。美丽多情的富春江养育了心灵手巧、热爱生活的祖父，祖父又将他的才情尽传于"我"……江水不息，传承不息。文章层层深入，人与景与情，合而为一，言有尽，意无穷。

（指导老师：印晓焱）

富春江边是我的家

富春中学　七(6)班　楼语歌

终究还是要拆了吗？

陪着我度过了三千多个日日夜夜的它——终究是要拆了吗？

我住了十年的家啊……

我不忍心就这样与它分别，于是，我拿起相机，去追寻那最后一抹回忆……

仍旧是穿梭在那曲折蜿蜒的巷子里，我轻车熟路地爬上六楼，仍旧是那扇熟悉的铁门，我习惯性地敲门——没有人会来开了。

曾记得小时候，我总是把这扇铁门敲得震天响，还不停喊："外婆！开门！""没有人！"外婆那提高了分贝的熟悉的声音传来。"没有人，谁在和我说话？"我一边说一边仰起头朝楼梯看去。"没有人在和你说话呀！"外婆的脚，继而整个人都看见了。"咔嚓"一声，铁门开了……

我用手中的相机拍下了这扇铁门。

我走上楼，来到阳台上，还是那张熟悉的摇椅。我本想再坐一次，可上面的灰尘令我望而却步。

曾记得小时候，我常在天色将暗未暗之时，坐在摇椅上，享受着晚风的吹拂，那是何等惬意啊！——而我身边，总是坐着外婆。我爱吃葡萄，外婆就坐在我身边替我剥葡萄，她总是说："你个小馋猫，不但馋，而且懒，自己喜欢吃葡萄，还得我给你剥好。"每每这时，她总是已经剥好一个葡萄递给我了。我便趁机发嗲："小馋猫要外婆喂！啊——"说完还把嘴巴张得大大的。外婆就把葡萄送进我嘴里，故作生气地说："懒惰鬼！"

我用手中的相机拍下了这张摇椅。

我站在阳台上向外望去，远远地看见了富春江。此刻的富春江，波光粼粼，两岸还绿着的柳树在微风吹拂下，比春天还动人。

曾记得小时候，外婆特别喜欢站在阳台上看着富春江，还对我说："田田你看，富春江这么好看的咩！"我说："有什么好看的？"说着，还往外瞟了一眼："不就是水嘛。"那时，在我的印象中，富春江确实只是一江水，也确实没有那么美。也许是我还不懂得欣赏，也许是富春江变得越来越美了吧。外婆仿佛有些生气地说："怎么能这么说呢？富春江边是你的家呀！"我不走心地点点头："哦哦哦，富春江边是我的家、我的家。'家在严陵滩下住，秦时风物晋山川。碧桃三月花似锦，来往春江有钓船。'""我外孙女有福气哦，住江边，有书读。"

那时似乎不懂，也不愿懂这句话，现在懂了，或许太晚了吧。

我含着泪，用手中的相机拍下了这条最美的富春江。

我知道，我不用把这几张照片印出来，富春江边永远是我的家，我永远不会忘记它。

因为这里，有浓浓的乡愁和岁月带不走的亲情。

点评：拆迁拆掉的仅仅是建筑物吗？不是的，在小作者心中，拆掉的是她今生今世童年的痕迹，是她对家的情感的安放，更是她和祖辈一起生活的温情。一只相机串起了三段回忆，构思精巧，情感动人。家乡的发展，也许小作者还不懂；对她而言，家的温馨才是最真切的。可是，生活就是在这样的得失之中不断前进着。（指导老师：印晓焱）

望江，寻你

———————— 杭州银湖实验中学 七(4)班 施 享 ————————

独自走在江边，微风轻轻附在皮肤表面，然后再慢慢地渗入心底。压抑的黑色覆盖整片江面，唯有街灯轻洒下的柔光，才让这死寂的夜晚变得活泼而富有生机。

在这红尘俗世之中，在这喧哗浮躁的城市里，只有望着富春江的时候，心才可得到一时的宁静。清晨的它，清澈见底，游鱼细石，直视无碍；黄昏的它，白鹭翩翩，落日衬景。无论是春与秋，还是日和夜，它都很美。人情世故那么复杂，富春江却一直濯清涟而不妖，出淤泥而不染。赞许的还是它那份心性。

而你是否知道，发生在春富江边的故事，也同样很美。为何我喜欢在晚上来到江边？

因为我在找一个人。

村上春树说过：你要记住在大雨中为你撑伞的人，要记住在黑暗中紧紧抱住你的人。我想，我已经记住他了，只是，我还在寻找他。

他是谁？又有着什么样的故事？

望窗外，溟濛小雨，请让我再次轻歌慢颂，这个人的故事，抑或，是我们的故事。

那年盛夏，茫茫夜色中，我在江边徘徊，像是世间孤独的灵魂，无止境地游荡让我痛苦。那时那刻,绝望与无助接踵而至,黑暗侵蚀着我的身体,也渐渐地抹灭了我的希望。我的确想过,就这么停下脚步,终不向前。但是这个美好而又恶劣的世界,没有给我这个机会。

坐在江边的长椅上,我暗自哭泣。一抹沧桑的声音传入我的耳畔。"哭什么呢?"抬眸,一个老人,弯着腰,温柔地看着我。我带着哭腔,缓缓地说道:"我不喜欢这个世界,不喜欢世间的所有东西。"

老人笑了,他也坐了下来,拍着我的肩膀,轻声说道:"世界很薄情,对吗?"我十分赞同地点了点头。老人又笑了,他抽了抽鼻子,说:"那我们更应该深情地活着。"说完,他便起身耸了耸肩膀,又拍掉裤脚的灰尘,眼中,还是柔情万种,温暖的,如太阳。他带着神秘走了,留给我的,只有那句话和一个背影。

故事很短,仿佛刚刚开始便结束了。但是,那个老人带给我的启发,从未结束。

在这个薄情的世界中,我们更应该深情地活着。因为深情,或许薄情也会变得不再冷漠。

每每在夜晚,走在富春江的时候,那个老人的身影都会再次浮现眼前。是的,我在寻找他。望着江面,寻他,等他。

也有可能,我是在寻找一份深情罢了。

世间万物,都是孤独的个体,在冷风中一直向前,唯有带着深情与初心,才有始终。

望着富春江,寻你,寻一份深情。

点评: 这篇文章选择了一个全新的角度,让思想可以在这里自由地驰骋,此外轻松有趣,颇具新意;辞藻瑰丽,清婉可喜;文笔练达,意亦周到;抒情恳切,一气呵成;用词切当,意境不俗。

(指导老师:祁　媛)

在四季里绽放的富春江

永兴中学　九(13)班　许　一

曾于不同季节看不同的江河,最怀念的,还是记忆中的富春江。

——题记

当春雷划破天际,叫醒沉睡的大地时,富春江迎来了春天。富春江边,草长莺飞,花红柳绿,游人如织。又是一个踏青的好时节!阳光照在江面上,洒下遍地的金子。江面平静如水,清澈明净,倒映出游人们的影子。影子在起舞,在欢唱,在诉说着对这片热土的赞美。当山花绽开笑脸,蝴蝶翩然起舞,柳树抽出新芽时,人们更是惊喜无比,而富春江,只轻轻翻腾着浪花,浅浅笑着,在岁月中波澜不惊。

人们总在盼望着夏季。盼望夏天的风,夏天的绿树成荫,夏天的西瓜,还有,夏天的富春江。富春江的夏不愠不火,没有毒辣的太阳,也不缺少热情。夏夜,人们会带着家人,漫步于富春江畔。江风总能让人静下心来,享受与家人在一起的时光,繁星满天,江水悠悠。就算富春江将江风馈赠予游人,总有人难耐炽热的暑气迫不及待地下水畅游。但江中从来不会因游泳的人们而过于拥挤,人们不愿破坏这一份宁静,只安静地在江中游完起身,穿上衣服,笑着离去。看那笑容,晚上一定好梦。富春江陪伴着人们度过一个又一个长夏,慷慨地给予人们清凉。每当人们身处异乡,脑子里一想起富春江,就会觉得心静如水,凉意沁心。

"亭亭岩下桂,岁晚独芬芳。叶密千层绿,花开万点黄。"桂花在枝头悄然开放之时,富春江的秋天到了。秋天,是个多愁善感的季节。每逢黄昏,心里总有万千愁绪。步于秋天漓江之畔,望着滔滔江水,莫名伤感,想到一江水不知流向何方,漂泊不定,更是愁不堪言。此时的我,就是远离家乡的游子,游于广西,离家千里。那时对于家乡的一切都思念得紧,特别是那一江富春水,南国的秋。郁达夫先生认为它与北方的秋相比意味不浓,回味不永。可我认为,当桂花被秋风吹落落于江上之时,那点点金黄,好似一幅绚丽的画卷,怎能说是"意味不浓,回味不永"呢!也许因为我生于富春江畔,所以才如此眷恋。

秋天一转眼过去,冬天带着白雪来了。富春江的冬,是一望无际的白,若天气寒冷,江面上结了冰,落了雪,那就只剩下天地合一的白色了。孩提时,我最讨厌富春江的冬,寒风刺骨,又无半点色彩,好没意思。但现在,看不到富春江的一片洁白,心底却有几分失落,总觉得少了些什么。

郁达夫先生也曾立于江畔,赏如画美景,当他离开家乡时,内心也一定很悲戚吧?

人世风光无际,长亭短亭,无论走得多远,那条回家的路始终不会荒芜。

我看过洛阳的春花、海南的长夏、香山的秋叶、塞北的冬雪,心心念念的,还是富春江的四季。

(指导老师:胡为民)

春江的码头

场口镇中 九(8)班 徐文雅

"阿妈,回家。""不回,等人。""等谁?"

那时江边靠村有一个码头。五十多年前,家与家的连接是通过一张小小的船票,人与人的等待悄悄堆积在江风吹拂的码头。时而聚集、时而分散的人群,临着江面,等待着离去,等待着归来……

"等你阿爸呢!"顺着江面而来的风扬起了女人的发丝,胡乱地打在脸上。"又等阿爸啊!"男孩难受地蹲在地上,捡起一旁草丛中沾有泥土的石块,狠狠地在地上划动了几下。女人没说话,只是轻轻地摸了一下男孩的头发,叹了口气。随后,又望向了粼粼江面,有些蒙尘的眸子中心紧紧连着江面尽头的那根线,眼中的波澜宛若同样被风吹得不平稳的江面,高低起伏地波动着。

那时,富春江的水还很清,就像想要归家男人的心,等待亲人的女人和孩子们的心,那么地潺潺不断。

"映山红,红又红,二八二五六,二八二五七,二八二九三十一,三八三五六……"男孩绕着女人,蹦跳着,手中握着不知何时从路旁扯下的野草,挥动着。"阿妈!阿妈!映山红可以吃对不对?"男孩用手扯着望江面失神的女人,可女人却不回答。男孩望了眼江面,便又唱:"映山红,红又红,二八二五六……"

"阿妈!"稚嫩的童音终于唤回了焦急等待丈夫的女人。"唉!"女人蹲下身来有些心疼地摸着男孩干裂而发红的脸。"阿妈,衣服又破了。"男孩有些委屈地将已有补丁的破洞故意伸向了女人眼前,露出了一截白白的小肚皮。女人笑着拍了一下男孩的小肚皮,搓着男孩凉凉的小手,说:"行,回去给你补补。""阿妈,阿花的衣服比我漂亮。"女人又笑了,脸上出现了一个大大的括弧。"行,等你阿爸回来给你买件新的。"女人瞥了一眼有丑陋补丁的小衣裳,狠狠地在男孩脸上亲了一口:"好不好?"又亲了一口,响响的一声。又亲了一口。"啊呀!阿妈不亲,不亲。"男孩咯咯地笑着……

静静挂在灰蓝天空的太阳变了色彩,日晕从山缝间,贴向了流动的水面,光在澄澈中沉向了水底。

船只在日晕中从那根线上出来,女人眼中的波澜汹涌起来,呼吸急促地抱紧了男孩。

"阿妈,我不冷。"男孩被搂进女人的怀抱中。人群不再哄闹,闲谈的人们拿起了地上的包袱,卖菜的老人吃力地挑起了菜篮子,人群黑团团的,女人带着男孩挤进了人群。船门开了,人群从船门拥挤而出,女人的目光紧紧锁着每个人的面孔,可是,直到最后一个人从船中出来,她也没见到那个人。船又离开了,仿佛不曾停靠,在孤独的江面上,孤独地离开了……

"阿爸不来了,我要回家。"男孩把头埋进女人的脖颈里,紧紧地贴着,凉凉的,湿湿的。

女人闭起了眼睛,抱紧了男孩几分,却难掩那份悲伤,和着风,掺杂在了一起。

男孩靠在女人肩头睡着了,手中紧紧握着那根野草。天渐渐失去了光,江水渐渐变得漆黑。江风吹走了给予温暖的光,吹走了码头的人群,只剩下等待的人,也在时间的流逝中,消失在了码头。女人的眸子很平静,那份波澜似乎也被风带走了……

女人看了眼江面,抱着男孩拖着孤独的身影离开了码头,只剩下孤零零的码头被江水拍打着……

沉寂中,船鸣声起。"嘟……"女人转过头,朦胧中她看到有人在挥手,在对着她和孩子,微笑……

点评: 徐文雅同学的这篇文章,犹如流淌着的富春江水一样澄澈、美好,亦如暖阳笼罩下的东梓关一样淳朴、真诚。对亲人的思念与对美好生活的渴盼,这些人世间至真至美的情感全都寄寓于一对母子每日春江码头的等待活动中。几个片断,画面感极强,孩子纯真的话语与游戏活动,母亲充满爱意的眼神、亲抚的动作,无不让人为之动容。一次次的等待,一次次的期盼,一次次的失望,却不让人觉着有丝毫的压抑之感,一切都是那么的云淡风轻。这也许就是富春江水所孕育的儿女们所固有的坚强、淳朴的品格的本色流露吧。全文无华丽的词藻的堆砌,亦无疾风骤雨般的情感的宣泄。浓烈的情感在平常的生活里缓缓地释放,这种情感是最真实的,也是最本色的。

（指导老师：陈晓松）

江 畔 随 想

富春中学　八(1)班　程子豪

　　我不禁又想起了这条极温和的江,伴着我成长的江。

　　她或许不如长江壮丽,不如黄河奔腾不息,她只是流淌,慢慢地默默地流淌,不管炎夏寒冬,不论世事变迁。多么不引人注目的一条江啊!太阳已将近西沉,太阳的余晖将我的身影拉长,骑上那老旧的自行车,我和父亲一同来到了富春江边。

　　吹着柔柔的江风,不禁像个历经沧桑的老者,慨叹起时光。富春江不知存在了多久,正所谓"恰似一江春水向东流",却别无他法。我下车,慢慢推着自行车走,父亲跟了上来。"怎么了?"他问。"江水只会一去不返吗?"我答,语气中竟带着一丝酸楚。父亲沉默了,只是陪着我走。

　　天已全黑了,只能看到那通明的灯火,听到那涨落的潮水,还有高悬在夜幕中的那一轮下弦月。"哗啦哗啦",我的思绪被打断了,我似乎听到江水在回应我——她并不是一去不返,她仍然会以一种全新的姿态回归。

　　鼻尖有些酸楚,似乎想起了许多许多……

　　"我与谁都不争,与谁争我都不屑。我的双手烤着生命之火取暖,火萎了,我也准备走了。"这是杨绛先生对世界平静的告别。杨绛先生走了,她的一生像江水一般,无论是潮涨抑或潮落,最终还是走了。她经历了许多,丈夫与女儿相继离去,她到了人生的低谷,但她回来了,她振作了,为后人留下了许多许多。肉体的陨灭,却不代表思想的死亡。江水东流,却仍滋养了大地,从始至终,生生不息。

　　不禁又想起革命烈士郁达夫。他也走了,被日本宪兵残忍地杀害。他为国捐躯,他死而无憾!纵观中华大地泱泱之史册:精忠报国之岳飞,肝胆昆仑之谭公,还有许许多多不为人所知的烈士,他们走了,却保全了整个中华民族!江水东流,源源不断注入海洋,它们为整条江河奉献了全部。

　　老子曾言:祸兮福之所倚,福兮祸之所伏。怎么又能说江水东流一定是坏事呢?中华上下五千年,多少王朝兴盛衰亡。一个王朝的灭亡必将迎来另一个王朝的崛起。江水东流,亦如生命流动,它分开来是暂时,合起来却是永久。逝去与不朽融为一体,这就是奇迹。

　　回过神来,鼻尖的酸楚消失了,抬头间,看见父亲眼中的笑意。我也对着父亲微微一笑。振作,生命总有价值。

　　下弦月,镜花缘,千年等待,一挥间,初见你,夜阑珊,浮生若梦,夜未央……感谢能遇到你——富春江,你教会了我许多许多。愿以后的日子,一直有你,在这月色下……

　　点评:小作者心思敏锐细腻,却又不失大气与睿智。与父亲静静漫步于富春江畔,由江水东流不复返,联想到了许多:杨绛先生历经磨难,却豁达从容;达夫先生被杀,无数烈士牺牲,铸就中华民族的昌盛;老子"福祸相依存"的思想,生命逝去与不朽的融合……正是这条生生不息的江水,引发了小作者如此深刻的哲思。其间,淡淡的月色,沉默的父亲,更为文章增添了一丝平和与温馨。

（指导老师:丁海英）

在江风缠绵的地方

富春中学　九(14)班　王弈歌

　　尔来近有二八年纪,略懂吴侬软语,微迷苏杭越剧,生于江南烟雨小镇,且犹喜踽踽独行于富春江畔⋯⋯

　　纯粹的江浙故人,富阳姑娘,名未举大堂而灵秀隽永,一如这春江水。自幼极欣喜达夫先生的旧作,阁楼之属仍藏有先生的政论、小说。

　　童稚时,常过鹳山,在山脚长亭间听戏词纷飞,看时光挑起水袖,望穿那些春风沉醉的时光。那是民国二十二年槐月的事了,想来晚风缠绵,光满故城。

　　那年,达夫先生回到富阳,槐月,江风渐暖,先生也曾立于我脚下的故土,远望富春江。我看见先生青色的衣衫,走下小路去,走上钓台来。他回望这世间,捻指一句"立马江浔泪不干,长亭诀别本来难。怜君亦是多情种,瘦似南朝李易安。"凝望去,过岸便是江南,葱绿树群点于长岸之上。风所过及之处,一片明媚。

　　过江畔,沿石道漫行,散落的鸟雀绕了曲小令,三三两两飞走了。从很小的时候开始,就同亲眷之属闲听晚风吹过江岸,夹带丝丝腥鲜气息。我知道若是坐着渔船到江对岸,又是别样的一番风景了。而远处,达夫先生从远方走来,执一卷陈文,点笔《过富春江》,又穿过一条小径去了。

　　在小城里,一切都在变更,在呼吸。这边是早不同以往的古色柔美,那些水土气息的一砖一瓦,黑白相融,凝成墨痣缀于这富饶的土地。而在江另一端,是时代的呼吸,是瓴于高屋,拔地而起。途经故乡居所,才惊觉日头早已变幻,这里却一如既往。

　　无因无果无始无终,尘起尘落尘生尘灭。反反复复复复反反,人间如是无常而轮回。民国三十四年,先生不幸遭日军屠杀永久地辞别人世。

　　时光的罅隙往来间,我又看到了那些暖风缠绵的光景,在富春江水的微波鄰浪间绾出一朵水花。后来,我仿佛在江上再次看见先生浅青的背影,却未有初逢的惊悸。再后来,滚烫的青梅酒早已冷却,就像那个背影渐渐冰冷,隐于那条小路,愈发寡淡,从未再回头看世人一眼。

　　故人所经历的那些漫长岁月,刻在江岸每一片漆石之上,映射于清澈的江水浪花,幻化成为碧波一片。明天,从江的那一边,太阳又会升起来,但一切都不一样。并非白驹过隙,却日新月异,富春江穿过这块璞玉,成为杭城的血液,成为杭城的心脏。

　　伫立长廊,银杏近些日子正盛,顶好看的杏叶子张扬挥洒一地。江对岸依旧葱郁,毕竟是秋风,已经有些凉意,吹过江对岸,吹进小城每个人的眼里心里,与秋日缠绵。

　　极目富春江畔,一片安好。

　　点评:作者徘徊于富春江畔,思绪千回百转,穿梭于时光罅隙之中,她仿佛是达夫先生的旧友,从她淡淡的追忆中我们看到了一幅幅秀丽隽永的山水画,一个才华横溢,胸中充满爱国赤诚而又忧郁、感伤的知识分子形象跃然其中。在缅怀先人的同时,作者对家乡富阳,对如今日新月异的富春大地充满着诚挚的爱,字里行间体现出强烈自豪感。文章情感细腻,文笔优美,意境深远,从中可以看出小作者深厚的文化底蕴和文学素养。

(指导老师:蒋韵琴)

落日·余晖

—————————— 郁达夫中学　九(6)班　夏露莹 ——————————

南国的冬虽是寒,但仍缺少了北国的凛冽,可是这年,冬也似打了个寒战。

李阿爷住在江的这边,家却在那边。

他是个地道的卖煤人,几乎一人撑起了整条江的煤业。有人说他傻,家家都安装了管道煤气,这年头卖煤能得几个子儿,他也不以为然,依旧干他的活儿,卖他的煤。

电话响起,李阿爷却忧心忡忡,他接来了一大笔买卖,说是定在今日里,给运过江去。他思索着,这一来,便可以得些小钱,这二来,倒真是有些想家了,回去看看似乎倒也挺不错。可是这天就要变脸,水底的鱼都翻了上来,云压得很低,有些叫人透不过气来。

一旦落了雨,过江无疑将会是一场灾难。电话铃又不断地响起,他心里很清楚客人这是又在催了,他不停地在屋子里来回踱步,搓着额头,也不能抚平额前皱起的纹痕;鼻翼的两侧,也早已被他搯得通红。

走吧! 就与上天赌一把!

浪,很凶猛,狂拍在江岸上,掀起的浪花随之葬送在了这冰冷的岩石身上,这风,大得叫人睁不开眼。

李阿爷拉开了船,小心翼翼地划着,这天又暗了几分,江面上只飘着如此小的一只船,看上去更使人感到有些害怕,仿佛这江突然宽了许多,让人摸不着深浅。李阿爷启动了发动机,这么多年未曾用过的发动机倒也挺给面子,船在轰轰一片诡异的声响中向前驶去。

李阿爷点上了一支烟,狠狠地吸上一口,这绝对不是他所见识过的富春江了,它变得恐怖,变得陌生,李阿爷又望了一下身后的煤,煤正静静地躺着,似乎外界的一切事都与它们无关。李阿爷的眼浑浊了,他似乎看到了远方的家,前方灯火通明。

天无情,雨来得很安静,它无声下落,李阿爷的心中"噔"的被敲响,他停止发动机的推行,拉开了雨棚,奋力地摇着橹,努力不让船斜了它的方向,雨愈加大了,船已行了不少的水路,顾不上祈愿了,拼命地与这江水顽强地搏斗,突然看见左前方有一个巨大的浪头汹汹奔涌而来,他急忙将船调身,浪边与船身擦过,好在李阿爷这双大而有力的手及时控制住了船,将其停稳。浪卷着江上的枯枝烂叶,滚滚向前奔涌而去。

路是如此的惊险,李阿爷抹去了脸上冷凝的水珠,似乎也麻木了天的寒冷。煤总算是安全地被送上了岸,一点儿也没湿,它们被一层层的油纸所包。李阿爷送完了煤,想起了家中老母升起的烤火台,才发觉自己是如此的冷,不禁加快了回家的步伐。

门"吱"的一声被推开,家里面并没有点着火,很冷。老母耳背,背对着门,穿得鼓鼓囊囊,坐在竹椅上,察觉有人过来,便要起身张望,李阿爷喊道:"阿母,侬坐下吧,我来生火,来的时候顺便捎了点煤,外头的天气到底是寒冷……"煤被点燃,烧得通红,它不断地散发出光与热,不久这冰冷的小屋就暖和了。李阿爷熟练地在灶头忙碌着,老母在一旁絮絮叨叨……

船被绳子绑在了岸边,夕阳也出来了,落日的余晖似乎透过了船身,斜撒在水面上,闪着粼粼的光,浪也柔和,船在浪的推动下,不停地摇摆着,荡起层层的涟漪……

点评:文章主要描述李阿爷运煤过富春江,其中穿插对家的思念,想借此机会回家看看,可是回家的路上并不顺利,由于有着坚定的信念,终顺利渡河,见到家中的老母,然而家中并没有自己想象中的温暖,他对自己照顾母亲不周感到丝丝愧疚。小作者有较扎实的文字功底,文章开头简而得当,环境描写十分艺术化。文章结尾含蓄,对于景色的描写,语言简练而准确,情景自然融合,既点题又耐人寻味。一些精妙词语的使用,无形中为文章增添了不少情趣。文章写的虽是平凡人的平凡人生,但李阿爷搏风击浪的形象似乎有海明威的《老人与海》中与鲨鱼搏斗的老人桑迪亚哥的影子,即使面对的是可怕的大自然,仍然可以得到精神上的胜利,成为一个顶天立地的大丈夫。这也许就是富春江的脊梁。

(指导老师:许 冰)

富春江春行

————————郁达夫中学 九(15)班 罗炜杭————————

那一月 攀折枝上濯濯新柳
不为伤别
只妄留住你的春天
那一天 行舟驶于激激光面
暮然听见
你在耳边涓涓的缠绵
那一夜 信手划过潺潺流纹
不为释恋
但为感受你的温暖
墨色深浓
依旧隐不去你 如花美眷
才子佳人描不尽你的容颜
袅娜风流 素以为绚
你折服多少行人过客的眼
三月 打春江走过 一望可见
开不完这般桃绽新红

熏软了东风

扶着杨柳催发绿玉几管

摇荡映着几千卷书画的江面

更迷乱了　流莺几声婉转　意蜜情浓

过不尽的帆船

钓得谁家春梦

削不平的峻石

爬几处青　苍勾多少闲愁

更有挡不住的一江春水

逼向长天

飘不完的流云萦绕青山　苍苍入汉

染得眼着青白一片又点着几处胭脂红艳

看不清是谁打乱谁

只剩我的目不暇接　几生有幸

偷得几瞥似画中的景

韶光总会随云飘散

而我只愿这流年

褪不尽垂柳绿

带不走落花红

驱不散东风

更愿我富春江永驻三月

岁岁年年

不同的我依旧能辨出

那年春天我邂逅的颜

点评："年年岁岁富春景相似，岁岁年年富春情不变。"这首诗浓墨重彩地描绘了富春江春景，展示了家乡风貌，可作一幅怡情的水彩画，其间作者对家乡的深情缓缓地流淌在笔下，令人动容！

（指导老师：周惠霞）

过富春江

——致达夫先生

郁达夫中学 八(7)班 盛薇丹

大明堂
叹鎏光
木雕镂空轮回了哪一世的苍凉
谁打翻的 那一掬目光
洒下满树的枯黄
一片荒凉

曾记否
是哪一位文人墨客
在此驻留
于苍茫树枝间吟咏下
秦时的风物 晋时的山川
曾记否
是哪一年的秋景
当迟桂花再度飘香
是谁的笔尖
蘸满故都的秋意

山河破碎
当东方巨龙日渐沉沦
"祖国啊祖国!
你快富起来吧!强起来吧!"
一声声撕心裂肺的呐喊
划破了漆黑的茫茫夜空
催醒了一个民族沉睡的灵魂
一篇篇烈血铸就的檄文
吹响了民族救亡的号角
先生,你是炮火中的勇士
一腔热血洒在黎明前的黑暗里
大地为之悲恸,江河为之哭泣

默默地肃立于双烈亭前

抚摸着那苍劲的碑文

江风吹打着泪水模糊的脸

多少个春风沉醉的晚上

夕阳楼前明月如故

可再也听不到您回家的脚步声

青铜中永生的您

依旧是书卷长衫的鸿儒

先生啊,您的盖世才华

您的风骨正气

犹如滔滔富春江之水

千古长流

当百余年的风雨再次清洗

您沧桑的故居

当富春江上钓船如织

江畔菊花可掬

先生啊　您可知晓

那是您用一腔赤诚换来的繁荣

那是一个民族的觉醒!

（指导老师：章晓萍）

来年桂花香

新登镇中　七(2)班　洪渝丹

　　我与桂花有个约定,在来年的富春江上,我会渡过富春江来见她……

　　富春江畔的桂花开了,满江的桂花香充溢鼻间,轻轻一嗅,虽不及"木有名丹桂,四时香馥馥"那般浓烈,却淡雅恬静,望眼欲穿,香气只在空中飞扬,飘扬于风,柔和于秋的芬芳,洒下一片美好……

　　沿着江岸随处坐下,仰面望向桂花,看向桂树,白的、黄的,小巧玲珑,一朵一朵盛开于枝头上,她很小,放在掌间便只有一点儿,但她努力开放,使小小的自己变得更多更美好,再将整棵树装点,小不起眼,那就让自己变成一大片,盛开在枝头也是十分引人注目的。自然,她不是最妩媚、美丽的,可她有别人未及的纯净、质朴,正如富春江上的人们一样,不愿与别人争抢,只愿安分守己,自己平静生活,自己辛勤劳作,虽有时辛苦,但日子总是和和美美,一家老小都相处得十分融洽,令人羡慕万分。

　　清晨的雨露后,万物笼上了一层衣纱,朦胧且神秘,带来无尽魅惑,迷之沉醉,桂花花瓣上滚着露珠,晶莹剔透,小露珠在其中打转儿,淘气得不得了,可……谁又经得起它这般淘气？花朵随之落下，许是她受不住那重量，飘落在地，悄悄靠近，侧耳倾听，还能听见她的轻声哭泣，嘤嘤的，好可怜，宛若娇柔的美人在掩着面无助地落泪，使人内心也泛起层层涟漪。那刻世界仿佛都安静了，给她留下了一个悲伤的世界……许久后，她不再落泪，她轻轻地拂袖拭去脸上的泪痕，她笑了，笑靥如花，那一颦一笑是那么吸引人，虽然她在不久后便会带着遗憾而逝去，可她在生命尽头仍然给我们展现了乐观与美好。她的逝去又何尝无意义？世人尽曰："落红不是无情物，化作春泥更护花。"她牺牲了自己为下一代的花草增添了养料，于此，她便成为了我心中的白月光、朱砂痣，忘不掉，舍不下，抹不去。这便是朴素的她在我们看不见的地方为别人付出的努力，她的无私也如富春江居民一般，自己吃苦也要造福他人，可以在别人需要时拼尽全力去帮助，这便是朴实而善良的品质，美好得令人不住赞颂他们。

当她全数落尽之时，谁又能理解我心之惆怅？怔怔地看着她飘零而下，我只能伸手去接，而我知道，我接住的只有她的残躯，却接不住那流逝在时光残影中的生命：她像一道转瞬即逝的片段，任何希图挽回她的举动都只是枉然罢了。我将花安放回地上，不想再去怀念她，我只任泪水在脸庞上恣意流淌，我自然也不愿意去怀念她，我终是坐小舟过了富春江，我不再去看岸边，生怕我控制不住而不忍离去，我们会在明年重逢，在明年的富春江上再次见面，那时我会再乘小舟渡过富春江来见她……

她携香而来，不带微香而去，她给世界留下了一种东西——香味，她在我心里留下了一种美——质朴。

我与桂花有个约定，在往后每年的富春江上……

点评： 丹者，红也。这篇文章正如小作者的名字，外在清冷内心火热。文章用清新流畅的语言描绘出桂花柔美而坚韧的特点，然后借物喻人来赞美富阳人民的美好品质，寄托自己对达夫先生的怀念之情。本文文笔细腻，构思巧妙，在短短的一小时内能完成这样一篇文章，不得不令人称赞。

（指导老师：李连红）

在水一方，有梦一场

富春三中　八（13）班　徐梦婷

小时候，我总是昂着头，使劲儿瞪大了眼，痴痴地趴在富春江边的栏杆上想："富春江对岸，究竟是什么样的呢？"

这岸有公路交横，绿树掩映，而横过那波光粼粼的江水，是否也有一块极乐净土？每当年幼的我和父母漫步江畔，看着对岸五色的霓虹灯映染上如墨的天空，总不由得对对面的世界心驰神往。

可惜啊，那时江面太阔，江水太冷，能越过去的，只有我小小的遐想。

母亲笑着问我梦想是什么，我抬起稚嫩的脸，异常坚定地回答："我想变成有翅膀的小仙女，这样就能飞过去瞧瞧江的另一岸。"母亲依旧浅浅笑着，怜爱地抚摸着我的脑袋,嘴里反反复复呢喃着:"会的,会的,总有一天我们能到江对岸去看看……"

后来啊,造起了大桥,再宽的江面都被盘扣似的大桥紧紧扣住了。我也长大了,虽然没能变成小仙女,却有了一双能飞到对岸的"翅膀"。

母亲带我上了建成的大桥。你看那江面辽阔,碧水环绕,两岸都是富春江上璀璨的明珠;你听那江水澎湃,千层翻涌,撞击在岸边谱成低沉的吟唱;你闻这江风醉人,袭袭卷过,带来江南独有的鱼米之香。我昂着头,使劲儿瞪大了眼,痴痴地趴在车窗上望着渐近的江对岸。

近了,更近了! 我的心剧烈地跳动着,这是我魂牵梦萦的对岸,是承载了我幼年满满向往的对岸! 然而,当车稳稳停下时,我却无法相信自己的眼睛:同样的公路交横,绿树掩映,这里没有更鲜艳的花儿,更清脆的鸟鸣,山是一般的青,屋是相仿的高,就连霓虹灯也没有映染出繁华。原来儿时在水一方的梦,不过是江面过眼的云烟……

眼前的景象都被水雾蒙上了霜,我失落地垂下脑袋,愤愤地问母亲:"妈,为什么江这岸和对岸一模一样!"

"傻孩子,富春江这岸是你的家乡,对岸也是你的家乡啊! 它们都有个好听的名字,叫富阳。"

母亲又怜爱地抚摸着我的脑袋,浅浅笑道:"这岸承载了你的小小遐想,那岸是你远行千里后,还能回头看到的坚强后盾。你的家,在富春江上,在富阳。"

江上云雾逐渐消散净尽,我看见在江的对岸,也有一片霓虹灯映染的繁华。而无论是脚下的这片热土抑或是对岸,都是我的家乡。

在水一方,有梦一场。即使踏遍之后的千山万水,在富春江上,永远有我的家乡,我的梦想。

点评:这位小作者借用王家新的《在山的那边》的构思,用一个幼时的遐想贯穿全文展开想象,字里行间透露出对富阳的热爱和赞美。文笔细腻,语言功底扎实,确实是一篇另辟蹊径的好文章。 （指导老师:韩丽珠）

富春江·幻影

—————— 杭州银湖实验中学 七(10)班 缪雨霏 ——————

时间慢慢过去,富春江把落日的余晖映得无比璀璨,影子随着消逝的夕阳跳舞,太阳,早已没在西边的矮树梢下,夜幕悄悄降临,我的影子,越拉越长……

早晨,天边第一缕霞光洒在富春江上,微波荡漾,激起圈圈涟漪。走在富春江畔,心思早已飘散出去。那是早晨,没错,但我的影子仍在向我招手,冲着我痴痴一笑,它一直跟着我,伴随我走得很远,很远。昨天那个寂静无人的晚上,深蓝的天空中,只有几颗明亮夺目的星星,依旧焕发着独特的光彩。那一刻,忽地一下,街灯亮了,暖暖的橘黄色的光洒了下来,又将面前的那条小路照亮了,我顺着这温暖的光走去,踩着街灯的影子,富春江的影子,慢慢地,渐行渐远……

月亮不知什么时候偷偷地爬进云层里,遮住了自己的脸庞,那束缥缈又无处不在的光也随着她一点点地消逝。影子,自然也一样,我的影子恍若已经不跟着我了。此时的富春江,一如既往的静谧辽阔,平静得就如她本身一样。这时,街灯的那一点点微渺的光铺满了整个富春江,就如今早的霞光一样。我的影子,你还没有回来,第一次,在这样的时刻,无人陪伴。

几年前,依旧是在那片夕阳下,欢笑声连绵不断,我们一时兴起,借着这早起的月亮,玩起了踩影子的游戏。我既要保护好自己的影子不被别人踩到,又要去踩别人的影子,一次又一次地顾此失彼。正当我为踩到别人影子而心中一阵阵高兴时,别人也早已踩着我的影子不放;当我连连为保护自己的影子而四处躲避时,我却连一个影子也踩不着了。那时,喜悦、难过、紧张,一连串的各种各样的情绪都来了。想到这里,眼角不禁微微湿润,我不知道为什么,但就是有一种想哭的冲动。那个夜晚,对我来说最重要的,就是我的影子,直到今天,我才体会到了没有影子的寂寞,我们只能看着它,却抓不到它。

我知道,影子它要追着光梦游,追着光奔跑,但它哪儿也去不了,一个影子,就是一个绚烂的梦,只是,它不能实现罢了。

月亮不知什么时候又跑出来透气了,影子它又回来了,我知道的,它跑不了了。低头一看,富春江的影子正不偏不倚地在我脚下,我连忙缩回脚,还好,那个平静又染着一圈灯光的影子,还在。但恍若,又消失了。

眼前,忽地一下朦朦胧胧的,富春江的影子还在,但,它还在吗?眼前又是一片幻影,影子中的富春江若隐若现。我想,那只是它的幻影罢了,时而几次浮现在我的眼前,不管它在不在,它的影子总会跟着它,哪怕只是一个虚幻的梦,但梦,一定也多姿多彩。

我们永远都不只是一个人在奋斗,总有那么几个人一直陪伴在我们身边,有些,我们虽然看不见,但仍能感受到那份满满的爱。我们总会遇到坎坷挫折,没有人会一帆风顺,但总有一个无形的人,一直跟着你。有时候,我们的内心真的很脆弱,忍受不了轻轻的一击,那,就不必装坚强,做好你自己,就像富春江的幻影,总有那么一会儿消失,再现身。你所经历的,绝不是无用的浪费,消失,再出现,别人虽摸不透你,但你,仍是你自己……

富春江那缓缓流动的江水,岂不是听着自己的想法,即使那风吹来,依然随波逐流,那漏下的一丝余晖,只是给它的幻影增彩罢了。

点评: 本文语言简练而准确,情景自然融合,边叙事边抒情,想象合情合理,叙述自然生动,结构紧凑,衔接自然连贯,结尾留有余味。 (指导老师:金玉婷)

过 富 春 江

永兴中学 七(11)班 许琳朗

吾之家于富春江畔,亦为郁达夫之乡也。

一日,吾欲乘舟往新沙岛,过富春江,感慨万千,故作此篇。

春江上,日生残夜,渔歌互答,不亦乐乎;春江岸,杨柳依依,古樟翠,亭飞角,幽径条条青石道。立于船尾,船夫摇桨,舟摇摇以轻扬,风飘飘而吹衣,放声歌曰:"碧桃三月花如锦,来往春江有钓船"啊!

正自赏时,渔舟略倾,吾惊一时,曰:"何物触于船底?"渔者曰:"石也,勿怪。""汝曰于江上焉?"答曰:"唯唯否否,迫于生计,家有老母,又有幼子,贤妻早亡,故于此也。"吾轻叹。忽闻岸上踏歌声,寻声暗闯,声停不语,渔者笑曰:"此为吾弟子,而立之年,父女双亡,随吾于此江上,同是天涯沦落人,相逢何必曾相识,故视如己出,常身相伴。"吾暗自望渔者,两鬓斑白,皱痕满面,虽衣冠整,却如金玉其外,败絮其中也。

恍惚时,吾已至岸,老者扶吾而上,交与船钱,渔者匆匆而行,摇桨而归。

吾视其之影,渐行渐远,散于一片漆黑之中。

如今太平盛世,却有如此之景,春江之丽,吾亦无心再赏,哀哉,哀哉,无数之人如今但求果腹而不可,吾等衣食无忧,又何理不自强?

少年强则国强,少年弱则国弱。若吾等勤以学术,国壮民强,则亦无如此落魄之人,日行江上,而无果腹之食。

富春江,此地有崇山峻岭,茂林修竹,清流映带左右,渔舟点点,无数辛酸尽于此间。此江,引无数骚人至此,引文豪挥墨,亦使落魄之人,多会于此,令人垂泪。

吾枕于舟中,自思自写,与渔人杯盘狼藉,不知舟外之渐白。

(指导老师:胡为民)

过 富 春 江

杭州银湖实验中学 八(6)班 沈心洁

轻悄悄的晌午,轻悄悄的暮光,我轻悄悄地游走——轻悄悄的富春江。风的指尖游过江面的透明,漾着曲折的波痕。我翘首,是秋风的太过温柔,是夏阳的不挽留。

忽而过往,旧事涌现。她静悄悄地坐在陈年的店铺口,这个时候孩子们都在读书,实在没太多客人——买牛奶、虾条、花生糖的客人。她的指尖有一下没一下地点着桌板,很有味道,她哼着戏曲儿:"天上掉下个林妹妹……"曲调中的平平仄仄恰到好处,是普通话里拿不了的意韵。"爱莲——快来!快!"沙哑的粗声叫唤着的是她的老伴儿,显然是货到了。"唉——来咧——"她急站起身,讲话的音调中还颤着戏曲儿的调子。

到了店后头，那坑坑洼洼的路真不好走，东一块大石头，西一个小水潭。她忙踮起脚，"我可不能弄脏了新布鞋。"她心里头细碎地想。其实这双布鞋穿她脚上也个把月了，只不过是她那个笨手笨脚的男人做的，虽说长得不起眼，可她心头乐得紧！"哎哟哟，你可别压了，花生糖都挤没咯！"她一个小跑，连忙把装花生糖的箱子搬到最头上，眉头皱得实，让人看着跟着紧张起来。他却说："瞧你这个急性子喂——这东西硬得比石头还硬，这么宝贝它？"说着说着，还溅出了几口唾沫星子。这老两口儿，都是急性子，谁也饶不了谁，一天若不闹个三四回，心里不舒服得很。她站箱子左边儿，他站右边儿，两人硬是踩着泥坑，把六七只大箱子——装满货的大箱子抬到了店里头那和厨房连一块的小房间里（毕竟雇人运货还得赔上钱）。

就一会儿工夫，孩子们都到了店里。她的儿子、女儿倒也懂事，看他俩不在也赶忙招呼客人（平时也都得他们搭把手）。人山人海，人山人海后又空无一人，一家四口吃点小菜，挖几口白饭到嘴里，便准备出门去了。于女儿、儿子而言，这段时间是最值得期待的，他们从床上睁开眼的那一秒光阴的流逝起就开始对江水的心心念念了。到了江边，水清澈得如同家里的井水，想必十分甘甜。不同的是不知大了多少，还多了好多砂石、游鱼、虾米、螺蛳，偶尔还立着一两只水鸟——很白很白的那种。秋风拍打着儿女的脸颊，凉到了心头，可谁会管那么多呢？小手儿一下子就伸进了江水，先是激起雪白的白莲，又继而划出几道口子。她呢？她和他走在小径上，嗅着浓郁清香的桂花气息，他手揣在口袋里，她手挽着他手臂，他们聊着邻里琐碎的事儿，从谁搬新家了聊到过年年货。大块儿红，大块儿青，大块儿蓝，大块儿白的泼墨山水中依稀能看见几个小人影儿——他们的一生就是这样走过去了的。

她曾和我说："我们这代人的一生啊，太匆促了，一生只能做一件事，一生只能爱一个人。"回忆就此暂停，这样有甚不好？爱过一家的人，从心动到古稀。

点评：文章开头别开生面，语言清新，场面和气氛的描写为文章增色不少，叙事中夹写景，以己度人，将心比心，融入了自己的思想，有感染力。　　（指导老师：祁　媛）

富 春 江 上

————————银湖中学　七(2)班　王沐禾————————

我被梦惊醒
摇一叶扁舟
在画中游
俯身
一江流碧
氤氲的灵气

仿佛要窜入我肺腑
我轻盈地上升
还是保持虔恭的姿势

惺忪的双眼
似望见阵容强大的
双指夹着红丝帕的江南女子
在向我招手
一位老者
拾起飘入钓舟的红叶
满意地收竿
喊着似乎远古的号子
满载而归

点评：沐浴书香，新禾待长！我们的小才女，诗如其名，清新淡雅，梦幻古朴。从梦境到现实，你用细腻的笔触，为我们描绘了富春江的仙气缭绕、碧绿澄澈、热情似火！愿你带着对这世界的凝视，发现更多美好，流淌在纸上！　　　　（指导老师：司忆然）

路　灯

银湖中学　八(3)班　梅婷婷

乌鸦凄鸣
夕阳渐沉
孤独的路灯还残余着灯光
闲人在道路上漫步
富春江水光粼粼
微黄的光芒撒在江面
好一金黄的绸缎
柔软地伸展延去

微妙的光芒铺向地面
令前方的道路通明无阻
是哪个调皮的孩子仍未归巢
空旷的路上哭声回荡
待路灯指引他回到家的怀抱

温暖如火

明亮如晴

似能看破内心

抵达无尽的深渊

江面飘来的水声

似在与灯光舞乐相映

更加朦胧,愈加缥缈

听,是哪里传来的歌声

欢快而又悠扬

渐渐地

无尽的黑暗吞没那微弱的光

世界安静了下来

若有若无地传来江水的独唱

点评:《路灯》这首诗歌的小作者以她独特的视角,采用对比的手法,将路灯宁愿承受孤独、坚守岗位的责任感衬托出来!诗歌一开头就以"孤独""残余""微黄"等词语,衬托出路人的漫步、江边的美妙;以自己微弱的光照亮远方的路,引着未归巢的孩子回到温暖的家。路灯看似孤独,其实与行人、江水、道路在一起非常的充实;灯光看似微弱,内心却非常的温暖和明亮。小作者以诗的语言,运用白描和拟人的手法,借景抒情,把路灯、行人、富春江巧妙地融合在一起,描绘出一幅美好的画面。

（指导老师：彭幼红）

一江·一梦

新登镇中　九(6)班　徐鋈灿

正是江南好风景,落花时节又逢君。

——题记

海水梦悠悠,君愁我亦愁,南风知我意,吹梦到江畔。

漫步于富春江堤岸,清丽的春光无限美好。斜晖脉脉,轻轻洒下;杨柳婀娜,翩翩起舞……望着江上漂泊的船只,微微漾起清波,我心中不知怎的升起一种难以形容的感觉。

"是否,他也曾渡过这魂牵梦萦的春江?是否,他也曾是漂泊的人间惆怅客?"

思虑着,我便踏上了一叶扁舟。

听着风的声音,看着山的影子,闻着花的清香,悠悠的,也见到了你清冽的背影。

不知不觉间,已是暮色微凉。

也许，这是个春风沉醉的夜晚。

"绿草萋萋，白雾迷离，有位佳人，靠水而居……"耳畔传来一曲清雅的歌，回首眺望，灯火阑珊处，一位姑娘吹着长箫，风轻云淡般拨动了我的心弦。

也许，他也曾仰望这潋滟的月光。

"曲终人将散，余者阑珊，一半惊风月，一半临川。"我垂下眼眸，默默感慨。郁达夫先生清瘦孤独的影子，浮现在脑海里，迟迟未散。

静静凝望江畔的青山，梦里不知身是客，我倒也乐在其中了。

享受着夜阑卧听风吹雨的诗境，无铁马蹄川，无冰河叩扰。富春江的水清深，安静得如一名高雅女子，没有艳抹浓妆，没有过多藻饰；清净明朗，似有当年西子湖畔的典雅，令文人墨客纷纷沉醉，执子之手，倾诉着与子偕老的浪漫。这一江清幽的春水，想是铸就过不少传奇佳话。

莞尔一笑，郁先生的书生模样又淡淡显现。

他何尝只是书生模样？

他又何尝只是泛舟江畔、寄情山水？

他，是否真的快乐？

陌上花开缓缓归，云卷，云舒，野鹤无意飞。富春江，他永恒的守望，他毕生的牵挂。

过富春江，很荣幸见到了山水之美；过富春江，很欣然见到了无限风光；过富春江，很欣慰找到了你的影子；过富春江，其实只因你。

花落成殇，炊烟几许，春风十里，恰似你。

正是江南好风景，落花逝去，流水不负一世深情。我在听风，我在寻你，我也在待你归。你的背影，点亮了无际的黑夜。你的南笙一梦，请待我轻轻吹。

点评：这是一篇唯美兼具意境和深意的现场佳作，诗情画意的文字，散文化的笔调，让人惊叹于小作者的才情与诗情。看似随性、随意写来，时间与情感的脉络却很清晰；忧国忧民的郁先生形象时隐时现，贯穿全篇，令人动容；一江如梦似幻的春江美景，让人沉醉，流连忘返……确如作者所言，"过富春江，其实只因你。"我想小作者是读懂了达夫先生，这也应该是对他最好的缅怀与祭奠吧。谢谢徐鋆灿同学，带给我们美的享受的同时，也带给我们深深的思考。

（指导老师：孟贤英）

江南的冬天

万市中学 七(4)班 夏 敏

"沙沙沙"，梧桐树抖了抖身子，将黄色的枯叶抖落在地，善良的冬风却将它拾起，在空中打了一个漂亮的旋儿。就这样，它被送到了我的窗前。

于是，我便放下那本读到一半的《郁达夫散文集》，既已被扰了心绪，就出去走走吧。

虽已时至深冬，风却不是太冷。我徜徉在富春江畔，在朦胧的雾中，身体也变得飘飘然了。领略过这里四季的温情美景，我却是偏爱冬的，说不清什么缘故，许是她的不着调的白色，许是她弄煞人的风情。

脚下的这条路，不知道已经走了多少年了，现如今黄泥巴已经隐去，上面的小水洼也没有了。我至今还记得儿时光着屁股，在这里跟同伴玩泥巴、戏蝌蚪的情景。踏过块状的青石砖，我靠在边上的石栏上，抬眼望了望天，视野中出现了好几栋楼房的大三角，仿佛圈成了圈儿，将天空围在里面。这样的"广厦"早已鳞次栉比，那遥远的杜甫先生再也不必为"天下寒士"担忧了吧？

马路是没有尽头的。村边上倒是有几亩田地，邻居阿妈正在收拾着她的白菜。

见我踱步过来，她咧开了嘴，麦色的脸上全是笑意。"囡囡，天冷得很，你穿这么少，回头你阿婆又要唬你了。"阿妈人很好，若逢丰收，我家定有她分来的一份农产品。我没有答话，只是搓了搓手，跳到田里帮她收拾。

"阿妈，为什么今年你家只有这么几棵大白菜？你的一大亩田地嘞？"

她头也没抬，一边专心地收拾着，一边说道："新农村建设，政府不要你种田，还倒贴给你费用，你阿妈我只是偶尔种种。"我"哦"了一声，想起十几年前，也是这么块地，几个阿妈阿伯为了争它都吹胡子瞪眼的，可现如今谁还会去争？

辞了阿妈，我继续往前走着。天色渐渐暗了下来，忽然，一滴雨落在我的脸上，凉凉的，"啪"的一声，好像水花玻璃碎了一样，随着水花绽开，你眼前仿佛有一朵蜡梅含苞待放，风吹过，它一晃，霎时，你清醒了。我顿时想起郁达夫先生的《江南的冬景》，记得里面写道："到得冬天，有时也会下着微雨，而这微雨寒村的冬霖景象，又是一种说不出的悠闲境界。"

好个"悠闲境界"，我遐想着。若是在这个季节飘点雪，在雪中访岁寒三友，该又是另一番闲情雅致吧？

再次抬眼，青山之间，烟雨蒙蒙，河流岸边，木舟停靠，渔民阿伯们陆续从河岸边上来，脸上扬着憨厚的笑，手中提着各形各色的渔具……

好一幅"富春山居图"啊！我慢慢地闭上眼，仰面迎着那微雨，沉浸在郁达夫的诗中，沉浸在黄公望的画上……

点评：小作者以一次平常的散步为切入点，折射了富春江畔生活的变迁，反映了富春江畔人民生活质量的提升。文章构思精巧，文笔老道。人物描写看似不经意，却又处处着意。首尾的环境描写不仅烘托了愉悦、悠然的氛围，也为本文增添了朦胧的诗意。结尾"郁达夫的诗""黄公望的画"又巧妙地扣住了本次大赛的主题，余味无穷，让读者也沉浸在这如诗如画的意境中……

（指导老师：何晓群）

过富春江大桥

—————————— 礼源中学　八（1）班　汪心怡 ——————————

　　每周六，我都要乘公交车从乡村家里到富阳城里，又从富阳回到乡村。每周六，我都要经过富春江第一大桥，和富春江来个约会。但是，像今天这样，"偷得浮生半日闲"，透过车窗口，仔细观赏汹涌的"大江东去浪淘尽"的壮观，品味"天下佳山水"的美景，还是第一次。

　　今天，周日，阳光和煦。一大早，我们乘车去富阳参加作文比赛。小伙伴们有的在玩手机，有的在谈私房话，有的在吃零食……我怕晕车，心里也压着一层阴霾，昨天和同桌闹矛盾了，只能打开窗户缝隙，吹瑟瑟凉秋风……

　　经过富春江大桥时，远处，江边的高楼拔地而起。桥那头的鹳山，雾气缭绕，树木掩映，有些是郁郁葱葱的苍翠，有些则是金色橙红的黄韵，大概是银杏树或者水杉吧。让我惊愕的是：这些树，好像就是在光秃秃的大石坡上顽强生长，旁逸斜出，在秋风中摇曳着发出"沙沙"的响声，石坡的一边，倾斜着伸入江水。江水不时涌上石头，晃起一层层涟漪，一朵朵浪花。近处，江面来往的船只，大多是庞大的运沙大货船；而行驶在桥面上的公交车，就像一艘新颖的水陆两用船，我不由得哼起了一首经典的儿歌："让我们荡起双桨，小船儿推开波浪……小船儿轻轻飘荡在水中，迎面吹来了凉爽的风……"

　　江风透过车窗拂面而来，我的心湖似乎也静了，而且是从未有过的一种静。我好像神游了一个仙境，远离了喧嚣干扰，变得从未有过的雀跃，好似古代皇帝坐拥富春江山美人的满足。曾经，很多次，我喜欢用那个词语来介绍自己的名字。但是，今天过富春江，我才是第一次真真实实、从头发根到脚趾头，浑身每个细胞都体会到这个神奇词语的魅力——"心旷神怡"！不是吗？看着看着，忍不住有些感慨：作为地地道道的富阳人，竟然不知道黄公望画笔下的富春江如此壮阔壮美！

　　心静了，神怡了，胸阔了，阴霾散了……情不自禁，我和身边的小伙伴交流起今天的特有感受。哪知小伙伴并不"感冒"，还笑话我怎么变得这么文绉绉起来了。说我"文绉绉"，我不禁打了鸡血一样，就继续胡诌："'急湍似箭，猛浪若奔'，大概就是眼前这一江春水向东流的场景吧。而我的心情，如同'鸢飞戾天者'——望水息心；'经纶世务者'——窥水忘返。"小伙伴不以为然，继续他们的谈笑风生。而我，在这大桥上过富春江的短短几分钟里，似乎与这江水建立了一种若有若无的友情。真想时光老人慢点儿走，司机慢点儿开……

　　记得老师说过：静能生慧。心静了，我已经无暇生闷气，心情重新愉悦起来。我想，下一次再路过富春江大桥，又会别有一番风韵吧？

　　点评： 小作者以郁达夫先生的名篇《过富春江》为参照，演绎成《过富春江大桥》，既紧扣大赛要求，又巧妙赋予时代气息，与文中鹳山、大沙船、黄公望、一江春水等元素组合，勾勒出鲜明的富阳特征。同时，小作者第二段一句过江前"心里也压着一层的阴霾，昨天和同桌闹矛盾了"，与后文过江时的"心静"，过江后的"无暇生气，重新愉悦"，形成一条情感变化线索,使文章结构紧凑,情景交融。另外,文中小作者对经典名句、儿时歌曲、课文佳句如"'鸢飞戾天者'——望水息心;'经纶世务者'——窥水忘返"信手拈来,也展示了一定的文学积淀。

（指导老师：周巧芬）

梦 在 江 上

———————— 富春三中　八（14）班　李凝婧 ————————

她闭了眼。江风含着温暖将她拥抱住。

"认识的人多了,所要记住的事,便也多了。"这一次,她终于又一次见到了她的母亲河。

她趴在围栏上,风吹呀吹,躁动不安的心在江水拍打着石岸的天籁演奏中平息。

她的嘴角,悄无声息地勾起了弧度。

听,那风声,她在告诉你思念的缠绵。

听,那浪声,她在诉说着喜悦的心情。

轻轻的富含浓情的风和浪,希望你能倾听啊——无畏那些风浪,乡呐乡永在你身后。

她双手掩住了脸,发丝在江风的轻抚下,飘荡在空中,江风带着江水的味道,和着树木花草的味道,涌入她的心头,她笑着笑着睁开了眼。

落日余晖,鲜红的、酒红的、橘红的余晖交织在一起,平如镜的江面映照着这片美好。风来了,漾起层层波纹。

望,那余晖,云层不停地变幻着跳起舞来。

望,那江水,一浪又一浪的波纹也在微笑。

静静的饱含温暖的江与景着泪在向你招手啊——亲爱的孩子欢迎你回到故乡。

她的心不平起来,泪水不由自主地流落,心中有个声音在呐喊:"乡呐,我回来了。"

她的心沉入了这母亲河,思绪萦绕在这风与景中,久久不能离开。"乡呐,我该如何面对你!"

泪珠滚滚,流进了心里,落到了江里。咸味弥漫开来,感受到的是甜味。山水仿佛通了灵性,不停地安抚着这个不安的孩子。一朝如梦,心尖也是湿润的。

那时,她在母亲的怀抱里不停地抽泣,是个没长大的孩子。她的哭声伴着江的歌声。

乡呐乡,你感受到了吗?

几许,哭声渐渐被笑声所替代,一直紧皱的眉头也缓缓舒展开来。掩面的双手无力地下垂,无须再掩藏心中满溢的那份浓情了!

她笑着,她流着思念与热爱达到饱和的泪水,她开始回应,回应这母亲河的温情。

"我——回来了! 不会——再离开了!"

洪亮的声音朝远处散去,渐行渐远,却一直回荡,回荡在江上,回荡在她的脑海里。

在她的身边仿佛如春,一朵又一朵的花儿绽放开来,风化成蝴蝶吻了吻她的脸颊。叶顺着江风漫游到她手中,吻了吻她的指尖。她向下走去,江水溅到她的脚上,也吻了吻她的双脚。

"我爱你,我的乡,我的水。"随着风声散去,似有似无,却是一个庄重的宣誓。

"我也爱你,亲爱的孩子。"风带着乡与水的话回应。

氤氲中,她抬起头。于是,梦之初、幽之真,似一纸画卷,徐徐展开……

风轻云淡,烟雾杳茫,只待群山天宇共我富春江上。愿用三分之二的生命换取与你相守的三分之一的时间。

我爱你,胜过我的生命。

点评: 本文小作者以第三人称的形式,以与江水的一次心灵对话为视角,写出了远离家乡的游子,重回故土的那种激动又矛盾的心情,那份久违的深情厚谊。在作者笔下,一切都赋予了灵性,全文形散神聚,意境优美,情景交融,画面感强。让读者在一份纯净与淡然中看到一个鲜活的人物,一份与众不同的真情与坚定!

（指导老师：胡颖华）

月 下 独 酌

———————— 富春三中　九(4)班　章舒叶 ————————

妈妈,我想吃您做的桂花酥了。

妈妈,您走的那天,我没有哭,只是不舍。

忆往昔。院中,花香沁人心脾;屋内,笑声不绝于耳。桂花开时,您总会摘下树上的桂花,给我做甜甜的桂花酥。月下,甜甜的桂花酥便出炉了。闻着这股热热的香气,我总爱骑在父亲肩头,让父亲背着我满院子跑。我总不肯抱紧父亲,喜欢将双手张开,而您便紧随其后,我一个摇晃,就让您一阵惊吓,而我却乐在其中。月光,将我们的影子拉得好长,好长。

后来,您说要让我过上好生活,能有好的未来。于是,您走了,我便寄居在奶奶家,您只给我留下了那个曾经让我引以为豪的家,那里,好冷。妈妈,我们一家三口,却从此有了三个家。

妈妈,您说我要长大,要乖,要听话,要不负众望。是不是我长大了,懂事了,您就能伴我左右了?我是不是就有家了?您说,等拿到了暂住证,攒够了钱,就能带我到整洁明亮的教室上课,可是我习惯了走山路,踩着碎石,越过高山,攀过铁索,每天早上,我还可以闻到花香。

妈妈,您说,说谎的孩子不是好孩子。可是那天,我说谎了。老师让我们画"我心目中的母亲",可是妈妈,为什么,我却记不起您的音容笑貌了?我只能抱着空白的纸张,偎在冷板凳上,泪眼缱绻。妈妈,您可知道,奶奶的头发白了,爷爷的拐杖弯了。

妈妈，为什么我一出声，河流就开始失色，包括万物？幼黄幼黄的小鸭，寻着呼唤，穿过了佝偻的桥，群山撑起霞光，只映着我踮脚的眺望。妈妈，您知道吗？村里有块荒地，那是我的天堂。听取水的蜻蜓说，黄昏，可以把人的影子拉得很长，比东非裂谷还长。长到，我的影子足以碰到您，或者，您的心足以触到我。

妈妈，我不想要住大房子，我只想吃您做的那甜甜的桂花酥。只想，有个有您和爸爸的家，惟愿，月下不再是我一人独酌。

妈妈，您再不来看看我，我就长大了。

几年几载，桂花开了又落，他日若相逢，可还识得？

我哭着，从睡梦中惊醒。望及身边，您在。桂花又开的那一年，您便将我接到了富春江旁，那里有您，有爸，有我的家。从此，月下，不再是我一人独酌，不再苦涩。

妈妈，您可知，我很爱富春江，因为，我的家在这儿，更能时时吃到您做的桂花酥。

夜，您牵着我的手，欣赏着富春江的美景。月将您的影子拉得好长好长，长到与我心灵相碰。

惟愿，人长久，月常圆。

惟愿，身边有个您。我不再一人独酌苦涩。

（指导老师：何华颖）

冬江泛舟夜观灯

———————— 杭州银湖实验中学　八（5）班　黄雨涵 ————————

入夜，一弯泛黄的钩月沉在黝黑的天幕中，匎匎的极有分量。寒风搅碎了它洒在江面的碎银——江南水乡的冬风并不似它的水一般柔。

乘木舟一叶，我坐在船板上荡进了冬日的富春江。夜半时分，风肆虐着沉睡的城市，街上的车水马龙早已散去，唯有江水的波涛声不绝于耳。我瑟瑟地拢了拢衣领，好像孩童期盼糖果一般，奢望这人造的织物能抵御自然的伟力。江面是纯色的墨黑，无趣地映出几粒月光的碎渣。我兴味索然地唤船娘掉头回去，站起身，正欲钻入那小小的船舱，却被一星暖意融融的光斑吸引住。我停住动作，匆匆举目，发现了一盏灯。看不清细节，我唤船娘向那岸边靠拢去。

随着距离的拉近，我渐渐看清了那灯的模样。这想必是一盏固执的灯：黑色的灯柱斑驳不堪，布满了时光的刻痕；古式的灯体同样老朽，还失去了一只翘角；风吹得那衔接灯与柱的链条咯吱直响，似有坠下的风险一般。这真是一盏很老很老的灯。

我的目光略微向上移了移，忽然被一团充盈的光迷住了眼睛；那是一团怎样的光啊！它好像格外特别，散出的光是橘黄与柠檬黄调和以后的暖色，轻巧地溢成一个完美无缺的圆。那清冷如溪水的月光似乎也不愿打扰这柔和，退出那光晕的笼罩范围；临岸的江水被它渲染上了一层透亮的橘黄，仿佛也不是之前那块拒人千里之外的寒冰了，而是一片用金色的云雀绒羽铺就的华锦，波光粼粼涌起的闪亮便是那穿梭其中的银线，竟是异常之美。我望着那灯,只见它如同一滴溶入大海的水珠,与周围的景物分外契合。那生在它身旁的丛丛芦苇,身后蔓延开的城市,天边如少女侧卧时丰满胴体一般的如黛青山,仿佛都是为了它而存在。

恍然间,我好像看见了那传说中夜里提一只樱花纸灯笼缓缓而行的白狐女。她手中那盏明亮的能实现愿望的纸灯笼,是这茕茕而立的前世吗?它的光那么纯净,燃烧的是它的灵魂吗?

船娘掐着时间,开始逐渐向来处返回。那一方灯的世界,也逐渐远去,慢慢地消失在我的视野中。我这才恋恋不舍地缩进舱中,眼前却总晃动着那如水般澄澈的灯光。

我再也未曾寻到过如那天冬日观灯时一般纯粹的美,再泛舟去寻,却始终寻不到。大概是那白狐女见我一人寂寥,于是在那晚赐了我一个冬日泛舟夜观灯的美梦吧!

点评: 文章开头简而得当,通过环境描写来衬托人物心情,十分艺术化。以具体的事例、生动优美的语言、新颖别致的写法,表现了对美好事物的由衷赞美。

(指导老师:徐若愚)

一棵江柳的自述

———————— 杭州银湖实验中学 七(3)班 吕 歌 ————————

我是富春江畔的一株柳。

我已记不清在这个世上存活了多少年,似乎有这条河开始,我就已经生长在那里了。我见过秦时的明月汉唐的落日,听过三国的马蹄宋朝的歌哭,感受过历史的风云际会诡谲云波,也见证着人世的物换星移、沧桑巨变。

江水滔滔,从远古流来,从先民的号子流来,流淌的不仅是一江的碧波清流,更有数不清的文采风流英雄传奇。

"试问天下谁敌手,曹刘,生子当如孙仲谋!"

历史的硝烟中,行走着一位方颐大口、碧眼紫髯的英雄。他姓孙名权,字仲谋,当年兄长被刺而亡,他以不足弱冠之年临危受命,接替其位。面对江东动荡不安之局势,他用旧臣,统诸将,礼贤才,下士人,抚民心之变,阻宗室之乱,而后起兵西进,收甘宁,灭黄祖,又挥师南下,创造赤壁大战之奇功,终于一统江东,成为英武盖世的东吴大帝。

"天下佳山水,古今推富春。"

硝烟散尽,在时间的转角,矗立着一位仙风道骨、飘逸卓绝的画家,他就是大名鼎鼎的黄公望。当年他来到富春江畔,面对这天下独绝的奇山异水,如遇故交,一见倾心,随后隐居江畔十余年。时常独自一人,负皮囊,携画具,登临送目,揽幽探胜,每见山中奇景,必取具展纸,摹神写意。在年近八十之时,开始创作《富春山居图》,经过四年的时间,终于完成这幅鸿篇巨制。

"祖国啊,祖国,你快富起来,强起来吧,你还有许多儿女在那里受苦呢!"

历史的镜头切换到二十世纪二十年代。在我所在的这片土地上，曾经诞生过一位心系国难、才华横溢的诗人，他"九岁题诗四座惊"，青年时一手写诗，一手写小说，中年时办报纸，写政论，而后去星洲，下南洋，以文为戈，继续战斗，最后壮烈殉国。他一生热切盼望着中国的富裕和强大，把自己全部的才华、热血与生命献给了脚下的土地。

他的名字叫郁达夫。

……

云山苍苍，江水泱泱，每一朵浪花都在诉说对这片土地及土地上人们的赞美：孙过庭、凌准、施肩吾、罗隐、方廉、董诰父子……流水呢喃，把那古风流韵和英雄传奇带给风，带给云，带给远方的人们与后代的子孙。

一方水土养一方人。富春江即如母亲一般，用她的乳汁哺育和滋养了这片土地上的生灵万物，而她的宽阔平和、灵动大气亦赋予了两岸人民灵性天成的智慧、海纳百川的胸怀和坚韧不拔的品格。

我是富春江畔的一株柳，我爱我脚下的土地。

点评：文章开头新颖，具有先声夺人之效，文章想象合情合理，叙述自然生动，结构紧凑，衔接自然连贯，中心突出，言简意赅，其味无穷。

（指导老师：毛然馨）

过 富 春 江

杭州银湖实验中学　八(8)班　姜欣妍

无聊的白昼，应该如何消磨？我望着家乡流淌的溪水，外公从身后拍了我一掌："嘿！小姑娘，那就去富春江吧，那可是我们的母亲河。"

我那外公，高中毕业正赶上"文化大革命"，许是比别人多喝了点墨水，外公就"作"了起来。他当过老师，做过土裁缝，也干过医生，厨艺不赖，园艺精通，后来竟投身商海，一直做到了供销社经理的位置。

外公可是一个十足的"作"男，总是不给我回答的时间，就将我一把拎起，"拐"去了富春江。他只能"拐"着我的肉球身体，却"拐"不走我的心灵，思想已像柳絮因风而起。

富春江里，应该有鱼，清澈的江水被阳光下的鱼鳞衬托，好一幅绝佳的水墨画。远处的山峰重重叠叠，遮蔽了天空。江水，如果不是雨季，那就好比情窦初开的妙龄少女，头插一朵芳香桂花，身着彩衣，翩翩起舞，就着阳光。富春江畔，应是一幅晓雾将歇、猿鸟乱鸣、夕阳欲颓、沉鳞竞跃的意境。

不管我如何想，一去便知。富阳地形是丘陵，由连绵不断的低矮山丘组成。初入富春江畔，眼不由得一眯，果真，波光粼粼折射了阳光，山也是。我好像明白了为什么我见到的山丘都是低矮的了，原来，是高高的山峰，都不约而同地被富春江的美景吸引，聚到一块儿了呀。外公携我在江边石头上坐下，从腰带上取下他随身携带的水壶，塞到我怀里，又将我推起，推向近水台那儿去。我不解，却也没停下脚步。

咦,那里这么多人做甚?一个个都卷起裤管在水里摸索着,凑近一看,那块块石头上吸附着数以百计的螺蛳。

哇,我开心极了,想起中午的丰盛午餐,我不顾沾湿衣物,赶忙一头扎进水中。最初我没有掌握方法,抬手在石头上胡乱一摸,螺蛳尽数都掉进石缝里去了,我急忙抠石缝想抓回来,奈何石壁湿滑,我滑了一跤,头倒在了石缝上,哎呀好痛,有什么东西扎了我一下,我俯首寻找,一只漆黑的大螃蟹正像发现敌人一般警惕地盯着我。

真是山重水复疑无路,柳暗花明又一村,螃蟹见我燃起斗志,慌慌张张地四处逃窜,我上前一个上勾掌,它飞了起来,带出了一滴水花,这时,外公塞给我的水壶就派上了大用场,上前一接,好似击掌一般,螃蟹精准无误地落入水壶,我像个小孩子一样颠颠地跑向外公,落日余晖,竟不知不觉地过去了这么久。

我不觉感叹外公的知识,那个季节的时蔬,他摸得比专家还清,果真不愧是阅历丰富啊。

点评: 小作者语言生动活泼,写出了一个孩子的纯真,仿佛眼前流过一条小溪,清纯,可爱。文章用纯净的语言表达出了丰富的内涵。　　　　　(指导老师:颜素梅)

落日·幻影

杭州银湖实验中学　七(10)班　姜嫚逸

落日的余晖洒满大地,万物的影子不断地被拉长。小溪里波光粼粼,如梦般地照耀着。鸟儿停在溪边,小饮一番,泛起阵阵涟漪。女孩平伸着双手,对准湛蓝的天。看手相的人便说:"男左女右。"女孩把左手放在身后,把右手放在手背上,仿佛托举着一条透明的哈达。

常常想,世上可真有命运这种东西?它是物质还是精神?

一眼望不到边的江面上激荡起阵阵涟漪,船儿在水面上荡漾着。眼前这个美丽的富春江宛若一位窈窕淑女,她拿起一支小勺,品味着只属于富春的美,别有一番趣味,别有一番兴致。瞧!那位甜美可人的女子正捕捉着风光,吞吐着美景呢!

十四年,多少个三百六十五天,多少个二十四小时,又是多少个一分一秒啊!富春江陪伴着我长大,我也伴随着富春江慢慢成熟,慢慢地到达梦想的彼岸。

每个人的生命中都会出现那么一个人,他影响着我们的生活,我们的一点一滴。但命运又总是那么捉弄人,它出现在我们的生活里,又赐予我们一场空欢喜。

有的时候,总喜欢抬头仰望着天空,数着飞过的鸟儿,数着闪耀的光明星星,人们常说:有一个人走了,天上便会多一颗星星。看着参差不齐的星星,我渴望找到那个爱我、疼我、教会我做人的姑婆。

我曾格外地相信命运,相信命运的不公平。岁月送给我苦难,也随赠我清醒与冷静。我如今对命运的看法恰恰与幼年时相反。

姑婆走了,去了一个很遥远的地方。我们谁也不知道那是个什么地方,那里究竟有着什么。但姑婆的影子总是浮现在我的脑海里:苍苍的白发,一张慈祥的脸上布满了皱纹,历经风霜、饱受挫折,颠沛流离,抑或是曲折离奇。坚韧不拔的态度还是一如既往地写在她脸上。虽然她已离开了人世,但她顽强的生命力早已深深烙印在了我的心头。

命运像一只筐,我把对自己的姑息、原谅及所有的延宕都一股脑儿地塞进去。当我优越欣喜,当我彷徨低落,当我孤独寂寞悲凉的时候,我会提醒我自己:这是命运的光环笼罩了我。

生活就像一瓶瓶的调味料,有着酸甜苦辣咸。生老病死,是生命的轮回。这是我们每个人都要经历的。即使不会一帆风顺,即使会跌宕起伏,即使有时会像一只迷失了方向的小船,我们也不能放弃。

没有刀刀入骨的精心雕琢,又怎能迎来浑圆温润的稀世之宝?没有历经沧桑的终生孕育,又怎能得来芬芳神奇的晶莹珍珠呢?没有苦又哪来的甜?认认真真地生活下去,勇敢做自己,活出属于自己的那份光彩来。

点评:以景寄情,把人物内心活动和情感写得十分生动,难能可贵,给人留下了深刻的印象。全文叙事集中,不枝不蔓,语言朴实流畅,感情真挚感人。

(指导老师:金玉婷)

过 富 春 江

—— 鹿山中学 九(7)班 何佳芹 ——

过去不能重启,未来却始终可期。

——题记

漫步在富春江畔,风吹拂过江面,你荡漾着的微波勾勒出我的思绪。

一望无际的江面,一如未来的路我怎么也看不清楚。我只沉湎于过去,站在过去和未来的岔路口,我彷徨,我犹豫,我将忧愁都倾吐与你,你却永远那么深沉,只有江边的风带来你沙哑的声音,告诉我你的答案。

旭日东升,波光粼粼的江面闪着金光,不时有微风拂过。人们漫游在你的堤上,或驻足痴望,或呢喃低语,或赞美拍照,或登船过江,一切的一切无疑都在诉说着你的辉煌。但你依旧如此,不喜不悲,静静地流淌。我,站在那儿,望着你,不解。

雷雨骤下,拍打着江面,人群早已退却。我撑着伞,站在那儿,望着你。你还是如此平静,似乎再大的雨也触及不到你的深处,似乎再大的风也改变不了你流淌的途径。之前的辉煌,为什么顷刻间却已不见?你却处变不惊,我不解。

未来可期吗?昔日的辉煌永成为昔日,我们谁都无法抓住时间的齿轮,昔日已然逝去,未来却神秘,令人向往。过去的可以是悲伤痛苦,也可以是胜利成功,但这终将过去。未来本就不存在它的色彩,雪白的纸需要自己去画抹,浓墨重彩,抑或轻描淡写,皆出自你手。画上的就已画上了,不要想着擦去,不要因别人的画而羡慕,也许一时的缺憾却能雕琢出明日的出彩。

风雨快过了吧,人群又将聚集,一起领略风雨过后别样的你,你的平静,你的美。我站在那儿,望着,望着深沉的你,我发现我似乎读懂了你的深沉。

人生或喜或悲,或云淡或风清,一切都将过去,不必看重什么,不必在意什么,你所追求的永远是明日的曙光。过去不能重启,那就当相片一般珍藏起来,这是滋润心田的你的一江春水。

富春江啊,你驱散了我心中的阴霾、干涸与泪水,我站在那儿,望着,望着深沉的你,呢喃着:

过去不能重启,未来却始终可期。

点评: 作者以拟人的手法描写了富春江宠辱不惊、沉稳内敛的形象,寄寓了内心的得失之感和对过去未来的深刻感悟,构思精巧,立意深刻。细腻的描写和第一人称的叙述,使情感表达真挚而自然。文章一气呵成,笔力劲健,文气充沛。

（指导老师：周晓群）

江边晚灯

鹿山中学　九(7)班　裘文莉

我坐在富春江边,华灯初上,江两岸如繁星闪耀,显得江水越发的深幽,偶尔几条渔船轻划过江面,丝丝涟漪荡荡漾漾,荡出印象中的富春江来。

童年里,富春江是个声名远扬的好地方,但无奈父母繁忙,无从亲近,记忆里只有星星点点的碎片;逐渐长大,白天要为学习奔忙,只有到了晚间,才能在徐徐微风下沿堤走一走,那时富春江两岸还没有改建,一条石子路,几棵垂柳,数盏街灯,还有来往行人,便是全部。

此刻,江边晚灯连成长龙,我却独自一人沉浸在与父母意见不合的悲伤中。在街灯暖暖的照耀下,清澈的江水有规律地涌来,我脱下鞋子将脚浸在密密匝匝的水草中,被惊动的小鱼却不慌不忙地散开,惹得我脚底下一阵悸动。身旁的垂柳早已垂入江中,与绿色的江水融为一体。天下起丝丝牛毛细雨,密密麻麻地织成半透明的雨幕,可还能在雨中清晰地看见那闪闪的灯光。橘色是一种温暖的色调呢,我心里默默想。

东吴公园坐落在江边,鹿山山顶的楼阁总是灯火阑珊,坐在那里,却也清晰可见富春江上的船只和对岸同样灯火通明的城市。对江凝望,我仿佛看见一位青衫书生手中拿着几张纸,默默注视江面,坐在石子路边的长椅上,偶尔叹息,偶尔却又欢笑,偶尔又沉默不语,似乎在专心思考和创作着什么。他在为何事而忧愁,又在为何事而大笑,或许只是这滔滔江水缠缠绵绵涌上心头罢了。回过神来,我瞥见那长椅边掩映在树影中的一盏微灯,朦胧的光弥散在湿润的夜气里,一团昏黄的晕。但不知为何,心中某处仿佛破壳而出的光芒却直冲云霄,我知道那是迷雾中的信仰,是黑夜的期待,蓦然好似懂了书生心中的所念所想。光是一种给人信心的源泉呢,我想。

随着时代变迁,江边街灯早已换了一遍又一遍,但所散发的光芒却是愈来愈亮,即便星空漆黑,四周陷阱布满,却也能将那裹在污浊后的富春江水照得透亮,直达水底,好像一盏启明灯,照到哪儿,哪儿便明亮澄澈,能将黑暗驱逐,还我们一片净土。

江水不论昼夜都在向前流,街灯不论明暗都在勇敢照,我们不论难易都在飞向远方,那战火弥漫却又令人心安的地方,因为我们知道总有那么一群人在黑暗中指引,正如那街灯永不停息地照亮那永恒的富春江。

点评:"江边晚灯"始终贯穿文章始末,灯光的细致描写又成为了议论和抒情的生发点,文脉清晰,立意深刻。"江水不论昼夜都在向前流,街灯不论明暗都在勇敢照,我们不论难易都在飞向远方。"从隽永的文字中我们读出了作者满满的正能量。

(指导老师:周晓群)

春天的故事

富春中学 八(1)班 杨 妍

> 春天里的故事,吟诵的不仅仅是春天。
>
> ——题记

春日清晨,稍得空闲,我便决定去见那许久未见的母亲,深切的思念已缠绕于心,满怀着欣喜,驻足痴望,丝丝说不清、道不明的滋味汹涌奔来。

烟波浩渺,绿水逶迤,这条孕育着家乡的江水,便是我挚爱的母亲。

缓缓漫步于春日的江岸,翠绿婆娑的树影已绣成一幅青帘,伸手慢慢拂开,又是清新的绿,垂柳的絮条浸入水面,宛如温和的江南女子正在洗涤她的绿绦,只感受到了温暖怡人。如同被用心裁剪过的纤长细叶,顺着枝条整齐地排列在一起,微风携着沁凉,不知不觉又簇拥在一起,似乎是依依不舍。

倚栏远眺,平静的江面上掠过几艘钓鱼船,白烟向上升,从容地穿过,没有留下任何纹迹,看不见一点波动。几抹黑点映照在天边,构成"诗中有画"的动人美景,我的净白脸庞挂上了真诚而又灿烂的笑容,哦,原来这就是我的家乡,我的母亲,无限庆幸从心头流泻。

我一路小跑,迫不及待地赶到码头,一个佝偻着背、手中拉着麻绳的老人站在那里,他望见我,苍老脸上的细纹一下子都皱了起来,是带着家乡味道的真切的笑容、真切的情感,他向我招着手唤道:"小姑娘,你是想要乘船吗?快过来。"我立刻点点头,甜甜地对他一笑:"是呀,可以乘船吗?"他拍拍胸脯说:"没问题,你放心。"说着,老人的右手向我伸过来,搀扶着我,将我送上船,安顿好一切后,又叮嘱我:"小姑娘,坐好喽,我们要出发了!"我对着老人挥挥手:"好的呢!"

无风水面琉璃滑，微动涟漪，却不觉船移。我坐在装饰简易却很平稳的木椅上，随着小船缓缓向前，禁不住把头略微伸出窗口，轻嗅弥漫着水汽的空气，不觉闭上眼，任凭江风温柔地抚摸着我。耳边传来低沉而又熟悉的乡音，仔细聆听，原来是老人正在娓娓讲述那过去的故事。原来啊，从前的她更加婀娜，澄澈见底，游鱼细石，似乎都能数清，青藻舞动，一片生机盎然。我的手忍不住往江水中伸，丝丝清凉，从指尖沁入心脾，仿佛圈圈涟漪，将我拥抱入怀。是啊，多么令人向往，让人忍不住想要重拾过去点点滴滴的美好。

橘红的太阳已渐渐落入天际，将云朵、青山、绿水镀上了一层辉煌，江面已金光粼粼，带着炽热的爱。这样的春日令人沉醉，令人沉醉的，还有那透着人情的温暖与安心。

我静静享受着这个美好的春日，回首间，炊烟袅袅，夕日落晖，美景怡人……

点评：富春江是故事发生的场所，也是小作者发现美、感受美的地方。小作者用一颗敏锐善感的心捕捉到了春日富春江上的美好一幕。春天的景致宜人，春天的江水宜人，春天的人情更怡人。扣题而作，主题鲜明。景色、人物的细节描述，丝丝入微，平淡却不乏典雅的文字，清新温暖，一如其人。

（指导老师：丁海英）

过 富 春 江

——— 永兴中学 七（14）班 孙一诺 ———

夜里，我站在富春江边，趴在月色下犹显孤冷的栏杆上，看风起云涌、苍苍茫茫的富春江。

这是个炽热的夏季，耳畔还有蝉急促的鸣叫声，像在催促着什么。我安静地站着，虽然能感受到身后的人群经过，却始终看着江上的渔船摇晃的暗影，以及一些神秘而不可预测的东西从江那边逐渐推进，一直涌入心底。

我看不到，因为心绪已经被另一些东西牵连，飘忽着，像迷雾般。我依稀记得前几天的那一张张判定书，素白的纸，亲手写的墨色渲染开，模糊了红色的字样。我痴痴地望着江堤，隐晦的样子，在月光下，很暗，只有浪头打在上面，在深不见底的黑色中闪烁银白的星点。

继续往前吧，我试图告诉自己，于是行尸走肉般徘徊起来。我是来过江的，可也许是夜色太浓稠，也许是江太深不可测，也许是自己的心在作怪，总是不想上前。我听着江水哗哗的声音，飞鸟盘旋时的啼叫，声声渐进，声声悲凉。前方桥影已现，刺目的金色把漆黑的夜劈成两半，一半是深沉的空，一半是波涛涌起的江。

我不由自主地向着光明的地方前去，那似乎稍微能带给我的心一点安慰。沿岸也是深不见底的颜色。悄然间，我听到了雷声，一道光划破了天，江水也有一抹刺目的虚影忽而闪过，我为之一震，脚步便滞了下来。眼前，雨丝开始飘落，很细，仿佛只是几瞬的泡影罢了，可江面也荡漾起来，旋涡的边缘处也是几点泡影般的光，转而就消失了。

可我想要光！我不想要自己就这样在内心的江底挣扎着被淹没。雨再下得大一点吧！在我心里无声地呐喊。然后，我感觉风狠狠地打在我麻木的脸上。人们慌张地躲越来越张扬的雨，我却立在雨中，义无反顾地向前走，向有亮光的地方去！所有悲伤统统扔在脑后，江上的颜色悠悠变浅，无声无息但像是打开了梦的大门，如此怡然。我终于停了下来，因为我发现，我不必再去追寻所谓的光明，江水上的波澜的光点才是我真正想要得到的……

雨停了，我的衣服已经湿透，但畅快淋漓。我的心情已转好。遥望着江面，那美丽的颜色，轻轻流过。才发现，富春江竟如此开阔，望不到边。光明已不是我梦寐以求，而是另一种拥有。

点评：作者具有很强的文字驾驭能力，那就是对语言逻辑的把握，知道用什么样的词去呈现或者加强要表达的那种感觉。她用细腻的心理描写展现自己的心路变化，用细微入神的环境描写来表现大自然（富春江）才是最大的心灵导师。

（指导老师：陈雪勇）

过 富 春

永兴中学 七（14）班 倪 悦

"碧桃三月花如景，来往春江有钓船"，这是郁达夫先生在诗中描写的景——富春的景。

其实，与其说是"过富春江"，倒不如"忆富春江"来得爽快。

吾忆春之富春，杨柳依依，春风拂面，春景令人眷。春天，是一个希望的季节。万物都醒了目，迎接崭新的一天。若在春季，可以搭上富春独一无二的画舫，与几个好友一起欣赏这江畔的茂密的树。不同于冬的萧瑟，绿色给予我们的是活力。

吾忆夏之富春，鸣鸣蛙声，水波轻荡，夏景令人眷。夏天，是一个生命的季节，看着江边白瓦黑顶的特色建筑，望着脚边愈发茂盛的野花与草，听着蝉鸣，你若有闲情逸致，却也不妨登到鹳山顶端，去看一看这"富春山居图"，碧波荡漾，草木旺盛，你是否又体会到了如曹操那般的雄心壮志？

吾忆秋之富春，落叶飞旋，大地静悄，秋景令人眷。秋天，是一个思念的季节。"自古逢秋悲寂寥"，但我却觉得不然，我觉得秋，很美，或许我生来就是一个悲情之人，竟会觉得"秋日胜春朝"。秋季的山放眼金黄，秋季的江黄叶漂荡。不同于春的盛景，不同于夏的浮躁，秋有一份独属于它的静，郁达夫先生曾写过一篇文章，谓《故都的秋》，里面赞美了秋的景，寄托了乡的思。历代文人墨客大都喜欢写什么"万紫千红总是春"又或是什么"映日荷花别样红"，到现在，让我铭记的关于秋的诗也只有刘禹锡的一首《秋词》罢了。我虽喜欢秋，却也胆怯于落花，我虽明了"落红不是无情物，化作春泥更护花"，却也做不到龚自珍那般豁达。

吾忆冬之富春,雪花飘飘,美如童话,冬景令人眷。冬天,是一个美好的季节。或许冬日对于人们来说,是寒冷的。或许也只有冬日里那梅花的一身傲骨,才能唤醒人们的一点灵魂。在南方,冬日的雪是很少见的,但富阳却是一个例外。我们见不到冬的萧萧,只见到冬的梦幻。我们在雪中起舞,又在雪中祈祷。

春,夏,秋,冬。希望,生命,思念,美好。"天下佳山水,古今推富春",富春四季不停地更换着,不停地夺着人的眼,牵着人的心。

套用郁达夫先生的话来说,就是"我愿用我生命里三分有二个年头,来换三分之一个富春美景"。

我祈祷,富春,永在。

点评: 小作者眼中的富春是美的,春的希望、夏的生命、秋的思念、冬的美好,四个层次,形成段落排比,增强语言的气势美,构建形式的整齐美,打造文章的旋律美,诉说着自己对富春大地的真挚情感。文章开头和结尾都引用郁达夫的名句,贴切又传神,表达了对达夫先生的敬意和对故土的热爱。

（指导老师：陈雪勇）

过 富 春 江

永兴中学　七(7)班　荣雨欣

富春江上,落日熔金,江面闪着温暖的橙红,一叶小舟远远地漂过来,像是从落日里炼出的一块钢。

我站在码头,看那只小船随着波浪微微地晃动,一点点接近码头。船来了。船夫把小船固定好,站在像摇篮一样晃动着的船上,悠悠地抽起了一支烟。淡青的烟幽幽地变幻出奇异的形状,最后在风里消失殆尽。我饶有兴趣地看着那缕烟慢慢消散,然后把目光投向了船夫。他沉默地抽着烟,像一块安静的石头。他应该察觉到我的目光了吧?我猜测着。然而他并没有准备停止抽烟开始载客的意思,只是一心一意地抽着烟。我耐心地等待着。

他很悠闲地抽完了一支烟,然后问我是否乘船。我集中精神费力地听着他的富阳话,最终还是没能明白。于是我请求船夫再说一遍,用普通话。船夫皱了皱眉,艰难地用带着口音的"富阳普通话"再次询问。我明白了,点了点头,小心翼翼地伸出一只脚踏上小船,船摇晃了几下,我更加害怕,迅速地踏上另一只脚,在船上站稳了才放下心来。船夫笑了,眼角的皱纹叠起来,像一把略微打开的扇。我很不好意思,微微地低下头去。

船开了。我站在船上,看码头一点点远去,缩小。傍晚微凉的风吹动了我的衣裳,在风中轻轻地动。两边的水面很开阔,青灰色的江水不断地延伸,好像如果没有什么东西出来阻挡它,它就会发展成一片汪洋。小船徐徐地前进,划开一道涟漪,一点点荡开,延伸,向那不尽的远方。我看着涟漪,神思有些恍惚了,好像要随着水波一起,荡开,远去……

"喂!"船夫突然冒出了一声,把我吓了一跳,我连忙回过神来。"你看这水多清!水里还有鱼!"船夫的声音里有掩盖不住的兴奋,虽然他操着"富普话",我费了好大劲才听懂。紧接而来的便是奇怪了:他不是很沉默寡言吗?怎么现在突然这么兴奋?我问他为何,他眼睛里闪着光:"这几年水好了很多,鱼也多起来了!"我明白了,这是一位船夫对自己的母亲江最真挚朴实的爱。

天色已晚,落日已经几乎没于江面,船夫决定归港。小船慢慢地漂回码头,我跳下船,跟船夫道别。江岸上的灯都亮了起来,倒映在江上,细碎而辉煌的金色,很美,很美……

点评: 这是一篇清逸婉丽、优美如诗的作品,行文流畅自然,洒脱自如。作者用细腻生动的笔触描绘了一幅意境悠远的夕阳江景图,遣词造句新颖别致,如"一叶小舟远远地漂过来,像是从落日里炼出的一块钢""眼角的皱纹叠起来,像一把略微打开的扇"等,妙用比喻,不落俗套,极具韵味。此外,作者用质朴平实的文字,通过对人物的动作、神态、心理描写,烘托出悠悠江面上一位平凡船夫对母亲江诚挚的爱恋,极富情味。泛舟富春江,得以窥见小作者扎实的语言功底、较深的文学修养、不俗的审美情趣。

(指导老师:童雨舟)

春江花下醉秋风

—————— 永兴中学 七(1)班 孙 可 ——————

朵朵银桂,飘香江上。行船万里,心中醉。这是叶湘的故处,富春江。

自小,叶湘便是在香中长大的,庭前是棵桂花树,庭后是院静书房。她时常在那书房中品味着从古至今的文字,清凉的风也常常为她飘去几缕悠悠的桂花香。即使是在冬天,那棵矮小的树上也会绕着几丝香气,走过的人步子急匆匆的,可一经过这儿,自然而然就慢下了,不知是那香气所致,还是这本身就有种安静的态度。说也奇怪,待人们细心去寻那气味时,又怎么也嗅不出了,还真是"只可远观"啊。

不知过了多少个春秋,叶湘早已离开了这里。还记得出门时,母亲特意将一纸银桂给她,让她带在身上,闻着那气味,家也就在身边了。而如今,已经出落得亭亭玉立的她再一次回到了这儿,她手中拿着的,也不是桂花了;早时飘香的桂,如今也随着叶湘,只剩下了包着它的纸帕了。

再一次,叶湘望着庭前已快枯死的桂树,树下是眯着眼打盹的满头银丝的老母亲,她抬起头,轻轻摘下那些半黄半绿的桂叶,轻轻放在鼻前,可是却早已没了香气。但,叶湘却又在此听见了、看见了自己儿时的情景,身边也又萦绕起了桂花特有的清香……这一切,让她沉醉,就如在梦里一般让她怀念。

老母亲不知何时醒了,在她眼中,叶湘还是小时那样子,她看着叶湘,轻轻笑了,拉起她的手,对她说道:"孩子,桂花还没死啊,去江边看看吧!"叶湘怅然,扶着老母亲,向着那江畔走去。

江上,依然是热门却安静的,叶湘痴痴地看着。每次回家,母亲都会让她陪着一起来这儿走一走,可每次来的她都不知道,那江水空间是多么的美丽。

很独特的体验,而这也只有叶湘一人才感觉得到。母亲就如七八岁的孩子般,蹦跳着,向叶湘一遍遍说着那些叶湘闭着眼也能背的故事。

母女又一次站在了江畔,望着金光洒在江上,她们都很安静地欣赏着,突然出现的鸣声,让叶湘不由得看去。母亲望着她,再一次笑了,说:"看来我们真是好运气呢,赶上了一班船,去看看呗?"略带乞求的语气让叶湘盯着母亲,母亲原先那浑浊的双眼现在竟变得如此生动,是什么?叶湘有点惊讶,她随母亲上了船,在夕阳的余晖里,她惊喜又带点疑惑地看着母亲变出了一捧桂花,全扔进了江里。别呀,妈!她想阻止母亲的行为,却又不自觉看向江面,朵朵银桂在水面上似乎又活了一般,尽情开放着,不会再凋谢。伴着那清香,叶湘看向了母亲,她似乎回到了小时候,盼望着母亲为她摘下朵朵桂花一般,由着那香味牵着,沉迷了……

点评: 细腻动人的文字,一如这个细心动人的女孩。小时,在书香中、桂花香中成长起来的叶湘,经历几番春秋的别离,再次回到故乡,和老母亲漫步江畔,再次感受到亲人、故乡的温暖。这种奇妙的体验和感悟,既是文章主人公重获归属感的原因,也是源于作者孙可对生活的细致观察与真挚体悟。春江花下醉秋风,富春月中忆斯人。

(指导老师:文怡希)

寻　她

—————————————— 永兴中学　九(7)班　张驰铭 ——————————————

东风不与周郎便,铜雀春深锁二乔。

隔着江,你还是能感到她炽热的目光,绸罗锦缎,金钗银簪,你对着盛装的她,黯然却又无语。

江水涌动,风卷起波涛迷住了你的双眼,但你的眼里只有她,仿佛整个世界都会因她而色彩斑斓。

你并非昏庸的君王,你掌握着江东的权杖,天下星辰,包罗万象,纳大千世界于你一眼,但你只是要做一个黎民百姓,无须考虑钩心斗角、尔虞我诈。

你望着她,泫然泪泣。

脑子里尽只是她的模样,当时你正意气风发,恣意张扬,肆意挥洒心中的热血,和哥哥狂歌烈马潇潇洒洒。

你说不清遇见她是什么时候了,也许是很久以前,记忆才会这么模糊,你手中才刚握着一点权力,可以掌握几度人马,心里还有掌控天下的豪情壮志。

但是镇国公让你参加舞会，你没有别的意思，就当一个普通来宾去了，会上推杯问盏，觥筹交错，你在浓脂重彩的宫女之间穿行，鼻间尽是令人厌恶的脂粉味。

你走了出去，打开窗，让窗外的风雨进来，巨大的水幕打在脸上，让你略微清醒，窗棂闪动，隐约间有一个女子的身影闪过，曼妙而又恍惚。

她在台阶前看雨，只穿着一袭白衣，衣袂飘飘，雨滴从瓦上落下，地上是凹陷的小坑。

你在她背后，默默地看着她数了五刻的雨。

"你会干什么？"你问道。

"我不会干别的，我只会杀人。"她的声音清脆悦耳，却这么地空洞无声。

"那你愿意当我的手下么？当我身边的漂亮女孩，那些官邸老爷四周都有漂亮女孩。"他的心却微微颤动了一下，原来她可以拿出的，并不是她的美貌与年轻，而是某种肮脏、血腥的技巧。

"成交，你给我饭吃，我当你手下的漂亮女孩。"她一字一顿说，每个字在她唇边都斩钉截铁。

她把手放在你手中，那是一双纤细修长的手，却不知有多少伤痕与老茧，你抬起头与她对视，她的眼睛清澈如湖水，倒映出漫天的雨水，仿佛有千万雨滴没入她的眼中。

现在她要走了，去嫁给你的仇敌，去诱骗与刺杀他。

相遇是雨，别离亦是雨。

你向她摆了摆手，她也向你摆了摆手，面纱下的眼睛雾气朦胧。

她转身走了，好像一把发硎之剑将雨幕劈开，这个看似孱弱的女人，第一次显示出她的暴力。

你看着她的身影没入风雨，狂风暴雨如同洪水猛兽般将她吞噬。

你摆了摆手，嘴里无声地喂喏。

"再见，小乔。"

点评：这是作者虚构的一篇小说。天马行空，想象力异常丰富。纯粹是想写而写，没有什么特别的意味，也没有什么杂乱的情感，有的只是悲凉，纯净空明。毕竟作者不是一个成年人，没有沧桑的眼神与佝偻的腰背，但又渴望体验模糊而又朦胧的情感，所以雨天雨滴落落在树叶上滴滴答答，就直接勾起了他的幻想。语言文字功底非常厚实。优美的语言在小说中信手拈来，运用自如，给我们营造一种唯美诗意的画面，让人浮想联翩。白璧微瑕的是小说人物关系有点混乱，男主人公到底是孙权还是周瑜，有点模糊，这则需要以后多读点历史书籍方好。

（指导老师：陈青玉）

泪滴富春江·孔明灯

银湖实验中学　七(8)班　胡嘉元

是谁在夜里独酌一匙苦酒？是谁将泪滴灭昏黄烛火？又是谁，在江前挑拨琴弦？

石街路边的街灯忽明忽灭，木屋中，一个纤细的身影轻而缓慢地坐下，她轻舀一匙热粥，喂给一位虚弱的老妇人："太太(方言：曾祖母)，请再撑一会会儿……"话毕，她起身，走上昏暗的阁楼，坐在一架旧古琴前，纤纤玉指弹拨着琴弦，叮叮当当似蜻蜓点水，纤弱娇小的背影微微蜷着，让人不由得感到心疼。她弹着弹着，一行清泪从脸上滑落到细到断的琴弦上，唯美的画面似豆蔻枝头最美最令人心碎的旧梦……细雨朦胧，轻烟环绕，似漫天飞舞的惆怅找到了归宿，为什么？为什么她的命运如此悲哀？

回想十年前，她还有个幸福的家——

"爹！爹！天上飞着好多灯啊！"一个稚嫩的童声回荡着。

"雨儿，这叫孔明灯。"男子薄唇轻启。

孔明灯在天上漫舞着，承载着美好的愿望，将梦送回初时的归乡。橙色的灯火被一层黄布笼着，不知这神秘的灯会飞向何方。

"娘，这条河可真长真大哩！灯在上面飞着好漂亮呀！"女童单纯的面容上挂着明艳的笑容。

"傻雨儿，这是江哟！叫富春江，离咱家可近啦！"年轻美丽的女子弯下腰，温柔地摸了摸女童的头，女童笑了，那少了两颗门牙的笑莫不是世间最单纯的笑？

但，幸福的时光总会被悲哀送走，也就是这天，女孩没了家——

"爹，娘！对面有葫芦串哎！"女童直接跑到路中央，想去对面的葫芦车上拿糖葫芦串。

"雨儿，当心！"男子和女子向女童扑来，"咚，咚"，只听两声枪响，女童的父母栽倒在血泊中，永远地合上双眼。

"爹，娘，你们醒醒哇！呜……呜……还我爹娘！还我爹娘！"女童的哭声响彻云霄，但是没人回头安抚满脸泪水的女孩，一辆马车无情地从女孩父母身上碾轧过去，就这样，她成为了孤儿，失去了幸福。

她的泪，似大雨般涌下来，雪白的双手握成拳头不停地打着自己的双脚："为什么？为什么我还不死？""别再哭了。"病弱的老妇人将双手放在她肩上，"你推我出去走走吧！"

她推着老妇人走在江边，天空中的孔明灯依旧漫舞着，忽明忽暗，飞向天的尽头，她撑着黄油布伞，用手绢擦拭着老妇人肩上的雨水，她在这世上，至少还有人牵挂……

"雨儿，这灯可真好看，是孔明灯吧？"老妇人和蔼地笑着，众多的皱纹挤在了一起，温柔地握着她的手。

"正是，太太。"她浅笑，烂漫的桃花眼十分迷离。

"啊，这是富春江啊！从咱家的阁楼可以看到。"她抿了抿嘴，不知在想什么。

"哦，这可真好……"老妇人竟合上了双眼，手垂了下来。

"太……太太？太太！醒醒啊！"她的双眸中写满了惊恐，双手不停地拍着老妇人的肩。

果真，每当她意识到自己的幸福时，她就又会被拉进黑暗的深渊……

她哀伤至极，便离开了这儿，离开了满载回忆的富春江……

光阴飞逝，十年的时间真的不慢。她不再是青涩的少女，而是一名成熟的女子。一次偶然，她又来到这个熟悉又陌生的地方，但她，早已忘却这曾经的曾经……

"你好，请问孔明灯有卖的吗？"她柔声问道。

"这呢！给！"小贩递给了她一个孔明灯和一盒火柴。

她点燃了孔明灯，见孔明灯离自己愈来愈远，心里闪过了一层忧伤。

"这是什么江？"她问。

"这是富春江。"一个人淡淡地说。

这一切，她都醒悟了……一行清泪流了下来……

点评：笔调抒情细腻，情感表达丰富，语言也流畅优美，文中不乏感人的真情流露，表达了对富春江及美好情感的由衷赞美。

（指导老师：祁 媛）

2016 年"郁达夫杯"
纪念郁达夫先生诞辰
120 周年获奖征文

徐尹桐童诗选（四首）

————— 实验小学鹳山校区　二（1）班　徐尹桐 —————

不咳是因为妈妈回来的缘故

早上起来，我不咳了，
妈妈很奇怪，
我说是妈妈回来的缘故，
因为星期一妈妈去上海出差了，
我就咳了。

下雨了

下雨了，
是雨宝宝看见地上有许多坑，
便赶紧跑下来，
把一个个坑填满，
为了不让我们掉进坑里。
雨宝宝真好！

我要读容大

爸爸问长大读什么大学好？
外公说读北大好，
外婆说读浙大近，
我说我就读容大。
注：容大，为徐尹桐居住的小区。

伞

蘑菇是蚂蚁的伞，
荷叶是青蛙的伞，
花儿是蝴蝶的伞，
大树是喜鹊的伞，
爸爸是孩子的伞。
下雨了，大伙儿，
都撑起自己的伞。

心 胸 如 海

——读《三国演义》之《三气周瑜》有感

富春三小　五(4)班　方琪梦

"滚滚长江东逝水,浪花淘尽英雄。是非成败转头空;青山依旧在,几度夕阳红。白发渔樵江渚上,惯看秋月春风。一壶浊酒喜相逢;古今多少事,都付笑谈中。"

品读三国,掩卷凝思,一个个英杰才俊在我脑海中翻腾。很多人都喜欢那个上知天文,下通地理,足智多谋而又忠心耿耿的诸葛亮,我也不例外。但是除了诸葛亮之外还有一个人也同样让我记忆深刻,他就是东吴大都督——周瑜。他和诸葛亮一样,是个不可多得的人才,可惜他英年早逝,但他不是死在战场,而是被诸葛亮活活气死了。那样一位英气勃发的英雄人物,留给后人的却是"诸葛亮三气周瑜"这样一个茶余饭后的笑话,而他临死前的那句泣血的责问"既生瑜,何生亮"更是让我陷入了沉思……

"遥想公瑾当年,小乔出嫁了,雄姿英发,羽扇纶巾,谈笑间,樯橹灰飞烟灭。"宋代大词人苏东坡都对其不吝赞美之词,但人无完人,他也有缺点,且是致命缺点——他不能容忍别人比自己强,气量小。不幸的是,年少计多的诸葛亮有着更胜一筹的才智。空城计,七擒孟获,智算华容,巧借东风,一次次的经典战役让其声名大噪,而周瑜却是看在眼里,气在心里,他三番五次地陷孔明于危难中,但都被孔明化解了。周瑜心中的怒气可想而知,在那经典的孔明三气周瑜后,周瑜那小气量的血液在他的骨子里流干了,他带着"既生瑜,何生亮"的抑郁倒下了。他倒了,不是因为他的才智。试想,如果他能大度地包容孔明的才智,他会落得个英年早逝的结局吗? 我想他一定会有更精彩的人生演绎,三国的历史恐怕也要改写吧。

但是在这个世上如诸葛亮般心里能容下整个大海的人不多,甚至屈指可数。而像周瑜一样自私的人却几乎占据了半个星球。在我们的生活里,有时稍微一注意,就可以看见那些心胸狭隘的人的自私。在我 8 岁时,我就清晰地看清楚了一个与我同龄的人的自私与贪婪。那天,外婆带着我去一位朋友家喝喜酒。那个朋友的家很大很漂亮,但住在里面的一个小女孩却有着一颗自私贪婪的心。我来到她的房间,看见了满地的玩具,便拉着她一起玩。谁知道她用力地甩开了我的手,将玩具收拾起来,放进了一个大盒子里,上了锁。我被她赶出了房间,郁闷地来到了客厅。我惊喜地发现,在茶几上摆着一个漂亮的布娃娃,我二话不说就玩了起来。正当我玩得高兴时,突然,我不知被谁扇了一巴掌,脸上感到热乎乎的。我抬起头,看见的是她生气的脸,我哭着跑开了。外婆见了,急忙给了我一个小火车,我不再哭了,高兴地拿着火车摆弄。她又走到了我的身边,我胆怯地望着她,可她却一把抢走了我的玩具,在一旁玩了起来,我向她要,她也不还我。我生气极了,因为那是我的东西,她既然不给我玩她的玩具,凭什么她能轻而易举地拿走属于别人的东西。我终于忍耐不住了,还了她刚才那一巴掌,在她愣在那里时,我的视线穿进了她的心,她的心很窄很窄,窄得连一只小小的蚂蚁也难以通过。她满脸惊讶,身体颤抖着,嘴唇中似乎有说不尽的话语。我转过身,离开了。客厅里只留下她一个人,她的哭泣声回荡在大大的客厅里,而我脑中盘旋的却是她那颗自私贪婪的心的样子。

与周瑜不同,拥有宽广胸怀的人,最终成就了自己的事业。古往今来,这样的人也被津津乐道。越王勾践忍受十年的苦痛,重创事业,反击吴国。司马迁能在受刑后忍辱负重,写出"史家之绝唱,无韵之离骚"的《史记》。唐太宗接受魏征的进谏,才有了贞观之治。乔丹忍受嫉妒之人对他的非议,获得篮球"飞人"的美誉。

是什么葬送了周瑜的命?是气量。是什么成就了勾践、司马迁、唐太宗、乔丹?还是气量。拥有气量,才能成就一番伟大的事业,到达人生理想的彼岸。我想那个小女孩,在往后的日子中如果不改变自己,很难交上好朋友,做事很难一帆风顺。

古人说,"海纳百川,有容乃大",大海能让柔弱的水流变得强大,形成巨浪吞噬船只,侵蚀岩壁,就在于它的"容"。而我们想从柔弱的"水流"变成强大的"大海",就必须学会大海的宽容,心胸如海——这就是成为胜者的武器。

又是一年桂花香

———— 东洲中小　四(2)班　陆梓慧 ————

夏去秋来,秋姑娘迈着轻盈的脚步,向我们走来。丰收的季节中,秋姑娘带来了许多仙子,有水果仙子,使世界瓜果飘香;有五谷仙子,让世界五谷丰登;有鲜花仙子,使世界飞满花香,芬芳扑鼻!

青菜萝卜,各有所爱。我最喜欢鲜花仙子啦!

一走出家门,我便闻到了一股沁人心脾的幽香,顿时令我心旷神怡、神清气爽……难道是秋姐姐的法国香水打翻了吗?不,原来是邻居家的桂花绽开了笑脸!

我走进那棵桂花树,闻到的花香不再是一缕一缕了,而是浓郁的香。我想要是吹来一阵风,那香味一定会让你的鼻子都掉下来!

真是说曹操到,曹操就到。风向我吹来,香味也铺天卷地般向我涌来,止都止不住。香味很快将我笼罩其中,似乎我也生根发芽了,成了一棵高大茂盛的桂花树。

我踮着脚,发现这棵桂花树的花瓣与别的桂花有些不同。它们三个一群儿,五个一伙儿地拥在一起,没有留一点儿空隙。花瓣金灿灿的,犹如孩子的笑脸。我心想:也许这就是金桂了吧!

风过了,就会下一场"桂花雨"。宝宝们从树上蹦了下来,要是你站树下,他们会钻进你的衣领中,靠在你的肩上,睡在你的头上,躺在你的皮鞋上。有些笨重的桂花宝宝,因为平常吃了太多营养,还来不及炫耀一番,就重重地摔在地上;比较轻盈的桂花宝宝从树上跳着舞,慢慢地降了下去,犹如一位舞蹈家在跳芭蕾舞。

突然,下起了倾盆大雨,我便连忙跑进了屋里。

雨后,桂花被无情无义的雨水打下来很多,真是太可惜了!地上满是桂花,像是铺了一层桂花毯!泥土中,一些桂花宝宝陷了进去,好像在给宝宝妈妈敬礼呢!

　　桂花可以做成桂花糖水。去桂花树上摇一些桂花,清洗干净,不留一点儿杂叶。之后,拿一个瓶子,再拿一大包糖。然后,一层白糖一层桂花,就这样子直到铺满,压紧。密封一个月后,用勺子兜一瓢出来,用热水泡,尝起来甜极了。

　　桂花我爱你!你犹如秋天的使者为我们奉献;犹如妈妈的拥抱温暖我的心。

感 谢 冬 天

————————场口镇小王洲校区　五年级　华含秦————————

　　今天这场大雨是整个寒风刺骨的冬天最疯狂的一场雨,就是在这一场大雨中,我学会了什么叫作善良。

　　乌云在短短十分钟布满了原本因晴朗而湛蓝的天空,整片天都呈现一种脏抹布的颜色,就连轻柔的微风也变得狂躁起来,原本就不暖和的温度又下降了几度,呼出的气都清晰可见,手脚也被冻得僵硬。我知道接下来会有一场大暴雨,所以开始静静地等待它的来临。当放学铃声响起,我冲出了教室。当我安全地上了妈妈的车之后,大暴雨如期而至。一颗又一颗豆大的雨珠争先恐后地跳下乌云,急速地降落在大地上。车子前的挡风玻璃被雨水一遍又一遍地洗刷,车窗后面的景象模模糊糊地看不清,这场疯狂的大雨让我连声惊叹!

　　车子缓缓地驶出了学校,我凑到了车子的中间看着前面。雨刮器飞快地运作着,丝毫不停歇。突然,妈妈一个急刹车,对我喊道:"含秦!快把伞拿去给那个人!"车子因为猛然刹车,发出了一阵怪叫。我的心悬到了半空中,对妈妈埋怨道:"妈,你干吗?""含秦,你看外面那个人,快,把你的伞递给她!"妈妈顾不得向我解释,又冲我大声说。我仔细一看,后面有一个我不认识的小女孩儿正缓缓地向我们走来。她的样子十分狼狈,前面的刘海被雨水打湿,全身已经找不到一处干的地方,当一阵又一阵冰冷的寒风贯穿她的衣袖时,当一颗又一颗的雨珠无情地拍在她的身上时,没有人去管她,她只这么慢慢地走着。我从车窗中递过去一把伞,她抬起头,接过伞,明亮的眸子里闪烁着感激的目光。没等她说声谢谢,我就关上了车窗,缓缓地坐了回来。

　　刹那间,我鼻子一酸,眼角湿润了,因为我被妈妈那时的坚定感动了,更为自己心底的那份漠视惭愧了。其实,我大老远就看见了她,但是我心里并不在意。甚至都有点幸灾乐祸,当我看到那女孩的目光时,那种罪恶感让我难受不堪,平生第一次觉得我坏极了。现在,我理解妈妈为什么那么义无反顾地让我给她送伞,因为有一种品质叫善良,是善良让妈妈这样说,这样做的。我真幸运,有了一位这样善良的妈妈。

　　雨越下越大,天气越来越冷,我的心却被妈妈的善良焐得暖暖的。妈妈的善良就像冬天里的一缕阳光洒进我的心房,妈妈的善良就像白茫茫雪地里的一把火使我感受到了温暖,妈妈的善良就像黑暗中的光明让我找到了方向。感谢这场大雨,感谢这个冬天。

假如外婆有八只手

富春三小　四(3)班　金　鑫

是谁——
东方才露鱼肚白，
厨房里面忙碌身影。
是您！我的外婆，
不论酷暑还是严寒，
为我做营养早餐。

是谁——
菜场回家的路上，
提着菜篮步履蹒跚。
是您！我的外婆，
不论烈日还是风雨，
为我们买美味食物。

是谁——
压力锅嘟嘟冒气，
厨房传来听写声音。
是您！我的外婆，
不论厨房还是书房，
为我辅导功课。

我常常想，
假如外婆有八只手就好了。
早晨，
外婆可以两只手做早饭，
两只手采购物品，
两只手洗衣拖地；
晚上，
外婆可以两只手做菜，
两只手辅导功课，
两只手照顾妹妹。

我心里有了主意，
我和妹妹可以做外婆的帮手，

一家人合起来，

外婆就有八只手。

雾精灵来了

东洲中小　六（5）班　杜笑莹

雾精灵悄悄地来了。她像个调皮的孩子，用她那薄薄的衣袖笼罩着大地；她像条活泼的小鲤鱼，在花草树木中穿来穿去；她像个优雅的作家，在天空中为新的一天书写一篇快乐的乐章。

雾精灵拂起她那缥缈的袖子，那薄薄的白雾从袖子里争先恐后地出来玩耍。一切都变了：整个世界如仙境一样，前后左右都是雾，伸手一摸，却什么也摸不到，嘴里呼出的气与雾融为了一体，听它们讲旅途中的美妙故事。薄薄的雾是那么奇妙，它为大地唱了一首悦耳的歌曲，一切都复苏了。花朵睁开那蒙眬的睡眼，把头昂得高高的，露出一个标准的微笑；树大伯伸了一个懒腰，像卫士一般保卫着大地；鸟儿扇扇翅膀，翻了个跟头，扑腾了几下，唱着婉转的歌儿外出觅食；"咯——"呵，鸡爷爷也醒了，它仰起脖子，朝天使劲大叫……

雾精灵闪着银灰色的眼眸，迈起那轻盈的碎步，向东边优雅地走去。银色的长发随风飘起，薄薄的雾们向东方飘去。只见雾精灵在一座大山上闭起眼睛，轻轻张开嘴巴，她的嘴里便钻出几个可爱的符号，它们集成了一只银白色的闹钟。不久，从那只闹钟中传出一段美妙的旋律，然后，雾精灵忽然随着一阵风走了。

不一会儿，东边渐渐地透明起来。天空也慢慢穿上了一件橘红色的衣服。太阳偷偷地从云层里钻出了半个可爱的脑袋，温暖的光线射在大地各个角落。呵，太阳公公起床了，雾精灵把太阳公公叫醒了……

雾精灵悄悄地来了，又悄悄地走了……

沉睡·雄狮

——纪念郁达夫有感

富春二小　六（6）班　张驰豫

在暮色的土地上，

迷茫的硝烟弥散流浪。

世界的动荡，

仍唤不醒雄狮吼叫。

血水荡漾，
他的心中飞速地思考。
500 个同类在石桥上嘶号，
隐约闻到苏醒的气息了。

有人在轻抚他的鬃毛，
然后就不知去向。
又有人轻叩他的脑门了，
却又失去温度的激荡。

最后一下激烈的碰撞，
内心终于爆炸膨胀。
他开始复苏自己的气场，
眼睛终于变得明亮。

他看见了血与丛林的绿色错交，
血迹片片流淌。
逝去的英雄不会再死亡，
魂魄飞向黎明的远方。

有这么一条小溪

———————————— 富春三小　四（4）班　闻　恬 ————————————

有这么一条小溪。

每当不开心的时候，我会坐在溪边的石头上把自己的心里话说给小溪听，小溪哗哗地流走，我的烦恼也随之而去；当我生气的时候，我会捡起小石子扔到溪里去，"扑通"一声，小溪会给我一个简单的回应，然后依然欢快地流淌着，就好像一个文静、害羞的女孩，不管怎么骂它，它都不生气；当我开心的时候，我也会把开心事告诉它；当音乐课上我们学了新歌，我会把这歌唱给小溪听；把社团课剪的剪纸作品给小溪看……我可以跟小溪分享自己的一切。那是多么有趣啊！

有这么一条小溪。

当春雨绵绵，雨丝风片，一滴滴红豆般大小的雨点儿落在花骨朵上，落在柳枝上，落在江面上，落在街上正在行走的人们各种各样的雨伞上，同样也落在了小溪里。落在花骨朵儿里的，滋润着花骨朵，好让它快快长大，开出美丽的鲜花，给大自然增添一份靓丽;落在柳枝上的小雨点晶莹剔透,柳枝就像春姑娘细长的头发上撒了无数颗珍珠。落在江面上的雨点儿像是会变魔术的大法师,在水面上点出了一个一个音符,而这些音符是小雨点儿在水面上击出的圈;雨点大的时候,调皮的雨点像谁扔下来的钢珠一样砸在河面上,溅起高高的水花!落在雨伞上的小雨点儿变成一个个圆溜溜的水晶玻璃球。它们都很好看,但是我最最喜欢的还是落在小溪里的雨点儿了。春雨拍打着小溪,像是一曲动听悦耳的交响曲,再加上停在电线杆上的小燕子,它们是歌唱家,看着乐谱弹着琴。待雨停了,小溪变得更加迷人了。阳光照在粼粼的小溪上,只见它清澈透底、波光荡漾,一条条小小的石斑鱼在水中游来游去,溪水淙淙,永远是那么欢快。我和妹妹从家里拿来了凤仙花种子和樱花树苗种在小溪周围的泥土里,用小溪清凉的水灌溉在它们身上。这里留下了我和妹妹的期许。我们光着脚在水里嬉戏,各种各样的花蝴蝶在我们头上飞舞,水里的石斑鱼"亲吻"着我们的脚,痒痒的,好玩极了!

有这么一条小溪。

当我们踩着小溪里的青苔,小鸟站在枝头欢唱。随着"哎呀"我尖叫一声,差一点儿就摔跤了。我们找了个地方坐下来等待着石斑鱼游过来,看看能不能抓几条。很快就有许多石斑鱼游了过来。"我来抓。"我压着声音悄悄地冲妹妹说。我慢慢地把手伸到水里去,小鱼像是有感觉,摇摇尾巴极快地逃走了。唉!可惜没成功。抓了大半天,一点儿收获都没有。

有这么一条小溪。

当太阳快要下班时,耀眼的光芒变得柔和,它红着脸挂在山头。西边的晚霞光彩照人,照在小溪上,小溪立刻就变成红色的了……

有这么一条小溪。

当夜阑人静,清晰的流水声使周围显得更加幽静。月亮洁白如玉,晶莹如镜,伴着云彩放射着银色的光芒,如盘的月影静静地躺在溪底。春天夜晚的小溪显得恬静而绵长,就像神话里的世界一样。

有这么一条小溪。

当夏天来临,小溪就是一个多彩的童话世界。水中蹿出了第一朵小黄花,还有像蜂房似的青蛙卵,当然不会少了可爱的小蝌蚪了。小蝌蚪黑黑的身影四处游散。爷爷管蝌蚪叫"大头和尚",空的时候会带着我和妹妹去抓它们。我挽起袖子,蹲下身,双手慢慢地探下水去一掬,运气真好,抓到了两只;妹妹抓了一只……一直到中午,我们抓起了好多。数了数:29、30、31、32……哇!43 只。我和妹妹看着瓶里游来游去的"大头和尚"喜不自禁。

有这么一条小溪。

当微风吹着溪边田野的麦子呲呲作响,好像有麦田幽灵一样,令人有些害怕。溪边的草丛茂盛,许多昆虫躲在里面演奏着它们的大合唱。青蛙也不例外,它们"呱呱"地高唱着,叫声此起彼伏,这是四季里独特的乐章。月亮和星星是灯光师。月亮向大地撒下清辉,星星在天空中闪烁着。萤火虫也来凑热闹,它提着灯笼,在溪边巡游。在这些小精灵的伴随下小溪哗哗地欢畅地流着,流着……

有这么一条小溪。

当大地开始换秋装,小溪也变得像一幅色彩画。小溪旁的树上果实累累,鲜果飘香;秋风吹起,泛黄的树叶摇摇地坠到溪面,像小船开走了……

有这么一条小溪。

从山那边流下来,流过我家门前,带着我的欢笑,带着我的童年,带着我的梦想流向远方……

我爱您,我亲爱的母校
——三小 30 周年校庆

富春三小　六(3)班　裘其翰

三十岁,您风采依旧。

您像一位慈祥的母亲,将我拥入您温暖的胸怀;您像一轮火红的太阳,将我稚嫩的心房点亮;您像一盏耀眼的明灯,将我引向光明的大道。三十年风雨和阳光,交织成美丽的乐章丝弦,在我们耳边低声吟唱。

一、美丽的三小——童年初印象

——"我初见你,人群中独自美丽。于是只一眼,便沉沦我心。"这是我童年里挥之不去的美丽记忆。

孩提时代,第一次在您跟前伫立,我牵着妈妈的手,眨着懵懂的眼,像是跨入了一个全新而又新奇的世界。我只觉得那儿有大大的塑胶操场,红绿相间,还有大大的篮球场上,总有矫健的身影在跳跃,有高大的教学楼,那是我小小的迷你的幼儿园里所没有的;那儿有香香的桂花树、高高的雪松,还有一棵特别的樱花树。那年樱花盛开的时候,妈妈在樱花树下给我讲这棵樱花的故事:

她从日本来,当时是一名在三小的学生家长不远千里从日本带过来的。家长叫孙立华,曾经在远洋轮上工作,他当时看到刚刚建校不久的三小非常简陋,装点校园的绿化很少,他有时会在日本待一段时间,四月的时候,看到那里到处是绚烂的樱花,美丽极了,就想带一棵回来。小小一棵树,要从日本漂洋过海到中国,谈何容易,需要很多部门批准,时间很长,过程很烦琐。最后这棵树终于辗转来到您的身边,成为了三小一道美丽的风景。妈妈还会给我讲很多樱花树的传说,有武士道精神的,有关于感情的……

每当樱花盛开的时候,这些关于爱和承诺、奉献和信仰的故事,总会在我脑中浮现。五岁那年,学校举办艺术节,我来三小观看了许多精彩的节目。悦耳动听的合唱、优美绝伦的舞蹈、精气神十足的跆拳道表演、灵动新颖的服装秀都牢牢吸引了我的眼球。我小小的脑袋还不能理解什么叫"艺术",只是内心深处有着某种渴望似乎正在破土而出,盼望着某天也能登上这样的舞台,成为绚丽夺目的自己。

二、可爱的三小——幸福的三小时光

——"你的手,从不孤独;牵上你,是一种幸福的满足。"

再见到您,我已是一个小小少年,像是迷途的小羊羔找到了回家的路。那股莫名的熟悉感直朝我扑过来,荡漾着我的心,像是张满风的帆。跨进那道门槛,笔直的小路一边,鲜红的跑道催人奋进,操场围墙上画着孩童天真嬉戏的场景,那是让人羡慕的童年。操场边的香樟犹如战士一般,守卫着可爱的三小家园。宣传栏里多彩的活动让人鼓掌喝彩。还有挺拔的雪松,来年会盛放的樱花,教学楼墙上的三字经、古诗词,每层楼上那一个个生动的励志故事……浓浓的书墨香似乎卷着花香往我鼻子里钻。阳光透过桂花树的缝隙,沾上了花香,在地上显出斑驳的样子,或许正是未知的我所希冀的未来。

这就是我紧紧握住的幸福的三小时光。

指缝太宽,时间太瘦,我竟不知幸福来得如此迅速。我开始不断吮吸知识的甘露,转学来到这里,我从未有过如此大的满足和快乐。我的两任班主任,都给予我浓浓的爱。孙老师耐心温和,像个大姐姐一样亲切和善;李老师睿智大气,她不仅教学非常有方法,还会在课后循循善诱,告诉我们为人处世的道理,让我如沐春风;数学老师陆老师课堂幽默风趣,枯燥的数字因此在我眼里好像有了表情一般,让我如痴如醉;贾老师平和快乐的英语课上,我领略到了另一个半球的风采;而让我明白苹果为什么会落下来砸到牛顿的是教科学的何老师,带我们在音乐海洋畅游的是美丽的胡老师……还有许许多多我认识或者不认识的老师们,他们都像亲人一样关心我,呵护我,一起为我的想象插上了腾飞的翅膀。

除了学习,在三小一起玩耍、一起学习的小伙伴们也是我生活的重要组成部分,和他们在一起的时光是那么快乐逍遥:和我最"臭味相投"的是徐飞扬,玩枪打敌人游戏,拼乐高拼装,一起看书撕名牌,一起看电影吃饭讲笑话,哪儿都能看到我们腻在一起的身影;杨秉沅是我"一见如故"的好伙伴,我们一起学习,一起玩耍,一起运动,一起游戏,无话不谈;黄嘉铭、孙龙泽、陆天炜、沈美妗、许琳朗……我的童年里留下了无数好伙伴的欢声笑语,她像五彩的珍珠熠熠发光。从童年到少年,从少年到将来,我们的友谊一直在成长,在延续……

三、丰饶的三小——我在茁壮成长

——"时光踏下轻盈的足迹,成长慢慢接近,卷起昔日的不安悠然长去。"

在您的精心呵护下,我那破土而出的渴望,最终发芽,成长,沐浴着阳光。我也逐渐成长为一个阳光、善良、全面发展的好少年。钢琴、萨克斯、篮球、画画、阅读、书法……我的爱好非常广泛,不管学什么都认真刻苦。"一分耕耘,一分收获",我的钢琴通过了六级,书法获得浙江省二等奖,我的书画作品在杭州市和富阳区都得过奖,我写的征文还在全国性的大赛中荣获了一等奖。我还是"'火炬银奖'挑战营的优秀队员""富阳市小记者""阳光学子""小故事大王""校园小明星"——这些都是我获得过的称号。四年级时我竞选大队干部成功,还担任元旦文艺会演主持,作为美德少年的代表发言,我还是富阳滴水公益的小义工,我和其他义工们不遗余力地帮助他人,体会到"赠人玫瑰,手有余香"的快乐……每一次的锻炼机会我都好好珍惜了。亲爱的母校,您看,我终于也登上了这样绚丽夺目的"舞台"。现在,我以您为荣,未来,您必将以我为傲。

我亲爱的母校,在您的培育下,我们遨游知识的海洋,享受智慧的光芒,学习做人的真谛,孕育远大的理想。三十年书香翰墨,三十年风雨沧桑,三十年历程光阴流转,三十年春秋薪火相传。愿您如一颗璀璨的明珠,永远绽放耀眼的光华!

挤公交车

东洲中小　四(5)班　吴柳倩

唉,都怪爸爸,周六也要外出而不能送我,害得赶时间的我不得不挤一次公交车。

星期六的早晨,大街上人来人往,车来车往,拥挤得不得了。"快!"赶时间的我用飞一般的速度,冲到站点,等起了公交车。啊! 等车的人真多啊! 有嬉戏的孩子,有年轻小伙和姑娘,还有八十多岁的老爷爷……他们等车的姿势真是各有千秋:孩子们东追西打,在站台的坐凳上上蹦下跳;年轻小伙和姑娘正热火朝天地讨论着话题,时不时还做一些动作比划比划;八十多岁的老爷爷挂着拐杖坐在坐凳上休息,看见孩子们站在坐凳上,就细心地教导他们不要踩在凳子上……公交车渐渐向我驶来,终于停在了站点处。

嘿,看呀,这公交车就像是一只大怪物,明明知道自己的肚子里全是人,但还是敞开肚皮让更多的人前呼后拥地挤进去。我双手握拳,时刻准备着冲进去。"吱呀——"门开了,"两个派别"的各位"仁兄"早已经顾不得前门上后门下的规矩了,全都"轰"地挤成一团。我见了,心想:哎呀! 这些"仁兄"们可不可以慢点走,好好走呀? 万一有老人摔倒了怎么办? 要不是赶时间,我肯定会等下一班车的。唉,现在的人呀! 只见一个小伙子在人群中挤时,一把抓住门把手,使劲一拱,便轻而易举地获得了一个立足之地。我见了,蹙紧了眉头:要是人人都模仿他,那这公交车的门把手上不知会有多少只手! 一位时尚女郎早已不顾形象地踮着金光闪闪的高跟鞋拼了命要挤进这庞大而拥挤的公交车。见了这一幕又一幕的挤车战,我的心又产生许多遐想:未来的世界上公交车会更挤还是更宽敞呢? 不文明的人是会多起来还是会少下去呢……

为了不迟到,我也只好使劲向前挤去。可我是个小女孩,一下子就被别人给挤下去了。唉! 怎么办呢? 再不上去,我就真要迟到了! 终于,我重振士气,无奈,我只好一把抓住旁边开着的窗户,也使劲一拱,脚一踏,便也有了一个立足之地。可随着人群的增多,我越来越站不稳脚。后来,我急中生智,拉着把手,千钧一发之际,把一只脚抬了起来,放在了人家座位的下方,终于成功地在公交车上立足了。

这时,我看见一个五大三粗的壮汉正慌乱地和一位老爷爷道歉:"对不起了,老爷爷,我一不小心没站稳,撞到您了,对不起!"他一脸抱歉的样子。原来是他一不小心撞到了正坐着的老爷爷呀! 那个老爷爷大概有七八十岁,正摇摇晃晃地坐在位子上,车子一震,原先就站不稳的壮汉,身体一歪,就撞到老爷爷。

整个车厢沉默了。刚才还似乎脚要离地的我也终于能站稳了。现在大家似乎都在控制自己,谁也不挤谁了。等到下一站停靠时,大家都自觉地让开位置让下车的人排成队下去了。我心中想:要是大家一开始就这样,那应该谁也不用再"挤"公交车了。

那位跛脚哑巴老婆婆

富春二小 六(7)班 孙 爽

外婆家在乡下,群山环绕,环境优美,依山傍水,可我却偏偏不愿意去那儿……

外婆家对面,住着一位跛脚老婆婆,是个哑巴。不管春夏秋冬,都穿着一件破衣服。与其说是破衣服,倒不如说是一块满是补丁的破布。头发乱糟糟的,像个鸟巢。皮肤黝黑,眼睛黯淡无光,性格孤僻,几乎没人愿与她相处。每次看到她一拐一拐地缓缓走来,我都躲进屋里,避开她,心中不由自主地产生一种厌恶与害怕之情。可经历了那件事后,我对她改变了看法……

外婆家附近有许多小山丘,既没有人烟,也十分危险,一直被妈妈封为我的"禁玩地"。可越是阻止,我的好奇心就越重。那个下午,我蹑手蹑脚地走出门,跑到小山丘上"探险"。我不断往深处走,忘了回家,也忘了回家的路,待我筋疲力尽时,回头一看,满山的树,哪还分得清东南西北?地上都是残竹荆棘,要是摔了一跤,不头破血流才怪呢!无奈之下,我只能呆呆地站在原地,看晚霞渐渐织上天空,织上对面的大树。一切都沉在朦胧的黄昏中。周围渐渐暗下来,伴随着几声蝉鸣所带来的孤寂,不断感到阴森起来,恐惧涌上心头,想哭又不敢,只能轻轻地哼着小曲儿壮胆。

正当我绝望之际,正考虑如何度过这个难熬的夜晚时,隐隐约约看见一个矮小的身影,一瘸一瘸地走来,是那位哑巴老婆婆吗?我张望着,渴望看清那人的面影。越来越近了,越来越清楚了……是的!没错!就是她!只见老婆婆背着竹筐,拿着镰刀,手里还抓着一把野菜。看见她,我仿佛看见了救命稻草,回家的希望重现了,生的希望重现了!心里又激动又胆怯,又喜悦又害怕,有种说不出的感觉。生怕她会伤害我,我们俩还从没待在一起过呢!她不会乘人之危吧?妈妈可一直让我不要接近她呢!怎么办?让她带我回家?还是在这林子里自生自灭?怎么办……可事情并非我想的那样,她原本疑惑的眼神仿佛突然明白了一切。她会带我回家吗?应该吧!毕竟邻居一场,应该会帮忙吧!可平时我常冷漠地看她,她怎么说也会对我有点厌恶吧?不会动了私心吧?那我岂不……可她拉起我的手就走。她要带我去哪?万一不是回家怎么办?是想趁机报复我吗?我完蛋了吗?算了,只能见机行事了……

我却没想到,外表如此丑陋的她,竟隐藏着如此善良的一面,居然带我离开小山丘,回到大路上。周围的一切变得熟悉起来,那棵老树,那座老房,和……牵着我手的那位老人……也不知走了多久,外婆家出现在小路的尽头,可我并未飞奔过去,而是牵着老婆婆的手,享受这静谧、温暖的时光。

人与人之间的关爱,就是如此简单,来自那位老婆婆的关爱,好似一股春风,温暖我的心房；就如一支火炬，照亮我的行程；如同一个港湾，安抚着远航归来的我；又像一扇窗户，为我迎接久违的心灵阳光。这善良，这关爱，成了我童年的一抹色彩，使我永生难忘！

奇妙的星空

富春二小　四（2）班　包非凡

当我还很小的时候，在夏天的夜晚，我曾经仰望星空，看着夜空中一闪一闪的星星，我会觉得十分惊奇，脑海中会浮现出许许多多的问号。为什么在晴朗的夜晚，会有那么多星星在一起聚会？天空中到底有多少颗星星？还有，星星会不会突然掉下来砸中我呀？

我常常带着这些问题去问我的外婆。对于我的许多奇怪的问题，外婆总是显示出超乎寻常的耐心。她会放下手中摇着的蒲扇，一边指着天空一边耐着性子跟我说："每年的农历七月初七的晚上，牛郎和织女会在喜鹊铺成的桥上相会，他们还会在那个夜晚说一些情话。如果你的心够静，你站在夜晚七点后的葡萄架下，踮起脚尖侧耳倾听，你可以听到他们的情话。"听外婆这么说，我真的很想站到葡萄架下去听一听。天上的"钻石"一闪一闪的，仿佛在看着我们似的。外婆还说："其实天上的每一颗星星，都代表着我们地球上的一个人，闪耀的星星一定是个大人物，黯淡的星星就是一个个普普通通的小人物！"

听她这么说，我在想：我究竟是哪颗星星呢？我究竟是大人物呢还是小人物？中秋节的时候，我们可以清楚地看见满天星星中有一个大大的月亮，月亮中隐隐约约地有一个人和一棵高大的树木！想必那个人就是传说中的嫦娥吧！我觉得她像在等着谁似的。

星空中的月亮似乎照耀着我们地球上的每一个人。我可以想象到我现在就是一颗耀眼的星星，我仔细地注视着每一颗星星，觉得它们像珍珠，像宝石；又觉得它们像我们的眼睛；还觉得像晴朗的天空下波光粼粼的湖面！记得我看过一本书叫《小王子》，书中的小王子能够在任何星球中穿梭旅行。我多希望我也能像他那样，可以去不同的星星上旅行啊！哈哈哈……

星空是多么美妙啊！

蛐蛐，看你往哪跑！

富春二小　四（3）班　胡清颜

放暑假喽！放暑假喽！暑假的生活丰富又多彩，真是快乐连连。你瞧，这才没过几天就发生了一件让我非常难忘、每次想起来都觉得很好笑的事呢。事情是这样的……

一天晚上，我迷迷糊糊地好像听见有蛐蛐在叫。好奇怪啊，是不是我的耳朵出问题了，耳鸣了？听错了呢？我们家住这么高，哪里会有蛐蛐呢？不管了，睡觉！

第二天早上吃早饭的时候，妈妈一脸疲倦地说："昨天晚上吵死了，到处都是蛐蛐的叫声，害得我睡都睡不着。"老爸马上接口："这说明咱家生态环境好啊！这么多花花草草，不把这些小精灵吸引过来才怪呢！"我奇怪地问："爸爸妈妈，我们家在六楼啊，什么样的蛐蛐有这么大的本领能跑到六楼来？"妈妈一拍大腿指着爸爸说："还不是你老爸干的好事，他老人家天天种花种草，把虫卵都和花泥一起弄上六楼。现在蛐蛐每天晚上都出来作乱，害得人睡不好觉，你说怎么办吧？"老爸摆出一副委屈的样子说："好吧，为了夫人能安安心心睡好觉，今晚我们家捉蛐蛐总动员。"

夜幕降临，我们全家竖起耳朵仔细听，努力寻找蛐蛐的藏身之处。不一会儿，卫生间传出叫声。我们打开卫生间的灯，洁白的瓷砖地上趴着一只蛐蛐正在"奋力歌唱"呢。妈妈蹑手蹑脚地走过去，蹲下身子，双手猛地一合。"抓到了！抓到了！"我高兴地喊着，从妈妈手里接过蛐蛐，把它装进了事先准备好的塑料瓶子里。首战告捷，我们继续行动。这时阳台又传来了蛐蛐的声音，我们又立马转战阳台。东边数过来第二个花盆里有动静，这次我自告奋勇接下了任务。我伸出"如来神掌"往花盆里一拍，一只蛐蛐马上跳了出来。"不好！竟然想逃跑，你给我站住！看你往哪跑！"我大叫着。我们一家人赶紧一阵忙乱，好不容易终于把它也收入囊中了。

我们的收获真不小，两只可爱的蛐蛐成了我的战利品。可惜还有一只蛐蛐躲在角落里最大的一个花盆里，地方太小，花盆又太大搬不动，不方便抓，我们只能放弃了，要等明天白天老爸想办法搬出花盆再进行捉拿。

每次想起和爸爸妈妈一起抓蛐蛐，都让我忍不住笑出声来，太有趣，太难忘了！

当"阴谋"遇上"火眼金睛"

富春二小　五（6）班　汪　芮

"哈哈……"五（6）班教室传出一阵爽朗的笑声，你一定奇怪，这是怎么啦？呵呵，这可说来话长，我得向你慢慢述来。

我们把时间向前调十分钟，你就会看见，教室里鸦雀无声，同学们在争分夺秒地做卷子，本人也在其中。

卷子一发下来，便传出"唰唰"的笔与纸的摩擦声，我看了看黑板，上面写着"看清题目，遵守考场纪律"几个大字，又回想着陆老师说的话，"要加油！只有5分钟！"我的眉头皱了一下，5分钟做那么大一张卷子，明显不可能，难不成有诈？我略一沉思，突然想起我上次在一本作文本上看到的一篇作文，文章写的就是他们老师让全班同学在5分钟内做5个大题，其实最后一题明明白白地写着："前面四题不用做，直接做第五题即可！"难道陆老师在耍我们？我瞄了一眼陆老师，只见她正在教室来回踱步……我仔细地看起了卷子，发现卷子上方写着一行小字，"亲爱的同学，请把所有的题目看完再做，相信你能通过这次考试，加油！"看完题目再做？我带着一肚子的疑问开始仔细看卷子，看到最后一题……果然，第二十一题清清楚楚地写着："以上题目只需做一、二两题。"恍然大悟，我开始奋笔疾书，很快，一、二两题就被我搞定了，我放下笔，看了看周围的同学，只见他们都还在那儿埋头苦干，我不禁捂着嘴想笑。

不一会儿，又有两个同学也发现了，张冰钰还差一点叫出了声，我连忙把手指竖在嘴唇前，朝她做了一个不要说话的手势，她立刻心领神会，不再言语。又过了一会儿，很多同学都还在那儿奋斗，我实在忍不住了，一不小心笑了出来。我一笑，不少已经发现"阴谋"却在那儿忍住不笑的同学也都一下子笑了出来，惹得一些同学不停地朝我们看。

"好，5分钟到！"陆老师让语文组长把卷子交起来后，教室里顿时热闹起来了，交好卷子的同学都开始纷纷耳语和哈哈大笑："你发现了没有啊？卷子上有诈！""哈哈，我只做了一、二两题！""啊呀！我被耍了！"……

呵，亲爱的"阴谋"，我可是有"火眼金睛"的，有了"仔细"这件法宝，我怎会落入你的"圈套"呢？

扁鹊和鹳山精灵

富春三小　四(4)班　倪瑜晗

有一日，林中深处传来一阵阵悠扬的笛声，扁鹊在房中小憩，无意中看到黄公望老先生的《富春山居图》，感叹世上竟有如此美丽的地方，觉得如果不到此一游，将终生遗憾，于是扁鹊搭坐时光机来到了我们富阳，准备一饱眼福。

扁鹊一下时光机，在富阳鹳山面前站立了有一会儿。扁鹊看了看我们的母亲河富春江，决定求见鹳山精灵，说道："您有点小病，病就在皮肤的纹理之间，不医治的话恐怕要加重。"

鹳山精灵得意扬扬地说："我怎么会有病，台风刮不到我，地震震不到我，我山清水秀，鸟语花香，何来之病？"扁鹊退出后，鹳山精灵说："医生就喜欢给没有病的人治病，把治好了'病'作为自己的功劳。"

过了十天，扁鹊看着富阳上空浑浊的天空，又一次拜见鹳山精灵，说："您的病已经在肌肉、皮肤里了，如不医治可要更加严重。"鹳山精灵没有理睬他。扁鹊退出后，鹳山精灵又不高兴，觉得扁鹊是小题大做，虚张声势。

又过了十余天,扁鹊又去拜见鹳山精灵,说:"您的病已在肠胃里了,再不医治将越加严重。"鹳山精灵又不搭理他。扁鹊退出后,鹳山精灵更不高兴了,觉得扁鹊这个人真是讨厌。又过了十余天,扁鹊远远地看到鹳山精灵,立刻转身就跑。

鹳山精灵很是不解,特意派人去问他跑的原因,扁鹊说:"水质变坏是小病,只要找到水质变坏的源头,切实整改,就能改善;空气浑浊如同病在皮肤肌肉里,只要我们做好企业的节能减排治理,就能解决的;但是思想意识没有改变如同病在骨髓内,那是主管生死寿命的神所管辖的地方,医药已经没有办法了。如今鹳山精灵已病在骨髓之内,我因此不再过问了。"

说完扁鹊仰天长叹:"如此地灵人杰的人间仙境,可惜可惜……"

悠扬的笛声在耳畔响起,如泣如诉……

哦,那一团燃烧的火苗

富春三小 六(5)班 章彤妍

那是一个特别的日子,难得一见的大雪为圣诞节增添了喜庆的气氛,也为人们带来了好心情。瞧,大街上热闹非凡,到处洋溢着过节的喜气。

每逢过年过节,妈妈总爱买束花装点客厅,这一次也不例外。傍晚,我和妈妈到花店去买花。踏进花店,我简直误认为自己来到了美丽的花园。这里有洁白如玉的白玫瑰,艳丽似火的红玫瑰,有娇艳迷人的百合花,五颜六色的康乃馨,还有美丽富贵的郁金香,高贵典雅的勿忘我……

想不到买花的人竟也这么多,妈妈从人缝里挤了进去,忙着挑花。我站在一边,欣赏着满屋子的鲜花,突然听见旁边有两个阿姨正在说话。穿红风衣的阿姨说:"你挑好花先走吧,你的花钱我来付。"穿白风衣的阿姨说:"谢谢了,不用,还是我自己付吧。""红风衣"说:"让我付吧,你跟我还客气什么? 你挑好就走吧!"这时,"白风衣"也不客气了,挑好了 20 支红玫瑰,说了声"谢谢"就走了。那位穿红风衣的阿姨随即也挑好了花,问摊主:"多少钱?"摊主数了数花,说:"30 支,45 元。"阿姨付了 45 元钱转身就走了。摊主收了钱,又忙着去照顾别人。咦? 刚才我明明听见她说帮另一个人付钱的呀? 怎么没付就走了? 是忘了? 还是故意? 这时,我真想跑过去拦住她,让她付钱,可我又不敢,怕她骂我多管闲事。我还想告诉摊主,可始终没敢开口。我暗暗地想:这下摊主可亏大了,白白少了 30 元钱。过了好一会儿,妈妈终于挑好了花,我们付了钱刚要走,突然看见那个"红风衣"阿姨匆匆忙忙跑到摊前,气喘吁吁地对摊主说:"这 30 元,是我朋友的花钱。刚才我忘了付,对不起!"摊主一惊,忙不迭地收了钱,满面笑容地说:"真是好人啊! 我从来没有见过像你这么好的人。"周围的人也都七嘴八舌地说开了:"这人不错。""是不错,这人还蛮有诚信的。""诚信? 对,这就是老师常说的诚信! 这就是书上常提的诚信!"我站在一旁,呆呆地望着这位阿姨远去的背影出了神。

"小杰,你愣什么呀? 该回家了!"妈妈的催促在我耳边响起,我这才蓦地回过神来。

晚上，我躺在床上，却怎么也睡不着，傍晚的那一幕不时地在我眼前浮动着：雪越下越大，纷纷扬扬，漫天飞舞。在洁白的雪地中，阿姨已经越走越远，那红色的风衣，像一团燃烧的火苗闪耀着，越来越亮，越来越美。

哦，那一团燃烧的火苗，在我心里成了最美的风景……

古 镇 的 路

富春三小　六(6)班　曹煦清

龙门古镇，是三国东吴大帝孙权的故里。东汉名士严子陵曾游龙门，观山势异常，赞叹："此地山清水秀，胜似吕梁龙门。"读了《三国演义》之后，这个有着悠久历史的古镇一直是我向往的地方。虽然我是富阳人，也是到了这个假期才有机会踏上寻访古镇的路。

出了富阳，大约三十分钟的车程便到了龙门。一踏上古镇的路，闹市的喧嚣和尘土飞扬就远去了，只剩下这静谧的古镇。龙门的路很窄。沿着鹅卵石铺成的小路走进了这个神秘古老的小镇。与其说是小路，不如说是小巷，两边是石头建造的房子，都是明清时代的古建筑。古镇建筑以两座孙氏宗祠为中心，一共建了孙氏厅堂四十多座。夏日的烈日因为房子的阻挡，斑驳地照在小路和古老的墙面上。墙面上纵横着或深或浅的伤痕，这些都是历史的痕迹吧。忍不住停下了脚步，蹲了下来，摸了摸脚下的鹅卵石。光溜溜的，不知道有多少人曾经从它身上走过。这条古朴的小路缓缓地延伸了出去，似乎在诉说着什么……

我们仿佛看到了那个自幼文武双全，早年随父兄征战天下，胆略超群的孙仲谋策马而来。公元200年，哥哥孙策被暗杀，18岁的孙权便成为江东的新主人。孙权招揽江东名士，张昭、周瑜、鲁肃、程普、太史慈等对他"委心而服事焉"，以此稳定了东吴局势。公元208年，孙权与刘备联合，在赤壁大败曹军，与魏、蜀成鼎足之势。无怪乎辛弃疾在词中赞道："天下英雄谁敌手？曹刘。生子当如孙仲谋。"

"走了，听戏去吧！"同学们的招呼把我的思绪拉了回来。耳畔是隐隐约约的唱戏声。我们循着声音，往前走。小路两边的房子几乎都一样，我们似乎迷了路，沿着小路转来转去，好不容易才找到。在木质的戏台上，简单地放着两个音箱，挂着一幅古色古香的背景。演员们迈着轻盈的步伐上场了，那圆润的唱腔让人着迷。演员们不急不缓地一唱三叹，没有我想象中的铿锵有力，却是江南韵味十足。

听完戏，害怕迷路，我们便沿着龙门溪流的方向顺流而行。溪边的小道也铺着鹅卵石，却因为有水流声，更加可爱了。路的一边是孙氏古老的房屋，另一边是小溪。小溪唱着歌，似乎和小路在窃窃私语。每隔一段，路边延伸几个台阶，和小溪相连。小溪清澈见底，走过，能看见石斑鱼倏尔远去。也有些看着比我们还小的孩子们在溪边嬉戏，我想他们也应该都姓孙吧，他们应该都是孙权的后代吧！溪流上的桥也有些年代了，桥墩上满是青苔。桥面修过了,还在两边挂了红灯笼。我们嘻嘻哈哈地从小桥上穿过。古朴秀丽的小桥也是路的一部分,小桥让古镇的路也生动了起来。

这古镇的路记录了历史,这古镇的路也通向了未来。真美!

秋　叶

富春三小　六(7)班　沃闵辉

凉凉的秋意,送走了丝丝的炎热。蔚蓝的天空、清香扑鼻的桂花、满天飞舞的枫叶,一切都是如此地富有诗意。

小时候我就特别喜欢秋天。盼望着金色的阳光、淡蓝的天空,还有似蝴蝶般飞舞的片片落叶。与叶子离别已有好长一段时间,那时,我一直认为自己将和它们永别了,只能把那翩翩落叶储存在美好的回忆里。直到那一天老师让我们采集标本,我才知道与叶子的缘分未完。在一棵红枫树下望着那点点在阳光下透显着生命活力的枫叶,心中会莫名产生一种激动,但我的手始终未触摸到那珍贵的生命。微风迎面拂来一片枫叶,我伸出手。不偏不倚,落叶刚好落在了我的掌心,粗细不同的脉纹仿佛在叙说着什么。与它映衬的是我手掌中重要的三条生命线,渐渐地,我的体内充满了感动。前几日当我匆匆经过那条充满温馨回忆的小路时,我发现地面上躺满了不同色彩的落叶。如此的安静,如此的寂寞。我停住了我前行的步伐,心也随之微微颤动了一下。俯身缓缓地捡起一片苍老的落叶,那枯黄的颜色难道不是我童年时的最爱吗?

沧桑的轮廓我还能把它比作斑斓的彩蝶吗? 学着童年幼稚的我仍然幻想着,可是却没有那种欢悦的幸福感。同样的阳光,同样的地方,同样的季节,甚至连空气的香味也是同样的,难道是自己的日渐成熟的心不一样了吗? 或者是……我仍然仔细地端详着粗细不同的脉纹,还有我掌心中的三条生命线。直到那一刻,我读懂了它的语言,读懂了它的故事。我知道了它们深藏不露的情感……慢慢地我放下了它,当指尖离开叶尖的一瞬间,我忽然想到:也许人生就是落叶,如此的平凡。为大地铺写完美丽,还未尝到它真正的快乐而自身却已叶落归根。

秋季,当诗人把它与浪漫联系起来时,当叶片用尽全力跳完最后一支舞,留下最后一段美丽时,你可曾想起过它也许是世间最无奈最凄凉的美丽。正当我感受着落叶的凄美时,我的眼前忽然闪现出了一道金色光芒,放眼望去,地上撒满了落叶,金黄、火红。那不是无奈,不是凄凉,那是成熟,是收获,是奉献,更是希望……"落红不是无情物,化作春泥更护花。"在片片金黄的落叶中我眼前似乎出现了无限的翠绿,那样地富有生气,充满了勃勃的生机!

我释然了——秋天的落叶,春天的希望!

游公望美术馆

富春三小　五(3)班　陈紫郡

在美丽的富春江畔,公望美术馆如同一朵娇小的花儿悄悄绽开,那清幽的花香吸引着络绎不绝的"蜜蜂"前来采蜜,今天就轮到我这只"蜜蜂"去采它的花蜜了!

我迫不及待地起了床,来到了那里。人很多,我排着队,开始打量起"花"的外貌来。

好新颖的建筑啊!幢幢展馆错落有致,屋顶连绵起伏,像层叠的山峰,与对面的鹿山相得益彰。听说这建筑是中国建筑学院的著名教授王澍先生设计的,我不禁在心里暗暗赞叹起他的厉害来。

很快就排到我了,领个票,进入了展区。因为这里有些展馆没开,所以我就进了唯一的一个馆——山水富阳馆。走进大门,我第一眼的感觉就是庞大,然后就是新奇。馆内设计既有古风,又有新科技,两者碰撞在一起,竟然没有违和感,反而让人感觉很是和谐自然,这让我更佩服王澍先生了。

馆内展出的是中国山水画。这正合我意,我喜欢山水画,我喜欢山水画的那种韵味、那种雅致、那种闲情,还喜欢画中的景色和作者画画时落笔触纸的感觉。

戴上讲解器,我便从故宫厅开始迎接艺术的洗礼了。故宫厅展出的都是珍藏在故宫博物院的艺术瑰宝,一件件价值连城。我盯着这几幅国宝级的作品,一幅幅地仔细品味,那从画里透出的沧桑不断地拨动着我的心弦。在不同时期、不同画家的笔下,我们祖国的大好河山是多么壮丽,我们富春山水是那么奇秀。透过那浓淡不一、充满层次感的墨迹,我仿佛看到了一个个画家形象,鲜活地出现在我的面前,他们正在尽情地挥毫泼墨,书写自己对富春山水的热爱!我全身的血液立刻沸腾起来,我为自己生活在富春江畔而感到无比自豪!

意犹未尽地走出故宫厅,顺着潺潺的流水声,我来到了一片相对开阔的区域——现代厅。那里展出的是现代画家的现代画作品。这里展出的现代画与古代山水画的古朴典雅不同,它大胆、狂放,有个性,甚至还有点让人看不懂。作画的方式也与传统山水画大不相同,有的是拼贴画,有的是用牙刷画画,有的是指画,还有的是国画和水彩的混合画……画技奇特,画风多变,十分有趣。

而在这些现代画中,我最喜欢的当属《风云涌动》这幅画了。在这幅画中,作者把阳光拼命想穿透云层露出星点的光的感觉表达得淋漓尽致,画中的乌云虽然黑压压的一大片,但却让人感觉不到一丝的压抑。从远处看,那云雾和风仿佛动了似的,特别传神,看画的人也能感受到这种激烈、汹涌澎湃的感觉!什么叫栩栩如生?这就是!

美妙的旅程总是短暂的,很快就到了闭馆时间。虽然心里很不舍,但我还是不得不离开了。

再见了,公望美术馆!我会永远记住你——盛开在富春江畔的这朵绚丽的小花儿!

钟书阁遨游书海

富春三小　六(3)班　徐乐薇

书是人类进步的阶梯,书中自有黄金屋,书中自有颜如玉……既然书那么宝贝,当然也得有个儒雅安静的藏宝阁来收藏。今天,我们有幸找到了这栋古典华丽的藏宝阁——钟书阁。

穿过人来人往、繁华热闹的商场,沿着闪亮而刺眼的阳光穿过长廊,眼前正是这家好似从天而降、古色古香的钟书阁。

推开那刻满名人名言的大门,我们走进一条静悄悄、静悄悄的时光隧道,现代化的大厅,却没有当今的吵闹,大厅里鸦雀无声,书架与座椅完美结合在一起,凡是有书的地方,总会有人静静坐在一旁,或是表情严肃,或是微笑翻阅,时不时"扑哧"发出阵阵笑声。但周围的一切都无法打扰到他们,因为,书中那双有魔力的手,早已将他们深深地、深深地陷入书中的世界,或是简朴醇厚,或是华丽起伏,或是甜蜜美好,或是单纯快乐……这种享受,怎能不让人流连?穿过一排排书架,拨开一篇篇美文,进入一个粉嫩可爱的小房间。

"哇——"这真的是个图书馆?一个个小火车形状的书架,排列在木质的铁轨上,蜿蜒起伏的轨道贯穿整个书屋,却没有多大行走的空间,只有我们这些天真烂漫的小孩,可以欢笑着,自由穿过轨道的空隙,扑入那些又纯又美的童话故事。角落里,还静静躺着一架旋转木马,彩色的颜料,小小的木马,鲜艳的色彩为我们编织一个个美好的梦。翻开一本童话书,书中仍然是王子与公主的幸福、机智聪明的小动物、勇敢智慧的小勇士……却怎么也看不腻。坐在小小的木马上,随着书中的小精灵,进入彼得·潘的魔法世界,永远不会长大,闪闪的童心,天真地躺在大人为我们编织的童话摇篮里,一遍遍,白雪公主与爱丽丝都是我们永远的梦。

再来到另一个房间,长长的楼梯靠在两旁,直达书架顶端,拿下一本心仪的书,一页页,泛黄的纸张,带给我们宁静,带给我们浓浓的满足。

一只小船带你进入书的海洋,静静地翻阅一本书,用心体会,才能感受到海底世界、珊瑚水藻、小鱼贝壳的绮丽。

披着羊皮的豹

实验小学鹳山校区　四(4)班　杜言哲

"霜背"是一头雪豹,因为他背上有一处白毛,像霜一样,所以得名霜背,他住在高高的雪山上。

一天,霜背追逐雪兔,和妈妈走散了,误打误撞之下,他来到了一个猎人的屋子。屋里空旷旷的，一点食物也没有。真倒霉，霜背想，于是他垂头丧气地向大门走去。突然，他踩到了一块冰。冰带着他滑呀滑，突然，他滚进了一个非常隐蔽的洞穴。"该死的，落入猎人的陷阱了！"霜背懊恼地说。他年纪虽小，相当于人类十五岁，但他对伤害动物的猎人，还是十分了解的。

霜背索性闭上了眼睛，等待着死神降临，半分钟过去了，一分钟过去，死神没有来。霜背闻到了一股香味，他睁开眼睛，哇，前面有一大堆肉，霜背看得两眼发光，准备扑上去。他刚碰到肉，一张羊皮从肉上掉落下来，盖在了他的头上，他又想起那些苦恼的事。羊，性格温顺，深受人们喜爱。豹呢，性格残暴，人人都骂。想到这里，霜背的气不打一处来，恨不得撕碎这张皮。但它转念一想：我为什么不做一只羊，一只受人喜爱的羊呢，这样我就可以讨人喜爱了。于是霜背穿上羊皮，忍住羊肉的诱惑，跳出洞穴，混到雪山北面大草原里的一群岩羊里去了，岩羊们也很喜欢这只"羊"。

有一天，一只老岩羊发现了霜背是只雪豹。于是他对大伙儿说："兄弟们，霜背是只雪豹，我们把他赶出去吧。"

"就算他是雪豹，他也会改过自新，要是他想杀我们，我们早就死了。"别的岩羊说。老岩羊说服不了他们，摇了摇头，叹了口气，沉默了。

对于霜背，这几天过得可苦了。他难以习惯羊群的生活，树叶青草咽不下去。他忍无可忍，终于有一天，他偷偷杀死了一只名叫紫妍的小羊羔，又在另一边挖了一个陷阱。第二天早晨，别的岩羊发现紫妍死了，霜背见此说："我知道，杀死紫妍的凶手在哪儿。请大家跟我去，一起来打败那个可恨的家伙。"

于是霜背带着岩羊群去陷阱那边，霜背在陷阱边绕个半圈再走。由于距离远，羊群没有紧跟霜背，他们看见霜背绕了个半圈，以为他身体不舒服，想活动活动筋骨。羊群没有傻傻地绕圈，直直地走了过去，结果都掉进了陷阱。霜背回过头说："我知道谁是凶手，你们想知道吗？那就是我，哈哈哈哈……"霜背小心翼翼地脱下岩羊皮，他还要用他去欺骗别的岩羊和山羊。晚上，霜背把岩羊吃得干干净净。

这次遭遇中，只有老岩羊没死，因为他知道，豹的本性是要吃羊的，所以，他早就做好准备，逃走了。

乡间小花海

实验小学虎山校区　五(6)班　郎　雨

我的老家在新登脊口。那是个依山傍水、鸟语花香的地方。在我眼里那儿最美的不是风来岭，不是波光粼粼的岩岭湖，不是万人称奇的九霄碧云洞，而是在夏天并不起眼的那一片乡间小花海。

每到夏天，烈日炎炎，如果要清凉，用不着空调，用不着电扇，你只需走到小花海边的小溪边，把脚伸进小溪里，瞬间觉得好像掉进了一个冰雪世界。你可别怀疑这儿的清凉度，夏天，溪水可凉了，溪边的大树可以遮阴，还有那些小花儿，在风中摇来摇去，仿佛它们在给你扇风呢!

那片小花海也是玩耍的好去处,那片花海原来是一块田,每当夏天,田里开满了小花,因为还有余肥,田里很多地方都布满了藤蔓,蔓条之间有着朵朵小花,小孩子踩上去,绝不会沉下去,踩在上面软软的,像浮在花海上。每次玩耍回来,身上都会有淡淡的清香。我们在那儿最喜欢玩的是捉迷藏,我们趴在地上,往身上撒许多花,成为一个花人,找的人就十分难找。若躲的人穿着迷彩服,找上一个下午也难说。我们还经常在花海里打游击,我们把各自的水弹枪上了膛,便开始玩,玩累了,便在花海里睡觉,花儿摇头晃脑,好像在说:"哥哥,你真厉害,在花香中睡觉,做个好梦……"

老家的这片小花海给了我许多童年的欢乐,我爱我的老家,我爱老家的这片小花海。

致郁文书

郁达夫中学 七(7)班 汪涵彧

达夫:

见信如晤。

秋日的早晨,我在校园内凝视着你的铜像。穿着贴身的中山装,头发也梳得很齐整。你笔直地站立在台上,极为雅正。这不由得令我想起第一次"遇见"你时的情景。

那是在几年前学校组织的一次观影活动。我只能隐约回忆起来一处细节:病弱苍白的你站在日本的街头,身边来来往往的行人不屑地也你一眼。"哼,支那人。"他们昂着高傲的头颅,冷笑着说道。你像只斗败的公鸡,沉默不语地快步走着,镜头切近,你的额头上甚至沁出了密密的汗珠,双手紧紧地攥成拳……

当年那个瘦弱病态的少年,在我心中挥之不去。一说起你的名字,脑中便浮现出在街头彷徨的你。你这样的形象一直存在于我读到《钓台题壁》一诗之前。

　　　　不是樽前爱惜身,佯狂难免假成真。

　　　　曾因酒醉鞭名马,生怕情多累美人。

　　　　幼数东南天作孽,鸡鸣风雨海扬尘。

　　　　悲歌痛哭终何补,义士纷纷说帝秦。

真是令人难以置信。这竟然是记忆中那个怯弱的少年写下的诗句。我曾认真地将这首诗誊抄在本子上,墨黑色的水笔在纸面上泅出朵朵小花。大片花海在葳蕤的草丛间怒放,芬芳四溢。我慢慢地,逐字逐句地读过去。短短的八句诗,却令人口齿生香,回味无穷。我坐在书桌前,朦胧间似乎看见你的身影。你在书桌的另一面,垂眸对我微笑着。我慢慢地伸出手想触摸你,你却忽地消失,一切仿佛都是我的幻觉。

这首诗算是一次契机。我开始走近你,走进那个动荡不安的时代。我开始了解那个时代的人物。鲁迅、冰心、郭沫若……他们都是你志同道合的好友。也曾疑惑,与你同时代有那么多杰出人物,我为何独独钟情于你呢? 直到在公交车上,看见下车处贴有你的一首自述诗："家在严陵滩下住，秦时风物晋山川。碧桃三月花如锦，来往春江有钓船。"我忽然了悟。或许是因为你同我一样，是在鹳山脚下、富春江边长大的。所以，你对我来说并不遥远。年幼时，你总被父母、老师挂在嘴边时时提起。每当谈起你，他们脸上无不是自豪骄傲的神情，飞扬的眉目在阳光照耀下熠熠生光。我总是不解，后来渐渐长大，我才明白，你是我们富阳的骄傲。我牢牢地记住老师郑重的话语，你是为国献身的。即使被胁迫做翻译，你也时时刻刻不忘祖国，暗中帮助，保护了大量文化界流亡难友、爱国侨领和当地居民。你曾说过："一个没有英雄的民族，是一个可悲的民族，而一个拥有英雄而不知道爱戴他拥护他的民族则更为可悲。"

可是，在闷热如一个巨大的沙丁鱼罐头的公交车上读到你的自述诗，我却不由得眼眶一热。在家乡的这几年，怕是你最为怀念、向往的时光。那几年没有战乱，没有逃亡。你虽家境窘迫，可是"两耳不闻窗外事，一心只读圣贤书"的岁月，却是无比快乐的。我能看到你捧着书，板着脸，一字一句，摇头晃脑地读着"之乎者也"。夕阳的余晖洒在你的侧脸上，它使你整个人看上去像镀金的神像般严肃神圣。数十年后，时过境迁，你就连尸首都不能安葬在故乡的土地上。的确，在异国他乡"倾城春色，终只是繁华过往"，我似乎能听到你痛苦的呻吟。

我捧着书在鹳山的幽径上散步。微微偏头，俯瞰这半城山色，一江水色。我再次庆幸我是一名富阳人。因此，我能够走你走过的路，看你看过的风景。夕阳洒在林间，万籁俱寂，我忽然听见少年的琅琅读书声："故今日之责任，不在他人，而全在我少年。少年智则国智，少年富则国富，少年强则国强，少年独立则国独立，少年自由则国自由，少年进步则国进步，少年胜于欧洲则国胜于欧洲，少年雄于地球则国雄于地球。"我急急地回眸，却看见一地金光，只有飒飒风声掠过，心中倍感失望。

无由会晤，不任区区向往之至。

花·石

郁达夫中学 九(15)班 徐瑾如

从记忆开始时，它便在这树下了。桃花开了又开，谢了又谢，它轻笑，在心里说，花总是要谢的，而它，却可以说长生不老了。它叹息桃花生命的短，亦叹息自己生命的长。

它是块石头，它的心，连它自己也没有感觉到。

它听过不少关于桃花的诗，那是多久之前，它也忘了，依稀记得一句诗——"人面桃花相映红"。

又一树花开了，花朵们坐在枝头，笑着告诉人们春的到来，只可惜不知道花自己也只能活一个春天。

它低下头看着自己身下的泥土，蓦然听到一个欢快的声音，是一朵花上的一片花瓣，笑着，温温和和，脸是桃花特有的颜色，它头一次发现身体中有一处地方，暖暖的。他见了上千朵花瓣也是头一次有这种感觉。

他也有心,再冷的石头,也可以有情。

与花瓣在一起的时候,他便不再是石头,他笑着,为花瓣念着他听过的诗句,讲他从鸟儿那听到的,来自远方的故事,心变得很柔软,不是石头,是一捧白色的棉花。花瓣的笑,是那句诗最好的注解。只是,落花之日,一天天来临。

花瓣问他,自己是不是注定飞落。他回答不是,泪在心中滚了滚,没有落下。他是石头啊,怎么可以流泪呢?

花瓣说,想落在他头顶,可他不同意,他宁可守着让自己心碎的距离,也要阻止花瓣的靠近。

可那一日终要来的。

花瓣落下,在空中起舞像天使,为生命最后一刻的独唱。花瓣落在石头的头顶,笑着说:"我碰到你了。"那是石头熟悉的笑,温温和和,和春天一样。石头也笑了,石缝中,却渗出一滴苦涩的泪。

春天又来了,树枝上的花,笑着谈论,却没了那熟悉的笑,今年的桃花不是去年的颜色。

花瓣们笑着让他讲故事,他不愿,他的故事只讲给那朵花瓣听。

终于开口:"有一个人,他不知爱是什么,有一天,他看见了窗口的一只蝴蝶……"蝴蝶飞过,他却记住了它的一生。

有花瓣问,为什么人会爱上一只蝴蝶,与一块石头爱上一片花瓣一样,不可思议。他不语,其实,把花瓣当成蝴蝶,是有原因的。一只蝴蝶的生命,应该比一片花瓣的一生,长上那么一点点,哪怕一秒,他也欣喜若狂。

是谁说的,情已入骨,爱已成痴。多少个日夜,可让他有感触的一切都与那片花瓣有关。

花瓣见他样子不对,停下了谈论,看石头闭着眼,样子痛苦。

石头的心,也会痛,你明白吗?

留点时间给自己

—————————— 永兴中学　八(9)班　白浩坤 ——————————

寒风。

未及腊月,屋内已是冷得叫人直打激灵。搓着已被冻僵的手指,提起洗净的毛笔,把玩般地在砚台内蘸上些许墨水,落笔,临摹着苏轼的《赤壁赋》。

"壬戌之秋,七月既望……清风徐来,水波不兴。"我停了停,端详比画着,最后才斟酌地在"兴"字的末笔补了回锋。恍惚间,我愣住了。灯光下,末尾八字露出透畅的墨色。我摸索着记忆的门闸,一阵阵美好的回忆如洪水般涌来……

小时候,又是小时候,我调皮地跟在外婆身后,走南走北地逛着杭州。适逢盛夏,乘着船,在西湖之上,游船之中,我坐在外婆边上,听外婆讲述着老掉牙的神话,还有那百听不厌的白娘子的故事。

"囡囡啊,那白素贞就是在这西湖边上碰见了那许仙的……"故事总是这样开始的:外婆手里拿着蒲扇,轻轻地赶走我身边的虫子,慢慢地一字一句地讲述着,而我,趴在船沿,看着湖水被小船一分为二,留下一道长长的波纹,还有那朵朵小浪花。我探下小手,在湖面上一碰,一点,一朵朵小花便在我的指间绽放。每每这时,外婆总抓着我的小脚,保护着我。

我的外婆是一个地地道道的乡村妇女,读的书并不多,每每因为几个不认识的字三番五次地来问我,但每当讲起神话故事来,总是讲也讲不完。就算讲了三天三夜,恐怕也不能概述,仿佛这种时候,她肚子里的学问一下子多起来了,谜语、童话一下子蹦了出来,带着一口地道的土话,却讲出别样的趣味,听着亲切,又恰好迎合着我喜欢听故事的嗜好。

蒲扇轻摇的时光,不错,其乐无穷;清风徐来,水波不兴,也不错,和谐又温柔,令人回忆。恐怕也只有回忆了。周末的课表排满,中间夹杂着两次匆忙吃饭的时间,合起不超过一小时。至于一家三口吃饭,也只有在周五晚上奢望了。桌旁是成堆的作业和课辅,匆忙吃饭间也还得牵挂着。至于真正留给自己的时间,似乎是少之又少。仿佛自己的时间只是一个抽象的概念,只是概念而已。

我有个表弟,刚上四年级。至于作业,每每提起,他总是夸大其词地说很多。但周五一过,便嚷嚷着到我家玩耍。那自由的时间,令人羡慕至极。也许吧,是该留点时间给自己了。

……

从恍惚中回过神来,面前还是原先的几字。我又一次蘸了一笔墨,望着临本,继续写着:"举酒属客,诵明月之诗,歌窈窕之章……"边写,边整合着自己的时间。

说的对,是该留点时间给自己了。

春 风 里

———————— 永兴中学　九(15)班　郭一诺 ————————

一

你应该是一场梦,我应该是一阵风。

——题记

一

我看着面前这个痛哭流涕的男人,很冷静地拍了拍他的肩:"好了好了,以后你可以一直保持这个状态,只要你愿意。"

对方快速地点点头:"愿意,真是太谢谢你了,不然,我根本不知道我该怎样活下去。"

对方叫淮青,是一个私家侦探,也是我的委托人。来找我的人,都只有一个目的——复活已经去世的重要的人。

我的这项能力发现于半年前。阳春三月的一天,我的女友,尧夏死于一场车祸。

那是一个绝望的春天,曾经一切暖色的回忆变成了冰凉的枷锁,我背负着手镣脚镣,在春风的凌迟下写下一切回忆,关于尧夏的。

奇迹是那时产生的,当我又完成一篇诗作时,尧夏"复活"了。并不是真正意义上的复活,只是回到了我的身边,我可以看着她,和她说话,与她牵手。当然,只有我。

开始我也怀疑过是不是我的神经出了问题,但看着如此真实的尧夏及稿纸上墨迹未干的《春风里》,我忽然有了一个更为大胆的猜想。

为了试验,我找了几个刚刚痛失挚爱的朋友,他们有的爱人早亡,有的父母仙逝,我设身处地地为他们写下了一首首诗,字里行间记下了那绵长的思念。当他们阅读完一首诗,那已经故去的亲人,也在他们的世界里,复活了。

从此,我开了一个春风诗社,为一切渴望回到从前的人服务。

淮青,就是其中一位。四十二岁的他,刚刚失去了自己挚爱的妻子。

二

春风诗社一直开办得很顺利,一封封感谢信比天价的委托费更让我感到快乐。

只是最近,出了一点问题。

一位叫梁璟的委托人告诉我,他的诗不灵了。

我研究了一下他的诗,没错,寄予了对母亲的怀念,怎么不灵了呢?

尧夏听说了这件事,也很疑惑地说:"不对啊,你写的诗一向都是成功的,怎么会……"

我百思不得其解,打算拜托淮青帮我调查一下这个人,虽然很麻烦,但他出于对我的感激,很爽快地答应了,只是几天来一直没有动静。

我渐渐淡忘了这件事,但尧夏却无法释怀。为了让她散心,我带她去公园散步。

"尧夏,你还记得吧,去年的这个时候,我们也在这里散步,一圈一圈,仿佛永远都不会有尽头。"

尧夏很安静地看着我,三月的桃花落在她的头发上,衣襟上。柔和的春风吹起她飘扬的头发,画面如梦如幻。

"我记得,但是不久……"尧夏显出很忧郁的神情。

我想安慰她,都不知从何说起。

"你知道吗,陈年,我'复活'后,一直很害怕,害怕自己是不存在的,害怕我会,离开你。"

"尧夏,"我用力摇她的肩,"你一直都在的,在我身边,在我的诗里,在我的心里。"

尧夏摇了摇头,转身走进了繁花深处,不见了。仿佛一切都回到了一年前,春风,又变得刺骨起来。

三

第二天早晨,我睁开眼,房间里站着一个小女孩,七八岁的样子。

"你是谁,为什么在我家里?"这话不是我问的,是她问的。

我一边想哪家的熊孩子没看好,一边抓起她的手,瞬间,一阵触电般的感觉从手上传来。我惨叫一声,蹲在地上,小女孩局促不安地看着我,想拉又不敢拉。

我很快意识到了什么,打了一个电话给一位爱看科幻小说的朋友,向他描述了突然出现在我家的小女孩,以及我拉她时触电一般的感觉。

对方沉吟了一下,说:"她是来自过去的人,你所形容的触电的感觉,是时空键崩裂所致。"

"什么?"我急了,"那怎样才能让她回去?"

"这个嘛……让她知道在现在的时空自己是谁就行了。"

搁下电话,我有一种心力交瘁的感觉,失灵的诗,消失的尧夏,来自过去的女孩,一切都那么混乱。

不管怎么样,先把女孩送回去再说。

"你要带我出去?好啊好啊,对了大哥哥,你叫什么名字?"

"陈年。"

小女孩高兴地拍起手来:"那我叫你阿年好了。"

阿年……

这天天气很好,街上人山人海,我看着一路车水马龙,心里忽然有种不安的感觉。

事实上,我这种感觉看似敏锐,实际上是某种后知后觉,因为在我愣神的工夫,一辆汽车冲向了女孩。

行人的尖叫,刺耳的刹车声,呆立在原地的女孩,一切都和一年前一样。

我冲过去,抱住女孩,触电般的感觉再次袭来,但这次,我抓住了。

"阿年……"女孩的哭声传来,我问她是不是哪里受伤了,她摇摇头,指了指我血流不止的手。

突然,手机里传来短信提示音,我开机一看,有些惆怅地对小女孩说,走吧。

春风拂面,落花满地,我和小女孩一前一后走在一路人间烟火的饭菜香里,想了很多。

我想起与尧夏第一次见面的春天,我靠在窗上,窗很低,但太阳是明亮的。

我想起那年的春游,婺源水汽氤氲,谁家的大黄狗静静地趴在地上晒太阳,牧童牵着牛从田埂上走过,青古板的拐角处走来一个散发着香味的姑娘,岁月静好。

我想起那年三月,铁轨的另一头,尧夏捧着嫩红的桃花,穿过春风,穿过红尘万丈,在夕阳下向我走来,说:"好久不见。"

夕阳渐渐下山了,世界染上了一种旧的颜色。我问小女孩要不要吃冰棍,她点点头,却只把冰棍拿在手中。

"怎么不吃呀?"

"不知道为什么,总觉得应该让阿年先吃。"

……

谢谢你,尧夏。

四

是的,叫我阿年的人,会为我受伤而哭泣的人,每次把冰棍第一个给我吃的人,只有一个,尧夏。

我从接到短信那一刻起,就意识到了。淮青帮我找到了,梁璟,是一个心理医生。

我的诗并不能真的使人复活,也不是什么精神分裂,应该说,是一种催眠术。所以,像心理医生这样的意志坚定的人,是无效的。

我不愿意承认,更不愿意让尧夏离开。但话说出口,就无法挽回了。

"咦,阿年你怎么知道我名字?"

"尧夏,你能原谅我吗?我没有救你,没有把你留下来……"

小女孩偏着头思考了一会儿,说:"虽然听不懂阿年在说什么,但不管你做什么,我都会原谅你的。"

"那么,再见啦,我会一直想你的。"尧夏笑得很灿烂,一蹦一跳,融进夕阳的余晖里,"我一直会在阿年身边的。"

我擦干了泪,对,尧夏没有离开,在我身边,在我的诗里,在我的心里,在落日的余晖里,在三月的春风里。

我回到家,点开了邮箱:淮青先生,非常抱歉,我对我的能力又有了一种认识……

五

淮青伸了个懒腰,对妻子笑笑:"你还是起这么早啊。"

"对啊,不过不能像从前一样,给你做早餐了。"

"没事。"淮青拿开电脑,有一封未读邮件,他看了看,直接删除。

他知道里面写的是什么,不过那个人不是说过吗?只要他想,他可以一直这样。

即使知道这不过是一场盛大的梦,我也愿意长眠不醒。

多年以后,老去的淮青永远闭上了眼,又看见那个春天,她一袭白裙,站在春风里。

"你愿意和我永远在一起吗?"

"我愿意。"

一鸟一树一童年

—————— 永兴中学 九(16)班 王媛媛 ——————

一

按理说我的宠物是一只猫,但它比我大了整整七岁——也就是说,它比我早了七年进的家门,那么称它为"我的宠物"就有点太不敬了。于是,我的"第一只宠物"就是一只小鸟。

爷爷在他的三轮车边捡到了它。那时它正在车边摇摇摆摆地迈着小碎步,抓在手里也不飞走,细看,翅膀断了一小截,捧它回家的路上,它既不逃脱也不挣扎,连叫也不叫一声。"真少见,一点野性也没有!"爷爷说。

随后，它就遭到了一切宠物鸟都逃不过的命运——关进鸟笼。依旧一言不发，它只是斜着头，围着鸟笼转了几圈，又"扑扑扑"地跳了几下。熟悉了新环境后，它又以一副事不关己的安然态度，慢悠悠地在笼里再次迈起了小碎步。也许它太年幼以至于懵懂，或者因为书里描写得太夸大其词，它全然没有想象中"拼命扑腾翅膀，撞击铁门想要挣脱牢笼"的形态。

左边的小盆里放水，右边的小盆里放食物，每晚清理一次笼子，这是家人固定的工作。时常会给它改善一下伙食，将大米改成小黄米，还要来点饭后甜点旺仔小馒头。小鸟最喜欢吃的是小馒头。每次看着它把小馒头一大口一大口"吞"光的兴奋样儿，我都忍不住给它加餐，奶奶拦着我："别把它撑坏了，少吃多滋味，吃多了不稀罕就糟啦！"

天天照旧，却也觉乏味。有时那只老猫散步到鸟笼旁边时，才总算有点儿"新鲜"。老猫吃惯了鱼，连老鼠也不抓，却对这鸟有了兴趣。它对着鸟不停地"喵喵"叫，鸟终于收起了那不符合年龄的"稳重"。当猫开始伸出爪子去挠笼子时，鸟头一回惊恐万分地乱撞。老猫也没想到这位朋友会这么激动，便越加兴奋起来。

奇怪的是，自始至终，这只鸟都没有发出叫声。

"也许是只哑巴……"我有点遗憾。

但养伤了这么久，它应该可以飞了吧？这么想着，有一日我把猫赶出了阳台，关上门窗，提起了鸟笼门，用几个小馒头将它引诱了出来。

再一次熟悉环境后，它跳动了几下，开始挥动翅膀，突然腾空而起，在家里低空飞了起来。

我惊呼着喊爷爷奶奶进来看。

紧接着，它发出了第一声鸟鸣。

"喳！啾啾啾！"

"这鸟有出息啦！"爷爷微笑着。

于是我们每天又多了一个新任务——放它出来散步。它一点点地长胖、长大，且脖子上多了一圈珍珠似的白点，羽毛上点缀的这不大不小的"项链"，让人看了很是欢喜。但是否是生病的标志呢？我上网查，查到了一种"名鸟"（它的学名过长以至于我早已忘记），几项特征核对下来，大致对应。那么是捡到宝啦！自此，它得到了家人的更多关注。

每日的散步仍在继续，但它的鸣叫一点点减少。大概它意识到了：所谓的"自由"，只是换了一个更大的鸟笼罢了。

失望却也无可奈何，直到那天，奶奶忘记了它的存在便打开了窗户。"哗啦啦……"本来闲逛着的鸟突然展开了翅膀，冲了出去。

关窗已是来不及了，但是，我与奶奶听到了来自于它最美妙的鸣叫。

它叫着，在空中盘旋、上升、下降、俯冲。鸟飞得愈来愈远，叫声也愈来愈轻，直至听不见了，我仍可以看到它变成远处的一个小黑点，与众多别无二致的小黑点混在一起。

最终看不见了。

奶奶满怀愧疚地安慰我，我笑着摆摆手："没事，我不难过，这样挺好！"

但我知道，她比我更伤心。两个月前，老猫去世了。我们哭着送走它，谁知接下来，这只小鸟也飞走了。

所幸的是,这不是结局。

几个星期后,奶奶激动地告诉我:"刚刚看见那只鸟了,它回来看我们了!"她说,当她在阳台洗衣服时,这鸟飞到了窗台上,迈着小碎步。奶奶打开窗子,小鸟又飞走了。"戴着白色项链,不会错!"

即使只有片刻停留,更可能是飞行时的巧合,但不管是有意还是无意,它终归给了家人一个答案,如孩童给父母的一句"我长大了"。即使是最后的目送,也会充满喜悦。

写下此文,算是纪念我的第一只宠物——这只沉默的、固执的、自由的、感恩的小鸟。

二

你的童年里,是否有一棵树?

至于我,仔细回想起来,那就是数根老藤,静静地蜿蜒在一个巨大的"田"字结构的屋檐下,守望着我的整个童年。

这屋檐位于外婆所住的小区,一个小小的食堂,食客并不多。这藤本应安安静静独自生长的,却偏偏被我们——一群六七岁的孩童们发现了。

那是一个暑假,太阳光照得水泥地面白花花一片,眼睛都几乎睁不开。唯一一个允许我们张眼凝视、嬉耍玩闹的角落,就是这片绿荫。准确地说,是浓彩重墨的"黑荫"。我至今也叫不出这藤的名字,但那如小孩手掌般大且密密集集的叶子,是不会忘的。说实话,这藤生得怪异而丑陋,像数根粗细不一的深棕色巨蟒一般,别扭地缠在那屋檐上,并笨拙地打了个死结。所幸,盛夏时节的藤叶足够绿,完全能抹去这份不和谐。

哥伦布在茫茫大海中发现了美洲,孩子们在烈焰骄阳下发现了凉宫。

孩子的眼中没有丑陋,只有新奇与好玩。而这扭曲的粗壮藤蔓,便是大自然最好的馈礼。是啊,这个没有规律的阶梯处处都是落脚点,我们可以轻易地向上爬去。一个同伴找到了一个由两根老藤组成的倾斜O形小洞,坐在上面不用担心掉下来,反而可以自在地靠在另一根老藤上,如坐在一个浑然天成的靠背椅上一般,异常舒适。另一个同伴则找到了一根下垂的U形枝条,坐在上面荡起了秋千。

微风拂动藤叶,更多的孩子向顶处攀爬。屋檐只有一层楼高,所以没人恐慌。越往高处树叶越加密集。剥开这层层绿叶和条条树枝(顶处藤蔓很细),我们从"田"字缝隙中探出身来,神气而得意,高高地站在了屋檐上。

路过的大人担心地叫我们:"快下来!快下来!"我们却如同占领了一个城堡般毫无顾忌地咧嘴大笑。这老藤稳稳地承载着我们这些欢快、无礼的小孩,不曾有一丝动摇。

一周七天,总有那么两三个下午是在这棵藤上度过的。到了寒假,厚厚的棉衣阻碍了我们的步伐,我们只得驻足于老藤之下,痴痴地望着顶端光秃秃的深色枝蔓,把苍白的天空割成一块又一块,它不动声色地看着我们飞奔而来又慢慢离开,一冬一夏,一夏一冬。

什么时候起,它的孩子慢慢长大,以整个小城的大街小巷代替了这小小的角落——终于,它无论怎样伸展双臂,也守望不到我们的笑语,以及它熟悉的童年了。

嗯,童年一直存在,但不是它所"熟悉的"。它新迎接到的童年是粗鲁的——食堂有一天悄悄地关门歇业了,有人买下了这一整片土地,办了一个幼儿园。而这老藤的形象实在不好——它便被砍倒了。

它不在那儿了。

几年后,我再次来到这里,忽然有点儿恍惚:这片土地是那么小,静静地卧在外婆家小区的一隅——那么它是怎么容纳得下那张"靠背椅",那个"秋千",那个"城堡"的呢?

很多事是荒唐的——如那位决定砍倒这株藤的老板一样,荒唐却真实。同时我也意识到,我看不到这株藤,但它还在,它的根深深地蜿蜒于土壤深处,不曾有一丝动摇。当我重新踏向这片"老藤"时,我能看到它苏醒睁开的眼睛。

它对我说:"嘿,我守望了你们这么久,终于回来了!"

致大世界那个小小的你
——我最爱的猫咪

永兴中学 七(12)班 陈乐怡

2016 年 10 月 20 日,你走了,你就这么无声无息地离开了我的世界。我不知道你去了哪里,也不知道你是否吃得饱,更不知道你是否还活着。但你就这么不辞而别,就像人间蒸发了一样,只有门口那屈指可数的猫粮提醒着我们,你曾来到这个世界上……

一

刚见到你的时候你似乎过得不好,你还是个小猫咪,稀疏的猫毛夹着跳蚤。当时的你还不熟悉我们,毕竟刚离开妈妈的孩子都是这样的吧。你害怕地战战兢兢,我妈妈想抱抱你,你却不领情猛向她扑去,用你那锋利的爪子抓伤了她。当时她气急败坏得差点把你送回去。你知道吗?当时不是我苦苦哀求,可能就没有和你这么一段美好的回忆了。总之你留下了,尝到了平生第一次洗澡,第一次吃猫粮,也是第一次被人小心翼翼地抱在怀里,那时你的表情我现在还记得,懒洋洋地闭着眼睛,舒服地窝在我的脚上,还"不知廉耻"地打起了呼噜,你的身体暖暖的,温暖中给我带来了说不尽的幸福。现在如果知道有一天会离别,我多么想一直把你抱在我的怀里,永远不要离开。

二

在我们的呵护下你渐渐地成长。

那是你最可爱、最会破坏、最调皮的时候,我们家客厅再大也不够你玩,妈妈把你放在了顶楼平台上,那里有花花草草,小鸟蓝天。我们这一幢楼只有你一只猫咪,虽然你只能自己玩,但你依然乐此不疲,天知道你在玩什么!一眨眼,你我已经是知己知彼,每当你到别人家阳台去淘气时,只要我叫一声"喵咪",你就会马上回来,"喵咪喵咪"叫得实在是大众化。你是我独一无二的"喵咪",必须要有个名字:咪咪!"咪咪"这名字好,虽然土气,但是你有名字了!你是一只有名字的猫!是我永远的猫了!这样就不会有陌生人叫"猫咪猫咪"地把你骗走,你现在真正是我的了!(请你原谅我这么大的占有欲,我是多么怕失去你呀!)

三

我生气了,生你的气。

我好心地帮你挠痒,你却毫无感激地来抓了我的手,在我手上留下了属于你的三道印记,我知道你可能是想和我玩玩,但当时我咬牙切齿恨不得把你给扔下楼去。我知道你怕水,因此接了一大桶水浇在你身上,然后疯狂地追赶着,踢着。那时天冷,你被逼到墙角里瑟瑟发抖,带些惊恐的眼神眼巴巴地看着我,湿淋淋的毛水一滴滴地滴在地上,似乎也冲凉了我这颗冲动的心。这时的我似乎有点像刚打了孩子的母亲,看到孩子被打的地方却比谁都心痛的心情,见你那小可怜样,我的心都碎了,后悔自己的被愤怒引起的冲动。咪咪,对不起!我随手抓起一块毛巾,温柔地擦干你的身体,轻轻把你抱在怀里,你在我的怀里发抖,你知道我也是多么着急呀!我心里后悔地一个劲地说着对不起,对不起,急切用自己的体温温暖着你。还好,等你的毛干了后,淘气的你又开始活蹦乱跳,似乎忘记刚刚发生的一切。我记得有人说过:你打你的宠物几千次几万次,但它只会记住你对它好的那一次。

四

不是每一次都是这样平静地过来的。

在那么高的楼顶,可能你在疯狂捉鸟的时候,可能你在自娱自乐玩耍的时候,可能你看到了楼下哪只漂亮的母猫后,就一不小心从七楼掉了下去。当我来找你玩的时候,发现你不在了,怎么呼唤你都不回来。我的心如同被火烤着一般,一个劲地叫:"咪咪,咪咪……"直到在楼下的草丛中传来了你的声音,我兴奋地一口气地跑了下去,边臭骂边抚摸:"你这只臭猫,你知道我多么多么担心你吗?怎么就没摔死你呀,让你以后玩,以后玩……"你别怪我骂你,你知道吗?人类有一句话叫"打是亲,骂是爱",我爱你之所以骂你。人们都说。猫有九条命,不错,你确实有九条命。

……

五

我和你还有许许多多好玩的事情,有悲伤,也有快乐,但你却不见了,当我从学校回来,准备把数学测试满分的消息跟你分享的时候,你却不见了。我急切地到处寻找你,就是不见你的一点回应。我当时安慰自己,你马上会回来的,会回来的,只是到别人家去贪玩了,左顾右盼,一直到了第二天,你还是没有回来,不会的,不会的,你还有八条命。你不会有事情的。你快回来呀,我心里在呐喊,心中不住地祈求:上帝呀,帮帮我吧,让我的猫咪回来吧。

一天,二天,三天,……一个星期过去了,你还是没有回来。你知道吗?这几天我不知道楼上楼下跑了多少次,不知道哭了多少次,我的心只想着你,你怎么就突然不见了呢？昨天还活泼乱跳地在我的面前,今天你就不在了？你不在了,这个消息一下子向我的脑袋砸了过来,让我喘不过气来,是啊,一个星期过去了,你还是没有回来,是不小心从楼上摔下去死了,还是你厌烦了这个家离家出走了呢……

尾声

代替那些曾未说出口的话……

咪咪,你不在的日子里,我是多么伤心难熬,没你喵喵的叫声和你那暖暖的肚子,我好想你。请你原谅我以前对你的打骂,请你原谅……你知道吗？老师曾经让我们写出生命中你最爱的三个人或事物,我写了爸爸妈妈和你。可你却不辞而别。如今我不知道你是死是活,希望你还是活着,贪玩跟着其他的猫走南闯北去了,我不奢望你能够回来。在外面,只求你吃得饱。马上冬天了,愿你找到一个让你温暖,还可以像我一样抱着你的家……

春天背后

郁达夫中学 九(15)班 陈之晗

在这个春天雨后的小园,照样繁花似锦,一如那艳丽明媚的春色。无数花枝深深浅浅的粉黛,铺就春天狭长的背影。

我在雨后的中午出门踏青。因为潮湿的空气不会夹带着花粉,我便不会因春日漫游却不得不戴着口罩而在人群中显得突兀。而这样雨后的小园,即使是春天,也并无太多游人 ——谁也不愿见到遍地落花。

这样的春日安静了许多,一旁人行道上空寂一片,少了人声,花枝也静寞不少,天地间只听见花树上雨珠"啪嗒"一声落进泥土。

我忽然看到一片鲜艳的红。并非春天缺乏色彩,事实上周遭盛开着无数夺目的花朵,只是披着雨披,沉重得发不出声儿。我见到了不同于其他的红色,我走过去看那花树。激滟的花怒放在粗糙的枝头,那是鲜亮欲滴的颜色,仿佛女子唇上的朱丹。我不能理解地注视着那繁花,千万层致密的复蕊层层拨掀,斜挂着细碎的雨珠,如此绰约撩人;而那枝干有如朽木顽石,在雨里显出尘垢,盘虬坚硬似骨,不知如何能培育鲜花的生命。我忽然发现枝干上挂着一块小木牌。那上面写着:"碧桃"。

我猛地一惊,看到它的名字,我才发现它与我如此熟悉。是的,它是春天的花儿。我望着它灼艳的花朵,它不再是桃花;我望着它粗鄙的躯干,它并不是松柏。我怀着凄凉的心望着她妖治绚烂地开在人们的春天,可她拥有的只是花——它没有果实。

当我们见到花的颓败、凋零,唯一能聊以自慰的是花开能孕育果实,于是春天就是秋天的序曲,为着喜悦与收获而存在的花,终于有了开放的理由,然而不能结出果实的花又究竟为何开得如火如荼呢？碧桃的生命本不需要鲜花,正像她那坚硬的、固执的茎干。然而就在那磐石深处,依然要生出花来,并且开得热情而尊贵——即使自己的存在在出现之前就已被完全否定。谁又不知道"碧桃三月花如锦"的时节,如同烟云、如同一转即逝的黄花。

忽然间我的眼泪泉涌而出,天边的阴云正在退散,天际斜斜地落下一片阳光,我听到有陌生的脚步从小路另一端走近。可是我蹲在碧桃边上泣不成声。我想毫不知情的游人将看到一个女孩蹲在花树下抹泪,会看到枝上花朵正开得烂漫,在这个湿漉漉的春日,他们会疑惑地走开。不会有人想到春天背后的宿命,人间的悲伤,因这碧桃在繁花的三月开着不为人知的繁花而被永远埋葬。

没有人追求毫无意义的存在。没有科学认同的,没有物质回报的,即便是开花,即使是花开得多明艳夺目,也没有任何价值。——就是那样无意义的花开,在春天背后,向我骄傲地笑着,任何一朵都是。然后永远消失,化为尘土。

在这春天雨后的小园,照样繁花似锦,一如那娇冶而明媚的春色。无数花枝深深浅浅的粉黛,铺就春天狭长的身影,踩踏红泥一路走去,不顾身后花落成河。

所　思

────────── 富春三中　八(11)班　谢承杰 ──────────

"沙沙沙……",宁静的午睡课上响起了阵阵轻微而又美妙的声音。是什么呢?扭头一看,哦!原来是老天受不住炎热,下了些雨来降降温。呵,你看,这雨儿可真调皮,一会儿细如牛毛,一会儿又大如黄豆……

雨后,我们来到操场上,才上课没多久,天空又下起雨了,"沙沙沙……",下在草皮上,下在菜田里,下在树林中,使绿色变得更翠、更诱人,仿佛是一个刚刚哭泣完的小精灵,让人忍不住轻抚疼爱一番。

"嗒嗒嗒……",随着雨点慢慢地变大,天空也变得朦胧一片,但又有一种说不清的美丽,不禁让人驻足痴望。

"滴答滴答……",雨慢慢停了,但是在树上、屋檐上,还是有水滴落下来,有如珍珠般剔透,落在草丛里,落在地板上,更落在水潭中,泛起圈圈涟漪。涟漪?在我的心中,不也曾存在过涟漪吗?呵,是她,那身影,虽然早已忘记,仿佛与她如路人般走过,但她教会我的,却让我终生难忘。是什么?是精神。面对困难永不屈服、顽强拼搏的那种精神。

一滴,两滴,嗯?什么时候雨又开始下了,我忍不住抬头,让雨滴在我的脸上。清凉,涤荡尽内心一切的忧虑与烦恼,这清凉仿佛能消尽世界一切的怒火。随即,又变得温柔,好像母亲在抚摸着我的脸庞,那是母爱的柔情,让人忘掉一切失落与烦闷。

渐渐地夜幕降临,还是那么一望无际的漆黑,因为雨的缘故,使月亮泛起乡愁,回家去了。虽然没了她,但城市中的灯火辉煌,依旧让这个世界充满色彩。

雨还在下,人还在思,心却一片明净。

乡·土

———————————————— 永兴中学　八(1)班　陈梓铷 ————————————————

> 在繁华喧嚣的城市里,最令我魂牵梦萦的不是昂贵的哈根达斯,不是诱人的甜品,只是那如同"回眸一笑百媚生"的美人一样的,淡淡的泥土芬芳。
>
> ——题记

乡土乡土,有土才有乡。土俗土俗,有土,却不俗……

我只有一半的富阳血统,却早已将自己的根扎在了富阳的土地上,从此与富阳血乳交融……

老房子——永远的回忆

我的富阳老家很偏僻——早几年的 GPS 找都找不到,却承载了我最早的记忆。

那时老家的新房子还没有造,只是打了个地基。当时家里的经济一度陷入了困境——当时爸妈手头只有不到十万块钱,卖了旧房子,又东拼西凑才还清了新房的首付,哪里还有钱去造那么大一幢房子呀?!——这些自然是我以后才慢慢知道的,那时的我还完全就是个不识愁滋味的小毛孩:自顾自地在村子里乱跑,和村子里的狗打了不知道几架;把别人家的鸭子追得到处乱跑,还理直气壮地和鸭子的主人顶嘴;甚至在大人们满脸阴云地预算开支时,像小猴子一样趴在他们身上,把之前采来的用茅草束在一起的野花插在其中一个的耳后。

当然,印象最深的还是那次和妹妹还有外公外婆住在老房子里的经历。老房子只有两层,地板很薄,踩起来咚咚咚地响。墙都是用黄泥糊的,外面的白漆和这幢房子一样,老了,手指戳一下就能剥落好大一块。吃饭用的桌子在当时只要五块钱,里面已经快要被蛀空了,灰白的霉斑使其看起来更像一个异形僵尸——打上一棒就能散架。饭菜很简单——腌菜汤、水蒸蛋,再配上一小碗刚从地里撷来的蔬菜,装在缺了几个角的搪瓷大碗里,还有在柴灶里烧的米饭和锅巴,那么的清新脱俗。外公外婆慈祥的笑容使腌菜汤泡饭都有了些阳光的味道,就连向来娇生惯养的妹妹也忽略掉了设施的简陋。

晚上睡觉前,妹妹想上厕所,老房子用的是极其古老的木桶,半满了,就倒在地里。妹妹死活不肯用,捂着肚子在屋子里像兔子一样跳来跳去。

第二天早上我和妹妹发现昨晚没刷牙,高举着牙具吵着要刷牙。村子里还没通自来水,生活用水都来自地头那一条不足半米宽的小水渠。我和妹妹乐颠颠地跑到渠边开始接水。一边很没良心地踩蚂蚁,一边漱口。妹妹突然大叫一声——杯子里有一条小到微乎其微的半透明的鱼在局促不安地游动。叫声吓得一群早起的麻雀扑棱扑棱地直窜云霄。那云白得耀眼,白得遥远,白得永远,就像我的记忆……

老房子——永远的伤痛

记不起来是去年还是前年了,为了响应"三改一拆",政府决定拆除土坯房。

这是我在报纸上读到的,大致内容就是如此。那份报纸——最廉价的纸麻木不仁地展示了在我看来最刺目的字眼。"反正有补贴的……"也忘记是谁对我说的了,顿时感觉鼻子一酸——钱有什么用,既换不来浓浓的树荫,也换不来随处闲逛的猫猫狗狗(老房子拆了之后就造了很高很高的围墙)。动手的那个周末,尽管是百般地不情愿,还是去了老家。一辆黄色的大型推土机停在院内——其他没有任何工具。大人们大声争吵着关于那棵枇杷树的问题——它挡住了推土机的路。我一脸吃惊但看了负责人一眼:不会就这么一点设备吧?!他用眼神回答我:"不就幢破房子么?没必要!"我默然。

下午便开工了。妹妹说,枇杷树的树冠被锯了一半……妹妹还说老房子里的家具都被劈成了木柴……我不让她继续说了,我不想听。我缓缓地到三楼的书房里去了。我坐在古筝前面,想弹,却迟迟无法抬手。稳定住情绪后,我想弹《丰收锣鼓》让自己活跃起来,一下手却又变成了无限伤感的《妆台秋思》。弹就弹吧,外面突然传来一声巨响,随即就是一阵尘土飞扬——都飞到三楼来了——这些土已经很老很老很老了呀——哪儿还能经得起这么一番折腾!

出其意料的迅速!泥土已被随后叫来的压土机压实。妈妈小时候披着军大衣读英语;舅舅小时候做错事被外公从家里打到村头;我和妹妹牙杯里的小鱼……这一切混合着泥土芬芳的记忆亦被深埋地下。

悲哉!

老房子——永远的戒律

自然的,永远是最好的。

有时候,我认为自己很"土俗":没手机、没微信、不会打网游、不会用手机点外卖;穿衣服从来没有穿出过传说中的"韩范儿";不认识一切韩国明星……经常会出现这样的情况。

"你有微信吗?我加你吧。"

"好遥远的事情啊!"

"你王者玩得怎么样了?"

"啥玩意儿?"

"姐,我饿了,点个外卖吧!"

"不会。"

"哎,你这样穿很奇怪哎!应该……"

"有的穿已经很不错了。"

"你觉得那个谁谁谁帅不帅啊?"

"不认识哎……"

其实,我也想过要像他们一样。但每每当我想这么做时,老房子总会完好无损地出现在我的思维中,甩也甩不掉。

或许,这便是我的底线——拒绝一切在别人眼中很潮流但在我第一印象中不可理喻的事物,诸如:追星、扮酷……

或许,携带着乡土气息的事物才是我最好的选择。没有土俗,哪来新潮。光鲜的事物见多了,谁都会视觉疲劳,谁都会希望返璞归真。

或许，这不叫土俗，叫本真——像人类诞生之初做的那样，像我扎根之地本来的样子一样，像老房子一样。

……

这便是生我养我的土地教我的。

乡间那股渗透力极强的泥土气息，有着劳动人民的汗水，有着农村学生的梦想，有着无穷无尽的故事。她只会随着历史的变迁，越发清丽脱俗……

愿无岁月可回头

永兴中学　八(4)班　俞姝含

让我再看你一遍，
从南到北，
像是被五环路蒙住的双眼。
请你再讲一遍，
关于那天，
抱着盒子的姑娘和擦汗的男人。

——安和桥

一、从南到北

继去西塘之后，我背上相机又去了同里。同是水乡小镇，同样微渺而明亮。

你知道有一种归属感，贴合灵魂，胎儿般迷恋和渴望。

一本手贴、一个背包、一台相机，踏上青石板路。

满是来旅游的人，大多背着黑色蓝色的旅行包。跟着举着不同颜色旗子的导游，几个姑娘推搡笑骂着挤进了旅馆，听见木楼梯摇曳的声音，内心溢满了莫名的错失感。

沿着路，就往前走，没有目的地。两岸之间碧澄的水面上树影婆娑，来来往往都是搭载着旅人的乌篷船，天色渐暗的时候，两旁的老树衬映着灯笼越发明媚耀眼，夕阳的余晖与红灯笼交相辉映，一抹缱绻的余光攀上船头。

陆陆续续，两旁的小餐馆里挤满了人，炊烟窜上云际，旅人的脸上满是疲惫后的安心。一只灰猫蜷缩在青灰色的墙角里，用肉鼓鼓的爪子洗脸，仿佛恋人的甜蜜、孩童的天真、尘世间的纷繁，全然与它无关。我说当只猫也没什么不好，镜头便锁定在这一刻了。它慵懒的目光望向我，兴致完全不被影响，这里的空气都令人安心，宛如记忆中那株清白的栀子花。

街角的咖啡店里折射出流转的目光，昏黄的灯光下坐着小憩的人们，我拍下沿途经过的每一家咖啡店，想着店名的由来，想着店主可能也会有一个刻骨铭心的故事，或许在等一个人，比如那家叫"候来"的咖啡店。

不过吧台上的那只灰猫实在可爱，转首还是进了"猫的天空之城"，那只猫比我那天见到的更小些,软趴趴地躺着,逗弄它它也不会生气,温顺得能把人融化。

木质的书架上密密麻麻的都是书和明信片,它们相互依偎,指尖划过粗糙的表面,仿佛记忆的长河里有什么在被慢慢唤醒,作为一个有选择恐惧症的人,自然是不挑了,索性坐下翻开木桌上那本厚厚的留言册,饶有兴致,里面一个姑娘对着喜欢的男生大胆喊话,不禁轻笑。或许冥冥之中那个男孩恰好来了这,恰好进了这家店,恰好翻开这本留言册,又恰好翻到了这一页,即便这种概率低得如同你一觉醒来发现自己穿越了,也固执地相信。

一个人做梦,一个人闯荡,一个人颠沛流离却笑得狂妄。

二、安生

突然想起玛格丽特·杜拉斯说的话:"我遇见你,我记得你。这座城市天生就适合恋爱,你天生就适合我的灵魂。"

就像这个不起眼的水乡小镇,能什么事也不做就这样安安静静地坐一个下午都觉得太难得。你曾来过这里吗?你迷恋过这里的风吗?你迷恋过这里的雨吗?你迷恋过这里的一切吗?不置可否,想念客栈下那个露天餐馆中搭着青白相间棚子的阿婆,总是佝偻着背笑得慈爱;想念那只墙角里的灰猫,不知它现在是否依然无忧无虑;想念那里的风和雨,那里的一切,它们是泥泞土壤里深深扎根的藤须,攀附在跳动的心脏上,炽热而渴望。

幻想过某年某月的某一天,自己不过是这儿一家咖啡店的老板,每天早上夹着一堆好看的明信片和书迎着晨曦走来,晚上踏着青石板路背着月光回去,每天与来来往往的行人打交道,捧着喜欢的书和视若生命的文字,那是做梦都可以笑醒的日子吧。

可是我知道我不能,时间的纽带上还刻着我的名字,我还有青春的岁月要拼搏,脚步还没有停下,路还在远方,不能太早地栖息。

三、写作幻想期

曾把喜欢的文字都抄在泛黄的纸页上,小心翼翼地剪下,抚平页脚的褶皱,贴在书桌前的落地玻璃窗上,每天看着它们傻笑。

毕业后的第一个盛夏,第一次无可救药,第一次刻画梦想。

在稚嫩的青春岁月里,不论大小,总该有个梦想,或许会因为各种各样不可预料的事动摇,但有梦想才会有目标,有目标才会去奋斗,有奋斗才会实现,然后梦想就真的成了现实。

还好从未放弃过最初的梦想,就算风浪再大,也要守护好它。

即便动摇过,即便一次次地问自己:"你想要的,你想拥有的,你真正渴望的,你想要去实现的究竟是什么?"但最终还是将心中那点微薄的希冀寄托于写作。喜欢那种似有似无的存在感,喜欢高山、流水、阳光、铁路、云朵、马路、车流、晨曦、日暮,甚至一片落叶,它们都是时光机里潜藏着无限秘密的生机,所以想去追逐,去触碰内心深处的渴望。

深受洗礼,有着半夜里披头散发在电脑前啃香肠的怪癖,当然这不是一个好习惯,在改在改,业余爱好之一啦。

不过最喜欢的自然是走遍每一个城市,穿过大街小巷、车水马龙,和行色匆匆的人擦肩而过,在繁忙的城市中活在自己的小世界里,听不同的人讲不同的故事,真也好假也罢,随心走。

以上便是我的写作幻想期。

四、你说他

不例外,作为一个青春期的少女,自然难逃这关。

曾经写过关于他的很多文章,最持之以恒的莫过于每见他一次便要写篇日记怀念怀念吧。

一个优秀到距离我好像很遥远的人,就好像他突然闯进我的世界,我却连他的世界的入口都找不到,但他明亮的眼睛和温熙的笑脸总是近在咫尺,关于他的每一个记忆都像是浸在药水里的底片渐渐显影,甚至连当时钟表走动的嘀嗒声都能轻易想起。

他点亮我全世界的灯火,在温和的岁月里曾几相逢,我想他活在我的故事里,但我知道他也有他的梦想不能束缚,生活无常,岁月无情,在往后的日子里我只能学会重视和珍藏每一次难得的相遇,努力做到优秀,直到和他并肩。

他是我童年记忆里薄荷味的少年,带着独属于他的味道活在我整个年少轻狂的岁月里。

五、关于青春

没有太多念想,我的青春暂且围绕着奋斗、发呆、做梦,从持续几星期的阴雨天里滋生出一叶小舟,不安地躺在逼仄又沉闷的空间里,嗅着泥土特有的芬芳,阿嚏。

仍记得落地窗上画画的那一段——或许生命就是注定了失去,你注定要在成长的道路上经历痛苦,慢慢独行,甚至要抛弃你最心爱的东西。但这一切并不意味着纯粹的徒劳。一切尽在转变,他们都会慢慢变好。这也许,就是生活在安慰你的重大牺牲。

所以你要长大。

时间啊时间

———————— 郁达夫中学 八(1)班 颜欣童 ————————

时间,只是一个概念。

有时,混混沌沌,时间就过去了,跑了。或许你很厌烦,它总要向你挤,但过了的,就是过了,你死皮赖脸地恳请它回来,它也不会理你。

有时,时间就像一个朋友,唯一一个见证你一生的朋友——或许你自己都无法做到。但是,忠诚的时间做到了,做得很完善,不留一丁点儿情面。它可能是海绵中的水。但说真的,除非你再沾一次水,再重过一次青春,水会越挤越少,以至没有。但你如果总是闲着,闲着,海水会慢慢地腐蚀,腐蚀掉这块海绵。你将会,将会成为时间的傀儡。这一切的一切,这位朋友,不,是这块海绵想要慢慢教会你的。

但谁说它一直都会是朋友?就如《歌剧院的幽灵》里的 O.G. 所说:"他会是一个好朋友,也会是一个死对头。"时间又何尝不是呢?它在某些时候偏要与你对着干——尽管你认为你无罪。当你在刷微博、翻朋友圈、做你喜欢的事情时,它逃得特别快,不是吗?它就喜欢趁你不注意时逃,逃得远远的。但当你在上你讨厌的课、做你讨厌的作业时,它故意逃得慢点,以此来看你的愁眉苦脸。这似乎不可否认,它就喜欢逆着你的心思和你给它制定的"规矩"。它是独立的,又是不独立的,你似乎很难去掌控它。

你现在几岁了?

你能确定地告诉我这个具体数字,但你能否回想起到现在为止,你干了什么,做了什么。

貌似不能,我确定我不能。

那么,是不是忧人忧己地过完余下的半辈子或七八十年?我不确定。但有时,我真的觉得在图书馆里静静地待上一个下午,总比在嘈杂的商场里漫无目的地闲游好;在晴朗的夜晚倚在窗口看星星,总比在电脑上寻永远也打不完的游戏好。当然,这只是我的观点。我不奢求所谓的"岁月静好",也不在乎去不去云南西藏,更不爱那些无目的的、无所事事的生活,我只是希望我能在我所拥有的时间里做我想做的事,让美好的年华不白白度过——这无罪吧!

没有人是圣贤。

是饭菜终究会凉去,是河流终究会流去,是人终究会老去,但愿我能记住,你也能记住,人生只有一次,世界上不存在奈何桥与孟婆汤,现在所拥有的每一秒,都是珍贵的。

正如我下笔的这一秒,化作墨迹,永铭人心。

那 片 天 空

郁达夫中学　八(4)班　陆寒彬

我是一只鹰,一只雏鹰。

也许我是一只鹰吧?至少从外表上看。

可是我与我的兄弟姐妹很不一样。

我很弱小。

它们的羽毛是张开的,蓬松的,像一件大斗篷,它们的翅膀也是锋利的,像一把刀,它们的眼睛是坚毅的,目光所及,横扫一切。

但我却不一样,净水中的我是狼狈的,目光那么的无神,懦弱,而又无能。我闭上眼,假意喝了口水,再睁眼时,水波正一圈一圈地散开,将我的面相抖得支离破碎。看不见自己此刻的不堪,没有东西在看着我此时的动作,正要松口气时,我感受到了一束说不清含义的目光在看着我——温柔、严厉、失望、期盼……说不清,道不明,只是那目光那么复杂,像是把两种极端的东西撕碎,揉皱,又不小心地拼凑起来。我疑惑地回头,沿着目光望去，峥嵘枯木上站着的那是一只强壮又不缺魅力的鹰，那是我的母亲，我最敬爱的母亲。

我是母亲这一窝中最迟出生的鹰，弱小到只能依偎着母亲才能存活。我打不过别人，也不敢去挑衅别人。我吃同胞吃剩下的残食，睡别人不需要的角巢。母亲从没真正看过我一眼，我只能待在阴暗的角落中，静静地看着母亲对那些优秀的儿女展开温柔的笑容，我乞求过渴望过，可我却无法做到。是啊！这样堕落的我，还是一只鹰吗？母亲怕也是厌极我了吧！

我悄悄移开我那比火还热烈的目光，看向别处。

世界给了我一张问卷，我却不能为其添上答案，似乎只能交一张白卷。

又是一天，阳光明媚，天空晴朗，我正享受着和风的轻抚，却在突然间腾空而起，本能地想挣扎，却在闻到那个熟悉的味道之后放弃了。地面离我越来越远，高空的风是那样的烈，吹起将军的红披风，吹起那胜利的号角声。地上的一切似乎都朦胧了，我贪恋着此刻，不仅为那醉人的风景……

脚底熟悉的触感告诉我地面到了，待眩晕过去，我昂起头，太阳下，它的一切都是那样的耀眼，果然没错，确定是母亲。

"跳下去。"

"嗯?"我茫然。

"跳下去。"冰冷而又强大的声音。

我踮起脚向前走了几步，伸长了脖子。望着那个我将要进入的"洞"，说"洞"也不合适，这可是悬崖啊！苍劲有力的峭石，一块一块地搭建起来的，经历了千百年风与雨的锤炼，被紧密地压在了一起，几棵形状古怪的松树插在岩缝之间，那冰冷昏暗的色板上，才出现了点点生机。底下，我合了眼，这不是我想的……腿有点软，在颤抖着，我坚持着，却最终只能倒在粗糙冰冷的岩石上。高处的空气有些稀薄，我喘着气，低下了头……

"不成器。"一阵空气流动的声音，我惊恐地回头，它逆光而上，劈开空气，走了。

望向远方，我有些哀伤，我想证明自己，却惊恐那悬崖正下的高空，我无能为力，让您失望，这样的我，您是不是要舍弃? 要不，还是这样吗? 我终究赶不上您……

不，不可以就这样放弃! 我想起这些天的改变，我想起您那个微笑，我还想要再证明自己一次，再被您认同一次，如同那天，我第一次叫嚷，从姐姐手中夺回我的食物，我想看看那些惊异的眼神，我想再次让您的脸上留下认同我的痕迹。

我从地上爬起来，迈开瘦小的腿，颤颤巍巍地向前方移动，阳光在我眼中荡漾开去，高空的空气似乎还是太少了一点，我的呼吸能感受到，在我左胸下，异常急促却又铿锵有力的心跳，它好像就在我耳边，一声一声地响起来。天地间，我在那一瞬忘却了所有，唯有那跳动的声音似鲛人泪溶成的烛，长久不灭。

悬崖在我眼边，我俯视着大地的一切，尽管不清晰，却让我更加难安，真的好高啊！

"鹰啊，我们就是鹰，我们盘旋于天地之间，我们与彩云为伴，我们守护着天空，瞰视一切，不惧风雨，不畏不难……"

我们是鹰，不惧风雨，不畏不难。幼时您说的话还历历在耳，我深深吐出一口气，坚定地摔了下去。

失重的感觉并不美好,风很大,从我耳边刮过,震耳欲聋,与一棵劲松擦肩而过,忽想起那时的幻想,将军挂着红披风,身边是苍茫的戈壁,风扬起尘土,却掩不了那一身的傲气。号角声响起,那是铿锵有力的胜利的声音,那刺眼的光芒,是那光辉下银甲的气魄,撼动心腑。

……

我不知道,我是怎么学会飞的。也许,那就是天性,我只知道,那曾是我幻想的场景,现在已成了现实,挥动着双翅,我冲破空气的约束,向着蓝天或是更远的地方飞去。余光间,我发现了您的身影,我等这一刻等得太久了。

生活并不难,安于现状,你也可以活下去。难在打破常规超越自己去挑战无限的不可能,去挖掘自己不一样的闪光点,或许,那很简单,只要你肯去做。

我在蓝天中翱翔,我在那不可能与可能的交界处等着你。

异 国

郁达夫中学　九(2)班　史嘉丽

寒风瑟瑟。法国梧桐的大黄叶子漫天飞舞,被风吹打得沙沙响。街上暗无一人,黄沙似的微粒弥漫在空气中,世界笼罩在烟云下。

一队日本士兵举着枪支从街角转出来,仔细地巡逻着。途经一家酒馆,他们走了进去。小酒馆里点着一盏昏暗的煤油灯,恍恍惚惚的几个人影,映照在白白的墙壁上。另一间屋子里摆放着几大缸酒,整个屋子都弥漫着醇厚的酒香。他们挑了一张小桌子坐下,其中一人转过身来,挥挥手:

"老板,给我们来点酒和菜!"

"好的。"

木柜子前,站着一个身着灰色长马褂的老板,架着一副眼镜,全身都透露着一种文人的气息。他拿着两只大碗,走进另一个屋子,把一只碗放在凳子上,另一只手拿起大木勺深入酒缸,舀起一勺倒入碗中,倒满后,再拿起另一只碗,重复相同的动作。于是,他又把两只碗端了出去,又拿了几只碗去倒酒。厨房里,烧菜的人已经装好了菜,一手一碗,笑盈盈地走出来,给他们一一上了,还说着"请你们慢用"。但是老板却一言不发,做完事后,又回到木柜子前,拿起笔,在一本账上记着什么。

夜幕降临,士兵的吵闹声消失了,酒馆又恢复了安静,木柜子那时不时传来清脆的拨动算盘的声音。又是平静的一天。

次日,老板早早地起了床。一天清静的开始却被打破。"咚咚咚——咚咚咚——"木门发出一串串仓促的敲击声。老板打开门,一个人闯了进来。那人气喘吁吁,脸也被风吹得通红。"老板,让我躲一下,外面有兵在追我!"他边说边环顾着屋子,寻找藏身处。老板愣了愣,半天才反应过来。"好的,躲到酒缸后面去吧。"于是,老板又关上门,并且放了一张凳子抵着门。

不过几分钟，仓促的敲门声再次响起，门外一片吵闹：

"给我开门！"

他又打开门，外面站了几个怒气冲冲的士兵。

"将军们那么早就来喝酒了？但是小店还在准备一天的酒食蔬菜，将军们要喝就麻烦去别处吧。"他说道。"谁要喝酒，问你，有没有看见个人从这里跑过？"一个带头的士兵问道。

老板思考了一下："小店刚刚开门，见路上清冷，时候还早，也不会有什么生意，便把门关上了。但也没见到什么人走过。敢问将军在找什么人吗？"

"哦，是在巡逻的时候，一个人鬼鬼祟祟的，而且看见我们就跑，没看见就算了，那往别处跑去了。"说罢，他们便去别处寻了。

老板又重新关上门，走进屋子里，对那人说："走了，可以出来了。"于是，那人小心翼翼地从酒缸后钻出来。他们在一张桌子前坐下。老板侧过头，问道："你为什么会被那些人追？""哎，是我太大意了。"他用拳头捶了两下桌子，"我是中国人，在南街那儿做点小生意。刚刚去了一个报亭买报纸，看到有关中国的消息，毕竟中国现在的样子也让人担忧，可是那些兵刚好走过来。要知道，现在这个时候看一点中国的消息就要被人调查身份。我就是太心慌了，怕被发现就逃了，谁知道他们就追来了……"

老板听罢，也说道："我理解你的心情，而且我也同你一样，身在异国心在乡。现在做什么事都要小心谨慎，而且看到一点风吹草动就想办法告知国人是很危险的。我前些天听来这儿喝酒的士兵们说了一些情报，已经悄悄通电给国人了。"

"嗯，是的。要是我听到了什么也来告诉你，你去通电报。"

老板又说道："以后你有空可以多来这，我有时候也可以跟你商量一下这些事情。现在监管得那么严密，也不可能回国，可在这里就要寄人篱下。而一些重要的情报我们还是要悄悄传送，一心只为国家，也不可能被日本人发现就招出一切，做他们的走狗。"

那人都答应了，又说了些话后就回去了。老板取出一台机器，手指飞快地敲打着按键，上面写道：前些天给你们的情报属实，今日我又结识一位中国人士，可互相掩护，打探情报。——郁文

曾经的小院

———————————— 郁达夫中学　七(3)班　吴　桐 ————————————

一个孤寂而破旧的小院，建立在外婆家的门前，显得那么凄凉：几棵小草孤零零地长在菜园里，水池里淌着一摊发绿的水。老猫本想溜达一下，却刻意远离那个小院。可这里，也是我曾经的回忆。

这是一个安静的小院。老猫总趴在石桌上熟睡，发出微弱且均匀的呼吸声。一只小甲虫飞扑到它的身上，它只是转了个身就又入睡了。小院南边有一小片菜园，蟋蟀缓慢地潜伏在菜地中，也没发出一点声响，遇到了另一只蟋蟀，也只是打了一声招呼，便很

快回到了宁静。养在水池里的包头鱼瞪着一双大眼睛,尾巴在轻轻摆动着。

夜晚降临了,小院却甚是热闹。一家人坐在小院中,嗑着瓜子聊着天。几只毛茸茸的小狗趴在家人的脚边,卖萌似的看着他们。树上的蝉叫了一天却还不累,到了晚上继续喊,但带了些许的嘶哑感。菜园里的蟋蟀也兴奋起来了,"蛐蛐"地叫了起来,不甘示弱。老猫也不迷糊了,眼珠子直直地盯着那池子里的鱼,悄悄地走了过去,正要扑上去抢食时,却听家人一声喝骂,赶忙逃走了。那鱼也浮出了水面吐着一个个小泡泡,见猫过来了就惊慌失措地沉到水底。

每当春天来临之时,小院内万物复苏,却还有几种动物没在冬眠中醒来,另外几种动物却活蹦乱跳的。几只小狗调皮地玩弄老猫,你打一下,我叫一声,硬是把老猫的睡意都吓没了。青菜、萝卜争先恐后地开着花,还有各种野草,白的、黄的、紫的,各种各样的颜色应有尽有。大人们都出去上班了,把我们扔在了家里,小院也变成了我们玩耍的场地。你瞧一下,我看一下,仿佛整个世界都充满着新奇。跑到菜园去,挖挖花生、摘摘番茄,可淘气了。看着青如翡翠的番茄,咬上一口,立刻会酸得叫起来。

转眼,冬天到了。小院被白雪覆盖了。一切变得白白的、静静的。小狗们静静地躺在屋檐下,许多花草都枯萎了。只留下一根枯杆子。池中的鱼被老猫叼去了一颗眼珠子,怕是活不长了。但在下雪天可以打雪仗、堆雪人呀。一个个小雪团,打到伙伴们的身上,发出"啪"的一声。小院虽然是冷的,但是心却是暖暖的。等到了春天,万物又要慢慢复苏,一片生机。

可到了现在,外婆家改建了。小院被破坏得只剩下一具"空壳"了,而且也恢复不到往日的热闹,甚是想念。

画 中 仙

永兴中学　八(10)班　胡则睿

墨分五彩,阴阳衍万物。中国画便从这世间演化出现。这是她作为师父开口告诉我的第一句话。

我不知道她是谁,她似乎也没兴趣告诉我,但从她一身素色直领对襟服饰推测——她来自画。我叫她美人师父。

我第一次走进这间画室时,她坐在老师的画板上,正数着在座的人数。人不多,只有十一个,把小小的画室占去一大半位置,她伸着纤细的手指,一遍一遍地数,每数一遍,眉间的失望就加深一分。我记得那时候她脸色苍白,身影已经很淡很淡,几乎与斑驳的墙壁融为一体,推门进去的时候,我分明看见她几乎透明的身躯又浓了些许,脸色也有所缓和。她转向我,脸上虽然仍是淡淡的,可我觉得她笑了。她示意我坐到她边上。为了不让别人怀疑我的精神问题,我没有跟她讲话,简单地跟大家打了招呼,走到前面坐下。

我直勾勾地盯着朝我走过来的素衣女子,盘算着应该找道士收了她还是找和尚带回庙里去供着。在老师慢悠悠的声调里她慢悠悠地飘过来,同样慢悠悠地开口,声音是意料之中的好听:"你看得见我就是我徒弟了,以后跟我学,保证比跟着这老头好。"她开口就是一串流利的现代语,倒惊了我一跳,默默收起度娘翻译,有点心虚地看了老师一眼。不知是不是心理作用,我好像看到老师恶狠狠瞪了美人师父一眼。

也不管我愿不愿意,她直接坐在我面前的桌上,自顾自讲起来:"我国素有书画同源之说,有人认为伏羲画卦、仓颉造字,是为书画之先河,但为师告诉你,国画真正的创始人,是大自然。你看啊,墨色是所有世间色彩混合的产物,白则是所有色光叠加后的结果。黑与白涵容了大千世界的所有色彩。与黑白相比,任何一色都是单色,而黑白之间所包容的却是全部的色彩,哪像那些幅洋画,浓墨重彩还那么死板。像我们国画,讲究一个'意'字,寥寥几笔,形象跃然纸上……"我有点惊讶:"国画还有那么多门道。"美人师父神色庄重地点点头:"丫头,你要学的还多着呢。听好了,所谓画分三科,实际上分的是人与宇宙的关系:人物所表现的是人类社会中人与人的关系;山水所表现的是人与自然的关系,将人与自然融为一体;花鸟则是表现大自然的各种生命,与人和谐相处。三者之合构成了宇宙的整体,相得益彰……"讲到这里,她闭上双眼,脸上是我从没见过的温柔和满足。我偷偷拿出铅笔,很快地把她画下来。

回到家,我开始对着那张素描涂涂改改。突然想起靳尚谊说的一句话:"中国人对于洋画的喜爱超过国画。"

第二学期开始了,紧张繁忙的高中生活让我倍感压力,无穷无尽的作业和补习班让我忙得焦头烂额,天天像是在打仗。我去上国画的时间越来越少,期中考前后我更是整整六次没去上课,再见到美人师父,已是一个半月之后。

她的身体比我初见她时淡了不止一倍,脸色更是惨白得吓人,没有像往常一样坐在老师的画板上,她虚弱地靠在老师的靠背椅上,我甚至有了一种错觉,仿佛风一吹,她就会被带走……我赶紧打断自己的胡思乱想,在心里喊她:"美人师父,我来了。"她抬起眼睑看了我一眼,没好气地张了张嘴,但我只听见很轻很轻的一句:"舍得回来了?"算算时间,我有点惭愧:"美人师父对不起,最近很忙很忙,作业很多。"上课的时候,我发现原本就不多的人又少了几个。教室里空荡荡的。这节课,美人师父让我跟着老师画,她说,好好画,别走神了。然而我全程心神不宁,说真的,美人师父现在的样子让我特别慌。下课前老师说:"我要出门一趟,下周你们照常去对面那幢楼306室上课,会有一个女老师继续教……"顿了顿,他又开口补充道:"这学期学费不用交了……你们要认真学啊……"最后七个字淹没在欢呼中,我却在老师含笑的眼眸里发现一丝疲惫——一种极度的疲惫。这让我更不安。

下课了,老师单独叫住我,他看了美人师父一眼,幽幽地叹了口气。他给我一把钥匙:"这是画室的钥匙。"老师离开的身影伛偻得像个年迈的老头,昔日高大的背影变得如此瘦小,路灯把他的影子拉得无限悠长。他最终消失在路口的转角。他说,要我好好听美人师父的话,用心画国画。

我听见美人师父微弱的声音,她要我进去。

我吸吸鼻子,转身看见她冲着我展颜,手里拿着我刚才随手勾画的轮廓,宣纸上美人师父坐在桌上,轻闭着双眼,满脸温柔。"画得不错!"我听见她说。她的身体开始变淡,"答应我,"她认真地看着我,"不要放弃国画。"我用力地点头,泪眼中美人师父不见了,她闭了双眼,一脸满足……

……

很多年以后,我成了一名国画老师,一周有四批学生,每一批都把宽敞的教室坐得满满的,每次当我在画板上示范的时候,似乎都能看见,美人师父坐在画板上,笑得一脸满足。

秋　感

永兴中学　八(12)班　倪相楠

昨晚,又是一夜的小雨。听着"滴答"雨声和瑟瑟秋风的我孤卧在床,心中难免感叹,而窗外的萧索也不免在我脑海里一一出现了。

早晨,打开门,果真是如此:灰蒙蒙的天空下,本就是残损的山峦经一夜的秋雨,更显死寂了。飞鸟声,没了;几处晚桂,落了。远处的山影也被薄雾给吞噬。剩下的,只有孤零零的几根树枝与水草在湍急的溪流中显得是如此彷徨、无助与渺小。人类呢? 在历史的长河里,不会也是如此吧? 我不禁出了神。

已知是深秋了,略有些寒意的秋风将我从神游中拉了回来。我便进了屋,拿外衣披上,下了楼。下楼出门后,一个人静静地走在溪岸上,应是昨晚那场雨吧,溪岸上憔悴的黄花一处又一处地堆积,空气中也仅残留着似有似无的花香。或许没多久,也要散了吧。我弯下腰,拾起几片残花,捧在手心。想着前日还看它静立枝头,嗅其清香,而今日却只能任其飘零、消散! 莫道不消魂! 罢,世上哪有不老的容颜,哪有不落的花? 既如此,那还不如令它随溪水东去,岸边的青山也尚能为其送行。我想着,便将手中的残花撒在这流水中。见浑浊的激流猛得将其吞噬,连挣扎都成了奢望。恍惚间,我似是看到了无数生灵在时间长河里的无数次崩灭。不复焉!

我呆呆地望着,半晌才回过神来,沿着溪岸继续走着。晚秋的风吹着,不时吹落几滴细雨,我抬头望天——应是又要下雨了吧。回去吗? 算了,还是继续吧,好久没有一个人独自享受这份寂静与这片天地了。天地? 呵,不知这天地自行的多少年间,有没有一个"它"独自看着这片天地? 看花开花落,看叶绿叶黄,看世间一切的建立与崩塌,看那些崩塌的事物尚被人们记住但终究依是忘却,看茫茫红尘中无休止的消散与灰飞——或许只有那个"它"才是永恒的吧? 那既如此,我们为什定要争出个"所以然"呢? 人,一生处事,争的太多,为虚假、罪恶的也不少,可又有什么用呢? 正如阮籍所说:"时无英雄,使竖子成名。"没有什么永恒——或许除了那个"它"——有的只是为终要成为虚无而奔波的人们!

那么,若真有那个"它",而"它"也是我们所追求的,那"它"又是什么呢? 或者说我们或我为人一生,为的究竟是什么? 是金钱、权利、亲情或其他? 我迷茫了。任由雨点模糊了我的镜片与视线……

水无语东流,任漫天秋雨飘飞,任满山黄叶凋零。或许有一天,这溪流也会枯涸,也会消失，但它似乎已并不在意，在意的只是"只要还在这世界上，就应遵循本心——好好地流向大海"。我也应会如此吧，我想到，哪怕我身后关于我的一切万事皆空，甚至我还在时就已被流言缠身，但如果我做的一切都已无愧于本心、初心，那又何必太在意他人的态度与评价呢？而人最可悲的事不是有虚假，而是认为虚假就是真正的自己。为那些虚假而"奋斗"一生，到头来，空留一声长叹……

我不求我能留下或者让人记住些什么，我只求在我人生最后的时刻，面对我一生所有的行为，都能问心无愧。

这就够了……

不觉间，我已来到了江边。见江水滚滚东去，见两岸落木萧萧而下。虽是深秋，但我已不觉秋。恍惚间，我仿佛看到浑浊的天边被破开一缕光，虽不亮，但对于我已够了……

陪伴是最长情的告白

郁达夫中学　八(4)班　俞　凡

秋风扫落叶。

风卷着枯叶在这个世界四处飞扬。它吹飞了小学生的帽子，吹起了人们的衣角。这风，好像有一种要把世界吹乱的劲头。

我坐在窗前，用手托着腮，漫无目的地浏览着大千世界。

突然，一阵狂风从窗缝里溜进来，吹得书桌上的一叠试卷散落一地。回过神，苦笑。望着这满屋的试卷，我内心不知是开心还是难过。但是，不知从哪里来的勇气，我竟不过去捡拾它。依旧坐在座位上，双手抱着膝，呆呆地望着窗外。

"吱戈——"一声，我的房门被人打开了，哦——是她——我的妈妈。

她手里捧着一盆水果。当她看到我的房间一片狼藉时，微怔。然后又马上将水果端到我的面前，用湿淋淋的手指着水果说："你快吃，可新鲜了！"我没有回答。依旧空洞地望着窗外。

她蹲下身去，在油腻的围裙上擦干手，一张一张，将我的试卷一张一张地拾起，仔细地叠放在一起。此刻，静得只能听见一张张试卷叠在一起的沙沙声。还有，我苦笑时，眼泪砰然砸地的声音。

一声熟悉的话语打破沉寂，"女儿，"妈妈说，"我们今天去爬山吧？好久没去了。"她的语气似恳求，更像哀求，叫我如何拒绝？"好吧。"我动了动嘴角，妈妈喜上眉梢："好，那我去准备准备。"说完，她如仓鼠般逃出了我的房间。

下午很快就到了。我坐上车，妈妈坐在我的身旁。

一路，无言。

来到山脚，望着高高的山，不知是故意，还是真的忘了，我忘了等妈妈，便踏上了山间小路。我好像在发泄这几天的怨恨，一鼓作气登上了山峰。我在山顶大口喘着粗气。

不知是秋风太过凉爽,还是怎么的,我想起了很多。那儿,是我小时候经常和妈妈坐的座位;那儿,是我让妈妈给我买玩具的地方;那儿……还有那儿……

我心里五味杂陈。

恍惚间,妈妈来到了我的身边,自然地搭上我的肩膀。阳光在那么一瞬间来到了我的身边,我的嘴角也不禁扯出一缕暖阳,心中的一块坚冰正在融化。

我将头一倒,仿佛用了跨越一个世纪的力量,靠在了妈妈的怀里。那一瞬间,泪水模糊了世界。

世界上总有那么一个人,不管前路坎坷亦是道路平坦,不管悠闲散步还是匆忙赶路,那个人总会执着地将你的手放在掌心,一起走下去。

恍惚回首才明白,陪伴是最长情的告白,总有那么一个人,陪你把沿路的心酸活出了答案,未来多漫长,再漫长,还有期待,陪伴你,一直到这故事给说完。

背 影

郁达夫中学　八(11)班　郑余婷

记忆中,总有个苍老的背影。

他时而抱着一个孩子满脸宠溺,时而牵着一个孩子满脸笑意地漫步在黄昏下,那个孩子最喜欢问他一些所不理解的事及一些以前的旧事,他耐心祥和地一一回答,孩子最享受的时刻,无疑是此刻。

孩子是同一个人,只是不同时间罢了。

时光总是在流逝的,你抓也抓不住,可那个背影那个人,从不受这时间的约束。

坐在窗前,享受着夜晚的宁静。手捧一册书,如行万里路。难得有这样清静的时刻,若不好好享用一把,岂不是浪费了这天赐良时?

我遨游在汪洋的书海中,大风吸引了我的注意力。文章中提到的爷爷,让我那零碎的记忆在一点一滴地拼凑着。

莫言的爷爷,是一位技艺精湛、性格温和、意志坚定的老农民。他是乡村生活的专家。他对天气、季节、庄稼、生长等知识了如指掌,已经超过了大多数人。这样的一位爷爷,何尝不像是我那远在老家却令我百般思念的爷爷呢?

爷爷总是孤身一人。他总是嚷嚷着,有了我这个宝贝,也有了盼头和希望。依稀还记得小的时候,回爷爷家,总是不见爷爷的身影,若是换成平常的孩子,怕是要揪着父母的衣裳,哭着喊爷爷了。而我,早已习以为常,眼眸一转,便知爷爷定是在那稻田里忙农活。农活是他这一生难以抛弃的东西,爷爷总是说,农作物和他是一体的,他像是为农活而生的。

那时的我,自觉地蹲在一旁,目不转睛地盯着爷爷干这干那的。偶尔还会问出一些关于我脑海里难以理解的蹩脚问题,总是有点问了萝卜不见底的意思。爷爷每每听了脸上笑意更深了,而后又很慈祥地回答我这个那个的问题,不厌其烦。许是有这样的乐趣,才不觉得无聊,长时间地蹲着倒也没什么大不了的了。等天似乎有点黑了,爷爷就牵着我的手,迎着晚霞走,大步小步,大步小步,一步一步,深深浅浅,欢声笑语。

许多年了,这个习惯依旧没有忘也没有变过。

可是有一天,我突然发现我快及爷爷下颚了,爷爷总是喜欢用他布满老茧的手摸我的头笑着告诉我说:"爷爷老了,已经使劲往下缩了,哪能和你们年轻人比了。"老了吗?我不禁抬头看着爷爷,双眼紧紧地盯着他。爷爷往常如墨般的黑发,好像被下了魔咒,染上不少的银丝。久经岁月的双手捧在我的手中,眉皱得更深了,手掌中央老茧满布,却瘦骨嶙峋。我鼻子一酸:"爷爷不会老的,爷爷会陪我到永远的。""傻孩子。"爷爷笑着看着我,将我抱进怀里。"爷爷,那是什么?"我指着路边一株并不知名的一朵花。"哦,那是狼鸡头。""狼鸡头?什么是狼鸡头?可以吃吗?怎么只有这么一株?""可以吃啊,味道很好吃的。"爷爷抬起了头朝我笑着,爷爷的声音如春风拂过耳旁,竟是这样的舒服,我是多么留恋啊!

还是爷爷的背影,现在的爷爷弓着背,干不了农活了。

那现在就换我牵着爷爷的手,朝着太阳升起的地方走去。我还是会和以前一样问爷爷旧事农事路途风景的不解。爷爷的脑子里装着许多神奇而又吸引人的故事,对于我来说,这才是人生中最值得留念、最温暖的时候了。

再美的风景都不及回家的那条路。还有记忆中那个苍老的背影……

橘 子 先 生
——金色的深秋里我要用树叶给你写信
郁达夫中学　九(8)班　吴　悦

嗨,橘子先生
你在这里啊
你洁白的花瓣
像撑起的白色遮阳伞
嫩黄的花蕊里好像流动着花蜜
你包裹在花蜜中的笑容变得香甜
把我融化在暖暖的阳光中
埋没在浓郁得流动着的绿叶中
那是我所见过你最青涩的模样

嗨,橘子先生
你在这里啊
你金黄粗糙的皮

在深秋的阳光下闪耀

微风携橘香路过我们

你的花瓣在我脚边泛黄

你只撑起干枯的树叶伞

深邃的眼神在遥望

遮起脸上一道道深刻的皱纹

那是我所见过你最苍老的模样

哦，橘子先生

你洁白的花瓣呢

被金色的秋风带走了吗

你金黄的花蜜呢

被馋嘴的蜜蜂偷吃了吗

那些写满我们的故事的树叶呢

被泥土遮盖住了吗

你在绣着橘香的秋风中离去

我失去了一首最美丽的诗

当落叶在我脑海里翩翩起舞

请允许我思念你

在这个秋天

那一天，我与西湖相遇

—————— 郁达夫中学　九(9)班　孙语涵 ——————

与西湖相遇，正是杭州的西湖，但又与杭州的"西湖"不同。

我喜欢叫它西子湖，因为，它正如那故事中的西子一般娇美动人。

记得，我们相遇是在梦中。若是杭州的西子湖，定是挨肩擦背，各色旅游团在西湖边观光，可那梦中的西子湖周围只有寥寥几个人。于水边，偶有诗人赏景，画者写生。我沿着岸走着，西子湖畔的垂柳如倾泻而下的翠绿瀑布般，围绕在湖畔。柳条间，几只鹂正在嬉戏欢鸣，好一派和谐之景。微风拂过，水面漾起涟漪，大片的荷花荷叶也随风轻摇。不由驻足观望那高洁的荷花，我便想起周敦颐的《爱莲说》中的一句："出淤泥而不染，濯清涟而不妖，中通外直，不蔓不枝，香远益清，亭亭净植。"荷叶深处，有叶小舟缓缓荡在其中，轻轻地拨开一层层的花和叶，荡悠悠地到了岸边。

此时正是早晨。远处的山上那雾还没有散尽，山峦叠翠，莽莽苍苍，雾霭好像给它们披上一层薄薄的轻纱，又如那皑皑白雪。真是"无山不飞云，无云不绕山"。又恍若一位娇羞的女子用轻纱丝帕掩面，在晨光之下更显妩媚，半山腰上的塔也是若隐若现的。增添了许多神秘的美感。

顿时，响起一阵琴音，抚琴人的指尖轻盈地滑过琴弦，拨弄着，弹出轻巧而柔和的乐韵，款款乐声如涓涓溪流般流泻而下。此时的我，触景生情，心底的情愫也油然而生。此情此景，真是避开了世俗凡尘的喧嚣和纷扰，使人感觉置身于仙境。

曲毕，余音萦绕于耳畔。

那，是真正的西子湖，本应如仙境，如画卷，如乐章的地方。可，现实中却如此嘈杂，不堪。

梦醒时分，一切都恍如昨日，回忆梦中点滴，有些朦胧，但又异常清晰，或许是因为与我原本所认识的西湖不同吧！我忽然想起了近日来的新闻，说西湖又是客流量最多的景点。我想，人们到底是去赏美景的，还是去数那大片大片的人呢？我仰面，闭目。现在的西湖净是人群，而与我梦中那如诗如画的西子湖截然不同。曾经，我在小说上看到过有写西子湖的片段，亦是绝美无比。原来，不止我一个人这样想：西子湖已不是"西子湖"，可它依旧是原来的"它"。或许听上去矛盾，可事实确是如此。现如今，各色景点的开发，都逐渐让西湖失去了本真的美。

美，是梦境之中让人如痴如醉的景，亦是心灵的享受。它不浮于表面，而是孕育于内在中。

我们难道不该返璞归真，真真正正去追求探寻些本真的东西吗？外表的美不是长久的，而灵魂深处的美所带给人们的震撼是永恒的。文化、历史遗存、文物、手艺、国粹，就算是仿古建筑，我们也要体现它的真善美才对，不是吗？

那一天，那一夜，那一梦，与你相遇，便是唯美的邂逅。

2017 年
郁达夫少年文学院活动
优秀作文

达夫永在我心

东洲中小　五(2)班　周俊芳

　　翻开富阳的历史画卷,许多历史名人一一展现在我们面前。随着时间的流逝,有的已经模糊,有的却清晰地闪现在眼前,特别是著名文学家、诗人——郁达夫先生。

　　他的事迹深深地打动着我的心。郁达夫是我们富阳的名人,不仅仅在于他在文学方面有着很深的造诣,更在于他那强烈的爱国情操,为了捍卫祖国的尊严,被日本人残忍地暗杀。1952 年 12 月,中央人民政府追认郁达夫为革命烈士,并于 1983 年 6 月补发革命烈士证书。作为一个富阳人,我怎能不为家乡有这样的名人而骄傲呢?

　　"清明时节雨纷纷,路上行人欲断魂。"清明节是人们祭奠祖先、缅怀先烈的传统节日。今天,我们郁达夫少年文学院的同学们齐聚一堂,来缅怀郁达夫。

　　首先由苏老师介绍郁达夫。苏老师说,郁达夫知识渊博,跟他平时的刻苦学习是分不开的。每天天还没亮,他就早早地起床,脸不洗、早饭不吃,一头栽进书本里,直到中午才恋恋不舍放下笔离开书本去洗脸、刷牙、吃饭,事情一切妥当后,又开始了他唯一的"工作"——学习。他就靠着自己的毅力,日复一日,年复一年,功夫不负有心人,他编成了《她是一个弱女子》《沉沦》……

　　郁达夫对待学习能够如此地自觉,如此地认真,如此地执着。想到这,自己感到万分的惭愧。比起郁达夫,自己是那么的渺小。平时任性、贪玩,非得在爸爸、妈妈的百般"逼迫"下才肯拿起书本,敷衍了事,更谈不上刻苦努力。我的这种学习态度跟郁达夫相比,唉……想着,想着,我真想地上有个裂缝能让自己钻进去。"不!"古人云:"朝闻道,夕死足矣。"何况我还这么小,有的是时间,有的是机会。我应该挺直腰杆,学好知识,掌握好本领,让自己变成一个强大的人。

　　最让我记忆犹新的是那一个镜头:当我们纪念完郁达夫和郁曼陀后,来到了一棵魁梧而沧桑的大香樟树下。苏老师和几位带队老师说,在这儿来写诗,来记录对本次活动的感想。同学们拥上前领取笔和纸,开始进入自己的世界,启动头脑风暴。

　　我瞧着那棵香樟树,又转头望见了那富春江,猛地想起今天的活动,不一会儿就写下来一首诗:

近瞧乌樟凄凄苍,
远望碧江粼粼光。
今日来思达夫念,
别日有索曼陀恋。

　　当我再誊写一遍的时候,老师说,时间到!我停下笔,看着上台朗读的同学们,听着他们写的诗歌,感觉自己和他们相比,简直是萤火之光与日月争辉啊!所以一直到结束也没有上去发言。我觉得写得最好的是我们的院长——刘恺萱,她在短短的时间里,竟然写下了四首诗词,语言优美,令人赞叹。

　　假如郁达夫爷爷此刻就站在我面前,我有好多话想对他说:"爷爷,您不会白白地牺牲,有您这样的明灯,不但富阳的少年儿童会为您骄傲,全中国的少年儿童都会为您自豪。我们会以您为榜样，做一个从小有志气的人。为家乡、为祖国争光。爷爷，您放心，我们祖国的明天会更灿烂。"

清明祭英烈，缅怀郁达夫
——记少年文学院开幕式

实验小学虎山校区　五(5)班　杨宇睿

太阳热情地放着光，可我们不甘示弱，刚吃完饭，就热火朝天地布置起文学院的开幕仪式来。

"我们文学院一定要继承郁达夫的文学精神与革命精神……"苏老师激情澎湃地说。我的幻想大脑大展拳脚，我仿佛坐着时光机，穿越到那个战火纷飞的年代；遇见风华正茂的郁达夫；看见心狠手辣的日本宪兵；眼前浮现出那长长的刺刀穿过郁达夫的胸膛……复仇的怒火在我心中熊熊燃烧，我一定要用实力证明中国人不是好惹的！我愤愤不平地想。

我们踏入郁达夫故居，一双双眼睛左顾右盼，好奇地打量着古色古香的木质建筑和旁边的"植物群"。我的目光落在角落处不动了，原来我发现了孩童时郁达夫坠入过的古井，翠花还救过郁达夫一命呢！进入正厅，郁达夫的墨宝首先映入眼帘——"春风池沼鱼儿戏，暮雨楼台燕子飞"。中间是郁达夫的尊像。通过窄窄的阶梯，我们便到了郁达夫笔下闻名的"夕阳楼"。夕阳楼十分朴素，只有一张打有补丁的床和小小的书桌。书桌上摆放的是文房四宝——笔墨纸砚，还有一个大烟斗。嘻！这就是郁达夫补习初中功课的地方呀，这书香门第之子还蛮有情趣的！我转念一想：但如此一名书香子弟本能为新中国贡献极大的力量，这样一名伟人竟惨遭日本宪兵毒手，真是让人痛心……

离开达夫故居，我们带着自己亲手制作的纪念白花，并写上了自己创作的诗句，来到鹳山的双烈亭。双烈亭纪念的是郁家三兄弟的其二，为革命献身的烈士——郁达夫、郁曼陀。郭沫若为纪念双烈，题词："双松挺秀意如何？仿佛眉山有二苏。况复埙篪同殉国，天涯海角听相呼。"以寄托自己的哀思。

在千年古樟之下，我们郁达夫少年文学院举办了第一次即兴创作诗句的活动。这可难倒我了，我左思量来，右苦想去，咬咬笔头，踢踢枯叶，停停顿顿，终于像挤牙膏似的写下"古樟叶满天穹碧，富春水滚天际流。春去秋来花落去，波澜一去荡回肠。"

这次活动既锻炼了我们的心智，增大了我们的胆量，又缅怀了先辈，激励了我们前进。我会积极地向老师和会员们学习，争取在文学的道路上前进一大步。

致 郁 文

富春三小　五(4)班　方琪梦

　　第一次"遇见"你,是在郁达夫中学里。你一袭长袍,扑面而来的书香气,令人陶醉其中。年纪轻轻的你,文笔中却流露出那样的不平凡,大方而又不失优雅。稚嫩的眼睛看着你,只是这一眼,你的模样,在我脑海中却永远也忘不了。

　　忘不了的,是那个体弱多病的少年。病魔带来的只是疼痛,只是长久的摧残,然而,那一张清瘦的脸上,无法掩盖的却是双眼散发出的炯炯有神的光彩,无法掩盖的是你的雄心壮志,无法掩盖的更是你那爱国的心!

　　忘不了的,是你手中的那支笔。伴随着淡淡的墨香,在纸上"沙沙"作响,阳光与微风悄悄溜进了窗台,浑然不知的你,低着头,对纸倾诉自己的想象。笔在你的手中挥舞,讲述着一个又一个感人的故事,诉说着当时旧社会的愿望。时间的流逝,丝毫不会影响你那无与伦比的精彩创作。

　　忘不了的,是"家在严邻滩下住,秦时风物晋山川"的千古名句,描述的就是在富春江畔,你那古朴而又美丽的故居。石板凳、石桌无不流露出年代的沧桑感,木房中,透着墨与书的香气,令人神清气爽,是修身养性的好地方。简简单单,构成了一个文学伟人的住地,真难以想象,你就在这里完成了十几本著作。样样都令人钦佩。

　　忘不了的,是你与鲁迅、郭沫若的忘年之交,在中国文坛传为佳话。你们智慧超群,在一起饮酒、作诗、写文章,有早日唤醒祖国的伟大理想,用文字鼓舞人们保卫祖国的雄心壮志。

　　忘不了的,是那一朵朵在风中摇摆的白花,它们代表着我们对你无比的怀念与哀思。忘不了的,是那屹立在鹳山上的双烈亭,承载着我们的敬佩。忘不了的,是那一棵弯弯曲曲的树下,一个个稚嫩的声音,面对着江畔,朗读着一首首亲手创作的诗歌。更忘不了的,是郁达夫爱国的博大胸怀!

　　面前的你,微笑着看着远方……

追 忆 达 夫

——于富春江畔

富春二小　五(4)班　刘恺萱

　　2017年4月4日,正值清明时节。我们郁达夫少年文学院一行会员们,在达夫故居与鹳山公园参加了由文学院举办的首次活动。

聆听——达夫事迹

在达夫故居前,我们静静地聆听苏老师介绍达夫先生的生平。听着苏老师的娓娓道来,我了解到:达夫先生的少年时期求学十分困难,前前后后辗转好多次,可他依然把自己的生活安排得井井有条,勤奋读书,用心创作,从而留下了许多不朽诗文。但是,因为他的爱国,在抗日时期不幸被日本宪兵秘密地杀害了。后来,他被追认为革命烈士。我想:勤奋,执着,这就是他成功的根源吧!

参观——达夫故居

跟随着郁达夫中学的章老师,我们踏入了郁达夫故居。一走进院子,就看到几棵风格不一的树木威严地屹立在那儿,像是这儿的守护神。站在浓密的绿荫下,一股清新的气息迎面扑来,让人心旷神怡。接着我们又参观了达夫先生日常起居的地方。"春风池沼鱼儿戏,暮雨楼台燕子飞。"望着故居柱子上的这副对联,我不禁猜测到,这或许就是达夫先生当年静坐院中的所见所闻吧!穿行在古色古香的走廊中,眼前似乎出现了达夫先生的背影,可倏地,那个身影又消失了……

制作——悼念白花

参观完故居,就到了做小白花的时间了。我熟练地将宣纸折成扇子状,再将钢丝捆绑上去,最后一层层拉开。好了,大功告成!一朵,两朵……我很快完成了任务,可下个任务就让大家犯愁了——写首追悼达夫的诗。我沉思了一会儿,便写了起来:一代文杰,惨遭日寇秘杀害;达夫精神,富春江畔永流传。这样既将达夫先生的生平串了起来,又抒发了我们的怀念之情!随后我们便去了双烈园,敬献了小白花,以默哀的方式表达了对先生的追思之情。

创作——怀念诗文

献上了小白花,我们来到春江第一楼的古樟树下创作诗歌。我想了想,先后写下了四首风格不一的诗:

怀达夫

江水悠悠抹思泪,
杨柳依依诉别情。
夕阳又落江南岸,
富春江畔怀达夫。

于春江江畔有感

春光时正好,
万物复润发。
清明缅先生,
何时见达夫。

富春之江畔

春光明媚,万物复苏。

富春江畔,江南岸边。

江水清清,碧波漾漾。

杨柳依依,桃花天天。

达夫故居,古色古香。

达夫精神,千古流芳。

除了以上三首缅怀先生的诗歌,我还将途中所见的鹳山上的松鼠写入了诗歌之中。

流连的松鼠

松鼠在树梢间流连

透过明媚的阳光

观望着大地

它或是春光

玩赏竹林

又抑或是

在人们游赏的期间

来凑个热闹

我读完诗后,苏老师认真、细致地点评了我的诗。我也听了其他同学的诗,明白了"山外有山,人外有人"的道理。我十分期待下一次活动。

九月,盛开的"鲜花"
——"与特级教师面对面"的活动

郁达夫中学 七(7)班 陈 时

突然发觉没有了知了的鸣叫,也没有那没完没了的炎热,已到了一年中最美的季节。秋带着画笔,挥来了金黄。秋带着落叶,邮来了一年的收获。九月,秋高气爽;九月,桂花飘香;九月,硕果累累。九月注定是别样的九月,九月更是师生情的见证!

今天正值教师节,我和文学院的同学来到亚林嘉苑。眼望一片绿草地,耳闻几声麻雀的啼啭,几缕微风吹拂脸庞,天气虽然稍带一丝闷热,但是我们的心情是欢愉的,充满期待的!

没有华丽高雅的舞台,没有隆重的开场白,没有庞大的阵容。一切是如此简约、质朴。在我和刘恺萱同学的主持下,此次"与特级老师面对面"的活动简单地拉开了序幕。

许老师讲述的一个咸鸭蛋的故事让我感受到了许老师对学生浓浓的爱意和关切之情。一字之师的故事让我更加敬佩许老师对知识的敬畏,面对学生质疑时的虚心、友善。许老师朗诵的《我长大了》更是对我们的殷切寄语和谆谆教诲。

盛老师分享着自己的童年生活。春天，满山遍野的野花与生机勃勃的绿树。夏天，在小溪捉鱼、游泳。秋天，瓜果飘香，忙碌的丰收季也拉开序幕。雨雪纷纷的冬天干什么呢？"打雪仗、堆雪人、跑步……""冬天，地上积起了雪，我倒向雪中，一个模糊的轮廓就出来了，这就是我的第一张照片。"盛老师的讲述让我们心向神往。听着，想着，我的思想插上了自由的翅膀，仿佛跟着盛老师的讲述回到了他的童年时代。在大自然中无忧无虑地玩耍，收获知识，放飞自我，甭提多有趣了！

到了向老师们提问的环节，身为初中生的我，得好好把握这次机会向盛老师请教。于是乎反应机敏，快速举手，向盛老师抛出了我最想问的问题："初中该怎样学好数学？"盛老师静静聆听，仔细思考，并认真回答我的提问："初中生节奏紧张，要提前预习新知识，课堂上要仔细听讲，及时弄懂难点重点，课后做到复习。"有了盛老师的"武林秘籍"我相信自己对数学知识有了更好的学习方式。

悠扬的笛声、婉转的歌声、激昂的萨克斯演奏、配乐诗朗诵……多才多艺的同学们带来了丰富多彩的表演。

这是一次心与心的交流，也是一次很有收获的聆听。时间流逝极快，活动也在我们的意犹未尽中结束了。"采得百花成蜜后，为谁辛苦为谁甜。""落红不是无情物，化作春泥更护花。"师生情是一种无与伦比的爱，是一种无法忘记的情。成长路上老师们的相伴让我快乐成长！而师生之情也会深入我骨髓，永记于心！

平凡中的伟大
——倾听大师的声音

富春五小 五（3）班 彭罗钰琳

9月9日，在文学社盛校长的精心组织下，我有幸和部分社员来到了亚林嘉院，与我区优秀的特级教师许老师和盛老师进行了面对面的交流。为了让我们能更好地与大师交流，盛校长把讲座安排在亚林嘉院的一块大草坪上，让我们在美妙的自然中一边沐浴着秋日阳光的洗礼，一边倾听两位老师的传奇经历。

讲座一开始，两位老师的平易近人、和蔼可亲，迅速拉近了我们的距离。我们在一起，交流、分享、互动。盛老师听到我们谈论学习的压力时，也和我们分享了他那物质虽匮乏但精神却充满愉悦的童年时光。

那时的他们，学习的压力不像现在那么大，每天从学校出来后，春天他们可以在广阔的天地里翻跟斗、摸鱼、夏天竖蜻蜓（倒立）、游泳，秋天捉迷藏、摘果子，冬天打雪仗、堆雪人……还有他们独创的"拍照片"。但求学的目标却从未因为玩闹而放松，最终他凭借着自己的努力取得了成功。

同样让我印象深刻的还有许老师口述的"师生情"。许老师从教三十余载，可谓桃李遍天下，在她的教师生涯中，有许多学生让她难忘，难忘的不仅有品学兼优的优等生，更有那些因老师的无私关爱而改变人生的"顽童们"。当看到这些同学一天天地进步，听到他们一声声怯怯的"老师好""谢谢老师"时，她霎时觉得这辈子当老师，值了！当看到碗底里学生为她加的营养餐——鸡蛋，却始终没人承认做了这件事，反而让她快吃的时候，作为老师的幸福感化作了热泪流出了眼眶，她想，如果有来生，下辈子还要当老师！

时间过得很快，也许是在交流中忘记了时间的存在，在我们意犹未尽之时活动已接近结束。虽然与两位老师的交流时间不长，但他们对生活的乐观，对目标的坚持，对工作的无私，让我们见到了他们成长中的坚守，平凡中的伟大，更让我们对"老师"一词有了新的感悟。

尊师重教是我国的传统美德，一位恩师哺育无数学子。在我们的成长过程中少不了爸妈的叮咛，但更少不了老师的教诲。不要到了教师节才想到给予我们无私关爱的老师们，就让我们从每一天的认真听讲开始，将老师的教诲化为内在的驱动力，用自己的进步去回报让我们更优秀的辛勤园丁们吧！

教师节的收获

—— 实验小学虎山校区　五(6)班　汪振羽 ——

一起床，我就发现，今天的一切都显得那么生机勃勃，天空也显得格外的湛蓝，阳光也格外温柔。原来，今天是个特殊的日子——教师节，是所有老师们的节日。在这样特殊的日子里，我怀着一颗对老师的感恩之心，有幸来到了亚林嘉苑参加郁达夫文学社组织的拜访许一凡、盛志军两位特级老师的活动。

面对慈祥而和蔼可亲的两位特级老教师，我们首先为两位老师系上了鲜艳的红领巾，送上了鲜艳的花朵，表示了我们少先队员特有的对老师的尊敬和祝福。随后的音乐表演，包括了竹笛和萨克斯的演奏更是寄予了我们对老师的一片感恩之心。

活动中，许老师为我们讲述了从教过程中的那些感人的故事。尤其是一个咸鸭蛋的故事最让我印象深刻：一个因为做错事而被许老师批评的学生，却在一次学校组织的旅行中，把母亲留给他自己的咸鸭蛋送给许老师品尝。这件普普通通的小事一直让许老师记忆犹新。事虽小，但让老师觉得欣慰，觉得做老师有所值！因为学生感恩，因为学生尊师！作为老师，他们用他们的辛勤付出哺育了我们，培养了我们，不图回报，但是一个咸鸭蛋却能让身为特级老师的他们牢记一辈子，这是一种怎样的情感？面对这样的老师，我们难道不应该从心底为他们点赞吗？难道不值得我们用更优良的成绩来回报他们的辛苦付出吗？

盛老师也为我们讲述了他儿时的趣事和大自然春夏秋冬的变化，为我们展现了一个老师心中美好的农村生活。同时也回答了我们好多学习、阅读方面的问题，让我们受益匪浅。

面对两位慈祥的老师，让我想到的是，两位特教都是把他们的一生献给了教育这个行业,在他们的背后还有更多像他们一样的普普通通的老师。如果不是他们这些园丁的辛苦劳作,哪有我们这些小树苗、小花草的健康成长呢? 饮水不忘掘井人。常怀感恩,时刻勤勉,只有这样才能对得起老师们的付出!

盛特的四季童年

富春四小 四(1)班 钟佳函

在这个阳光灿烂的日子里,我们来到亚林嘉苑,参加与特级教师——盛老师和许老师面对面的活动。

不一会儿,见面会就开始了。许多小朋友都展示了自己的才艺,活动丰富多彩。但令我印象最深刻的是两位特级教师给我们介绍他们的故事和成长经历。其中,我最最喜欢的故事就数盛老师给我们讲他小时候的四季生活了。那么盛老师的四季生活到底是怎么样的呢? 哈! 原来,盛老师从小生活在山村。春天的时候,盛老师在山坡欣赏各式各样的野花,到竹林子里和小伙伴们玩“捉特务”的游戏;夏天的时候,盛老师和小朋友们到小溪里去捉鱼,然后到山坡上的水库里去游泳,结果游到很晚很晚,被父母用竹条子抽了一顿;秋天的时候,盛老师一边观赏着色彩斑斓的树叶,累累硕果,一边爬到树上捅马蜂窝,谁知,突然蹦出来的一群马蜂,把盛老师叮得满头是包;冬天的时候,盛老师在雪地里堆雪人、打雪仗、滚雪球。但盛老师觉得最有趣的一件事就是拍照片啦,那时候拍照片是十分奢侈的事情,于是小伙伴们就会在雪地里玩“拍照片”。等到雪积得厚厚的,人站得笔挺笔挺的,然后直扑雪地,于是一张“照片”就这样出来了。是不是很有趣呢? 不过,据盛老师描述他人生的第一张照片是在 18 岁的时候拍的,到现在还保存着。

啊! 盛老师的童年是多么的有趣和多彩啊! 我真是羡慕极了!

最美是老师

实验小学虎山校区 五(6)班 董喆雯

我想收获一缕清风,您却给了我整个春天。我想拾起一朵浪花,您却给了我整个海洋……老师,您最美! 在同学们深情而真挚的朗读中,我们迎来了教师节与特级老师许老师与盛老师面对面的活动。

首先,是两位同学为许老师与盛老师佩戴红领巾。同学将红领巾折了三折,为两位老师系上。系好了红领巾后,两位同学向老师敬了一个队礼,这也是我们对两位老师最真挚的祝福和最大的敬意。

这时，一阵清香飘来，原来是同学们已经向老师献了鲜花，虽然只是一束花而已，可这花包含了我们全体同学对老师的祝愿。一阵忽高忽低的旋律紧跟而上，原来是孙博涵同学在演奏萨克斯曲《即使你的美丽青春消逝》，听着这悠扬的萨克斯曲，我不禁陶醉其中了。一阵歌声传来，原来是四个同学正在歌唱《我爱米兰》呢！这歌声，是多么动听啊！

随后，许老师为我们讲述了咸鸭蛋的故事，让我体会到了同学们对老师的爱，许老师还为我们讲述了一字之师的故事，没想到老师的一字之师竟是同学们，是同学们让老师更正了一个错误，是同学们在一堂重要的课上挽救了老师，我也从中感受到了许老师在面对学生质疑时的友善、虚心。最后，许老师还为我们朗诵了她最喜爱的一首诗——《我长大了》，这首诗中包含着对我们的谆谆教诲。

随后盛老师向我们分享了他的童年故事。春天，漫山遍野的小花、生机勃勃的绿树、正在唱歌的黄鹂；夏天，清凉的溪水、活蹦乱跳的小鱼、小溪里游泳的孩子；秋天，瓜果飘香，落叶纷飞，忙碌开始了；冬天，下起了鹅毛大雪，那可以玩些什么呢，难不成窝在家里？打雪仗、堆雪人、吃雪……"冬天，地上积满了雪，我倒在雪中，一个轮廓出来了，我的'照片'也拍好了。"

很快，与特级老师面对面的活动进入了尾声。我们再次朗读《最美是老师》，再次表达对老师由衷的祝愿："老师，您最美！"

红色常绿，美丽石梯

富春四小 四（6）班 梅雯雯

正值暑假，我们郁达夫少年文学院的成员们来到了常绿，参观富阳党史教育基地，走访石梯古道。

常绿是富阳的革命老区，从这里走出了许多革命战士，为抗战的胜利立下了不可磨灭的功勋，比如蒋忠、沈凤英、刘别生、李群……听着党史教育基地的老师给我们讲解着富阳的抗战历史，我心潮澎湃！

参观结束后，我们便来到了常绿石梯。这里很美，简直是大自然的鬼斧神工。山上怪石嶙峋，瞧，这块巨石真大，它危峰兀立，仿佛是一位大将军，昂首挺胸，身披绿甲，威风凛凛，守护着石梯；又似一头矫健高大的雄狮，正朝着天空吼啸。而石头小路的另一边，便是深不可测的悬崖了。它似乎有一种神秘感，使我不敢走到边缘，更不敢往下看。

我们就这样走着，大概是因为走的是上坡路，我感觉格外吃力。头上太阳火辣辣的，像一个大火球，射出刺眼的光芒，炙烤着大地，不到一半的路程，我们便汗流浃背了。连日的干旱使得我们很少看到流动的山泉，只是偶尔看见一些浅浅的水潭罢了。再向上走，便来到了一片竹林。密密层层的竹叶，好像是一把翠绿的巨伞，把炎热都赶走了。那些竹子，又粗又高，壮得出奇，有些足有碗口那么粗。每一棵竹，都十分茂盛，拔地而起，生机勃勃，使石梯充满生命的力量。偶尔吹来一阵微风，叶片儿便发出唰唰的响声，好像在欢迎我们的到来呢！连空气中也带着一丝泥土的芳香，沁人心脾！

孙老师让我们各自在干涸的小溪中选一块石头坐下，听周老师讲解石梯的历史和传说。我们各选了一块石头坐下，在大自然的怀抱中，聆听周老师的讲解。周老师告诉我们，石梯就是石头建成的古道，在以前，没有别的道路，石梯是很重要的交通道路。这里也曾是抗日战士们开展抗战活动经常行走的古道，所以又称红色石梯……时间过得飞快，我们听完讲解后，稍作休息，就下了山。

青的草、绿的树、红的花，还有那一片竹林，都留在了我的记忆中。这次常绿之旅，虽然短暂，却令我受益无穷。

再见了，常绿！再见了，石梯！

美哉！ 悠哉！

实验小学虎山校区 三(5)班 王浩语

烈日炎炎，知了也烦躁地叫着，来到常绿，刚下车便有一股热浪扑面而来，不一会儿我们便满头大汗，可这并不能阻止我们向石梯前进的脚步。

我紧紧地跟在大部队的后面爬着山，才走了十多米，我便按捺不住好奇心，往下看去：一面是悬崖，另一面是绝壁，又陡又峭，根本没有一条供人行走的通道，两座山刚好形成一条峡谷。峡谷中怪石嶙峋，最大的那块莫非就是吴承恩笔下的石猴？这山上的石头如刀削一般，我不由地赞叹大自然的鬼斧神工。

"叮咚，叮咚……"我隐约听到了潺潺的流水声，顺着声音走去，原来是从管子里流出的山泉水。大家都争先恐后地冲上去接水，我尝了一口，味道真棒：凉凉的，还很甘甜。大家喝了后还做起了广告：常绿山泉，有点甜。

在小竹林和微风的欢迎下，我们爬上了半山腰，欢迎我们的不仅有竹林和微风，还有一个特殊的小伙伴——小螃蟹。老师在一条干涸的小溪中发现了它，它的肚子里有好多宝宝呢！大家一致同意把它放归大自然。说不定我们明年再来时，它的宝宝已经是大螃蟹了呢！

在炎炎夏日去溪中玩耍实在是一种享受。大家迫不及待地脱了鞋，走人溪中。溪里有许多鱼，身上斑斑点点，看着它们自由自在的样子，觉得甚是可爱，下水便抓，可它们太机灵了，还没等我走过去便游得无影无踪。直到集合时我才依依不舍地与它们道别。

常绿石梯，美哉，溪中漫步，悠哉！

亲近自然，了解历史

富春五小　三(1)班　王俊楠

盛夏的太阳炙烤着大地，热得人都喘不过气来，但是这依然阻挡不了我们了解富阳革命历史的热情。我们郁达夫文学院的伙伴们一起走进了富阳的革命老区——常绿镇。

首先，我们来到了党史教育基地，了解蒋忠烈士生前的革命历史，聆听老师讲解常绿的历史文化，真真切切地上了一堂精彩的历史课，让我们受益匪浅。

接着，伙伴们来到了风景优美的石梯。石梯犹如人间的仙境被群山环绕着。"沙沙"的溪水声清晰可辨，在沉静的山间回荡。石梯山势陡峭，美不胜收，正如诗句所说"远望如天梯"。

你们知道吗？石梯是古时候的交通要道，当年老百姓需要的木炭、土纸、盐等生活物资，都靠背扛肩挑通过石梯来回运送。这里还是军事要道，北伐战争、抗日战争、解放战争、剿灭土匪等，部队都从此道出入。常绿有名的烈士蒋忠也经常在这一带活动。

常绿镇，这里是富阳乃至全省著名的革命老区，文化历史底蕴深厚。我们在欣赏美景美色的同时，也要去了解学习和挖掘它们的历史文化。

留住美景，记住历史！

发现一种美

实验小学鹳山校区　五(6)班　朱　萱

轻轻地，当大地吻醒天空，太阳红着脸从东边的山头走来。我若无其事地望着窗外，孙老师的声音在车厢里徘徊，无一人不在听的。好想来点雨，凉快凉快。富阳的早晨，依旧是这般模样，枯燥、无味。我忍不住咽了一口水，扶着栏杆，走下车。一道刺眼的光突然投了下来，我急忙扣上帽子，跟在小组队伍的末尾，走进没有冷气的常绿小学，了解富阳党史。墙上一串串密密麻麻的字，一张张旧时与新时的照片带我们回顾了这几十年来的历史，抹去边角的灰尘，才忽然发现，这些，早已成了过去。

沉思默想着，与大家来到黄弹村。蜿蜒而上，见得最多的便是竹子，还有些叫不出名的树屹立在半山腰。才走了一会儿山路，呼吸就有些困难了，微微探出头看下面的悬崖峭壁，立马吓得缩回，咸咸的汗挂在睫毛上，视线变得模糊，会让人产生高山四周围绕着雾气的错觉。右面的石头下，溪水早已经被榨得所剩无几，令人惊讶的是溪里的水略显发黄，是被污染了？这山清树美的，怎么会……我无心去多想，大步跟上前面的队伍。一阵阴凉，我抬起头，发现进入了一片竹林。大家在这里停下了，在石头滩里随便找一块大石头坐了上去。等待。

一只黑乎乎的东西黏上了我黑色的帽檐,我用手去驱赶它,可怎么也赶不走。一瞬间,小东西停在了我的指甲上,仔细一看原来是一只黑色与白色斑点相间的小蝴蝶。我惊讶地瞪着眼睛,慢慢坐下,生怕它飞走了。小蝴蝶有些焦躁不安地煽动触角。周老师的讲座又在不经意间开始了:"大家这一路走来,看到的水为什么会是黄色的呢?这其中有传说。"我竖起耳朵,侧过身子,聆听着,迫切地想要知道为什么。它停止骚动,静静地停在那儿。片刻后,我似懂非懂地点点头,看见小蝴蝶扇动翅膀飞走了,我想挽留,却也阻止不住它飞走,我失落地望向远处。好像是什么牵引着,许多蝴蝶从山上齐齐飞下,从未见过的似落叶一般的枯叶蝶也竞相飞下。这一群群蝴蝶犹如当年石梯山上的战士们在这里挥洒血泪,保卫高山。它们的身躯如此渺小,一碾便灰飞烟灭,却毫无畏惧地从我们眼前飞过。我的心久久不能平静,拾下路边的花,吸一阵芳香。

从山上走下,每落一脚,不免害怕。"当年所有的部队都是在这险峻的山路上成立的"。我的心又是一颤。当年的画面又在脑海里闪过。瞻仰峭壁,即使是沧海一粟,团结起来的力量也坚不可摧。发现一种美,我在这石梯山里,寻寻觅觅。

竹 林 溪 声

富春三小　六(1)班　蒋博逸

"蒋忠真是中国人民的英雄啊!""嗯,听说抗战时期唯有他的照片被记录在案!"走出革命纪念馆,大家不曾感叹道。

在汽车的喧哗中,总算是来到了游学的地点:常绿。

参观过常绿镇中心小学,我们便向第二站——石阶古道前进。汽车在山脚下停住,我们走下汽车,按照盛老师的分组迅速排队。据说我们前去的石阶十分陡峭,连向下俯瞰都不被允许。

我们从一个斜坡出发,右面是山的岩石层,左面是没有护栏的绝壁,虽说现在挺安全,一旦到了半山腰,左面简直就成悬崖绝壁了。

刚开始一切都还顺利,走起路来还蛮轻松。可又走了一段,便感觉双脚传来一阵酸痛。然而这才是起点啊。

"哇!"前面的队伍中传出了一个声音,"这下面……"我们随着向下望去,都不禁发出"哇"的声音。从靠右的角度可以望见,左边的悬崖下,数块巨大的岩石堆积着。如此壮观的场景我还是第一次见到,这样庞大的岩石,简直好比一座小山,其数量之繁多也可谓是令人惊叹的大自然的鬼斧神工。不知怎么的,看到这些岩石时,我总有些莫名的敬畏之心。

怀着复杂的心情,我继续攀登。太阳将它的热量倾洒在大地上,我们个个汗流浃背,却又无可奈何,原以为石梯到处生机勃勃,柳绿花红,谁知真相却如此残酷:到处都堆积着巨大的岩石,即使岩缝中总有少许的青绿透出,也只是顽强地渴望生的灌木,终究还是会衰亡。回过神来,才发现走在前面的队员已在一个转弯处消失了。走过转弯处，我简直怔住了。一片清脆的绿色灌满了眼眶，面前是密密麻麻的竹林。这片竹林将炽热的阳光死死挡住，为我们撑起了一大片绿荫。能脱离热辣的阳光，自然是我们迫不及待的事。我进入绿荫，顿时感到一阵清凉，毕竟茂密的竹叶挡住了太阳引以为豪的热辐射。

"唉，这栋房子……"有人说道。我们循着她的目光，发现道路旁，有一座破旧的小房子被竹子包围着。但奇怪的不是房子，而是它的墙上用红色粉刷的几个字：挖别人的笋就是偷别人的钱，如果是你，你愿意吗？短短一句话，向我们告诫了社会的文明和做事时要多多为别人考虑的思想品质。

我默不作声，继续向前走。大约走了100米后，老师指挥我们就地休息，把我们领到了一条已经干枯的小溪里，让我们找一块大石头坐下。

老师神秘地说："同学们，今天我们有幸请到了一位富阳有名的学者来给我们讲述石梯的历史。大家热烈欢迎！"

学者见到我们，似乎十分兴奋，开始滔滔不绝地给我们讲述他曾经来到这儿时的经历和相关的历史故事。我们在大自然中听讲座，一阵来自竹林的凉风轻轻地拂过我们的脸，又在翠竹中徘徊。

幽幽的竹林里，我们坐在干枯的小溪边，再也听不见汽车的喧哗，耳边仿佛传来小溪的流水声……

走 读 常 绿

———————————— 富春三小　三(3)班　夏泽航 ————————————

8月19日，我参加了由郁达夫少年文学院组织的"走读常绿——亲近大自然"活动。在车上，带队老师告诉我们，常绿也被称为"红色村庄"，因为那里走出了许多抗战英雄，其中就有我们马上要认识的蒋忠烈士。

到了常绿，我们先参观了陈列在常绿小学里的抗战时期的英雄人物事迹和历史遗物。带队老师给我们讲了许多关于蒋忠烈士的事迹，让我对这位伟大的抗战英雄充满了敬意。

当然，常绿的景色也是美不胜收的。

我们沿着崎岖不平的山路往上走。路边的野花在这幽静的山谷中开放，而挺拔的松树则在陡峭的石壁中顽强地伸出枝叶。路边的一股山泉给我们献上了大自然的甘露。听，那"叮咚、叮咚"的流水声仿佛在向我们诉说着什么……

走着，走着，我们来到了半山腰的竹林，一棵棵健壮的竹子伸展着他们结实的手臂，仿佛在欢迎我们的到来。那翠绿的竹叶长得茂密极了，不仅展现了他们独特的美，还为我们撑起了一片阴凉。

穿过葱郁的竹林，我们来到了常绿石梯，石梯的入口处赫然立着一块木牌，木牌上写着石梯的介绍。带队老师让我们各自找块石头坐下，听周老师讲解常绿石梯的历史。

周老师告诉我们：石梯，其实就是石头砌成的古道。当年老百姓需要的生活物资，都靠背扛、肩挑通过石梯来回运送。这里还是军事要道，北伐战争、抗日战争、解放战争、剿灭土匪等，部队都从此道出入。常绿有名的烈士蒋忠也经常在这一带活动。我们听了，啧啧称奇。

这次走读常绿，我不但欣赏了常绿的美景，目睹了常绿石梯的壮观，而且了解了许多常绿人民抗战的故事，真可谓受益匪浅。

走读常绿，品"石梯"精神

富春三小　六（1）班　方琪颖

行在竹林中，阴阴的，爬在"石梯"上，阳光只剩斑驳的光点；唧唧，聆听鸟儿与知了混杂的歌声，和谐而统一，甚好。

这是在常绿村的"石梯"上。此"石梯"可非彼石梯，只是山的形状有些像罢了。一路上，山路陡峭，满地小石子，走得磕磕碰碰。也许是太久没户外运动的缘故吧，有些吃力，虽然没落队，但才到半山腰已经腰酸背疼，汗流浃背了。

山里的风景总是如此清幽。峡谷中空气清新，天是那么蓝，连一丝浮絮都没有，像被过滤了一切杂色，像碧玉一样澄澈。我们走的路说宽就宽，说窄也窄，差不多两辆面包车的宽度刚好能堵牢整条路吧。走在中间，看不到悬崖的底，我想，这大概是个无底深渊吧。抬头看看旁边的山崖，峥嵘崔嵬，杂草丛生。路旁不时探出几株小花，绽放着生命最为美丽的时刻。尽管太阳火辣，却依旧未低垂脑袋，迎"炎"而怒放，也不失生命本色，一股敬佩之情油然而生。

也许是受到了小花的感染，浑身忽然来了劲儿，我挺起身子，快速往前爬去。来到一片竹林中，哇，真凉爽！这些竹子仿佛是一个个强壮的男子，高耸着，异常茂盛的竹叶，为我们遮挡强烈的阳光。我们在竹林边一枯竭的小溪里寻石而坐。蝴蝶闻讯赶来凑热闹，在我们身边不停翻飞。一只枯叶蝶从我眼前飞过，但下一秒，它就不见了，大概是停在哪块石头上或者枯叶上了吧。有一个和我们同年级的同学，她手上竟还停着一只黑色的小蝴蝶。那只蝴蝶似乎赖住她了，怎么也不肯走。孙校长说这可能是个珍稀品种，要善待它。

这时，周老师用富阳"普通话"给我们讲述常绿石梯的历史。真是"山不可貌相"，这么偏僻的地方还是一个红色的革命根据地。这时，我又想起山路边那些不惧艳阳照射的小花来……

最美的遇见

富春二小　五(4)班　刘恺萱

说起东梓关,我和它,还是有些缘分的。

第一次遇见——父亲的儿时往事

奶奶年轻时曾在东梓关教书,年幼的父亲就随着奶奶来到东梓关生活了些许时间。因此,东梓关也就堪称父亲的"第二故乡"。现在,就让我们随着父亲的儿时往事,走进东梓关:"在我儿时啊,东梓关根本不像现在这样。在我的记忆中,东梓关的房子都是低矮的,以泥瓦房和木房居多,也有些人家还住在茅草房里。那时的路又窄又小。和许多江南村落一样,人们过着早上出门劳作,晚上回家休憩的生活。但是,这儿又和别处有些不同,总是人来人往,甚是热闹。那是因为在东梓关有位名医——张绍富。他医术高超,妙手回春,每天来登门拜访、请求医治的病人络绎不绝,而东梓关也因此而闻名于富春……"

第二次遇见——小说的字里行间

后来,我也多次跟着父亲去东梓关。那时我还是个懵懂的孩子,只知道东梓关好玩,每次去都乐得合不拢嘴。直到长大后,我才对东梓关有所了解,也接触了郁达夫先生的《东梓关》:"一处离埠头不远的池塘里,游泳着几只家畜的鸭,时而一声两声的在叫着……"郁先生笔下的东梓关是如此的美丽且富有生机,令人神往至极。她宛如一个清纯的江南女子,身着白衣黑裙,在那儿盈盈地笑着;又好似一个调皮的孩子,唱着,跳着,提着花篮,露出一抹浅浅的酒窝,向我们走来,走来……

第三次遇见——东梓的诗情画意

品读了郁先生的《东梓关》,我跟着一群对文学有着一腔热爱的小伙伴们,再次来到了东梓关。此时,东梓关已"焕然一新"。

在那美丽的村史馆中,朱老师介绍了东梓关的"前世今生",让我们大开眼界。出了村史馆,是一条弯曲的青石板小路。这些石板粗看每一块大小不一、凸凹不平,可再一看,铺在这长塘边的路上却又是异常平整;一旁,散落着几幢古色古香的房屋,一幢幢看似零散杂乱的房屋,仔细一瞅,却又错落有致。一侧的墙上,青苔浓厚而又茂密,那一块块、一斑斑的绿,深浅不一,交织在了一起,柔软而又光滑……

向前走着,走着,浓郁的花草气息扑鼻而来。到了,到了,许家大院到了!展现在眼前的一切,美丽又细腻,细腻又生机盎然……使我不由得啧啧称赞。这里的房屋白墙黑瓦,古色古香,甚有诗韵。许家大院前的池塘碧绿清澈。池边的花草沐浴着和煦的阳光,尽情舒展并摇曳着自己迷人的身姿,却未曾料到被那轻佻的风与静默的池,痴痴地望去了——远处,那风带去了浓郁的花草香气;近处,这池留下了她们美丽的身姿。阳光流连于池面,映出的花纹别样好看,可那调皮的风儿轻轻一拂,便被揉碎了。池塘中也着实是有鸭子的,它们三两结伴,欢快地嬉戏着,甚是融洽!

再穿过几条小路便来到了富春江畔,一座卧龙般的长亭展现在我们的眼前,走累了的游客在那儿休息。不远处,一株茂密而又长寿的大香樟,犹如一位慈爱的母亲,为"孩子们"遮风挡雨。凝望远方,清秀而朦胧的远山与清澈碧蓝的净水,还有那一艘艘过往的船只,一起构成一幅秀丽的山水画。当然,最清脆的莫过于那干净清亮的童音了。"东梓关,本来叫作东指关的……"我们那朗朗的读书声也一直一直地荡漾在这美丽的富春山水之间……

每一次的遇见,都有不同的体验,可每一次,东梓关不都是美丽而富有生机的吗?

相约东梓关

富春三小 五(1)班 袁子烨

看过郁达夫写的《东梓关》,我不禁对东梓关产生了强烈的好奇心:东梓关,一个乡间村落,真有郁达夫写的这么美吗?今日,跟随郁达夫少年文学院众多成员一起,我终于得以追随郁达夫的脚步,去一睹东梓关的风采。

才至村口,一溜儿的白墙黑瓦扑面而来,这儿一幢,那儿一排,看似杂乱,却又错落有致,在蓝天的映衬下,更美了。踏上弯弯的青石板路,我们在土生土长的朱湘妹老师带领下,开始了东梓关之旅。

沿着古驿道一路前行,我们邂逅了许春和药店,走过了旧邮电所……一个长长的水塘跃入我的眼帘,这就是郁达夫笔下的长塘了。一泓盈盈的水,映着蓝天,映着绿树,映着那江南水乡特有的马头墙,微风掠过,轻轻荡漾开去……一切是那么的富有诗意,我仿佛走进了一幅连绵不断的画卷。

"快看,那就是许家大院了!"隔着一个水塘,远远地,便看见了一个很不起眼的院子,斑驳的院墙写满了岁月的沧桑,唯一能彰显它的奢华的是那一条依墙而筑的精美的长廊。看着那窄窄的略显"小气"的院门,我不禁有些怀疑这真的是"大院"吗?没想到,走进里面却别有洞天。木柱、雕窗、飞檐……满目都是大族之气,这里的每一块木头都在诉说这大院的昨天。一束阳光从天井倾洒而下,院落里亮堂极了,而沐浴在阳光中的那一缸小莲,或舒或卷,甚是惬意。

顺着边房小小的楼梯,我去往二楼。许是年岁的久远,楼梯发出"咯吱咯吱"的声响,它也想向我诉说这大院的历史吗?待到站定,我恍惚间觉得自己走入了一个木制迷宫——这楼上的房间可真多呀!一间挨着一间,一间套着一间,转个弯,又冒出几间。数了数,竟有二十几间房,呵,看似不大的院子竟有这么多间房,真不愧为大院!

告别了许家大院,又绕了一路,当我们在古渡口的长廊里再一次深情地读起郁达夫的《东梓关》的时候,我真正体会到了它的魅力所在。

千年古镇,百年老樟,十房大院……这就是郁达夫笔下美丽的东梓关!

半纸春涩半抹情

郁达夫中学　七(5)班　于馨迪

将近初夏，春的气息才浓烈起来，迎面与春风满怀，共春红陶醉。

阳光甚大，却阻止不了大家的决心，踏着径上清影，我们一行人来到了曾经热闹非凡的东梓关。一下车，首先映入眼帘的是疏落的黑瓦，与泛着斑驳灰影的白墙，正宗的江南风光！阳光在屋旁香樟的翠叶间跳跃着，似是在欢迎我们的到来，在朱老师的带领下，许家大院、医德馆……浓厚的古风文韵在空气中弥漫，深深地吸引住了我。苍樟下，那一团黑影渐渐的由长变短，我们在江边亭下，开始了亲子共读活动。

欢笑声一阵阵响起，由清风带过江彼岸的远方。我安静地坐着，却被这春江之景迷住了。以往也常见春江，但在此角度看，春江却有了一丝别样的风姿。宽阔的江中央耸起了一座岛屿，遮住了江的另一半，隐隐约约几艘小船由另一边驶来，却显得神秘了。阳光播撒至江面，再加春风盈盈，泛起了层层微澜，那抹金色便如水般层层荡漾开来，闪烁着金色的光芒。天上的柔云飘扬在江面上，在层层波澜中，揉碎了，沉入了江底。远方传来几声鸟鸣，此起彼伏，互相交应，互相缠绵，雌雄双鸟牵扯着掠过江面，拂动了岸边几株不知名的春绿、春红。不禁想起一句诗，若如此般境界，便成了"问君能有几多欢，恰似一江春水向东流"。这两岸春江美景，黑瓦白墙，诉说着一段段故事，记载了一轮轮逝去的光阴。

我回头，望了望小径旁层层叠叠的古屋，仿佛置身以前，人们吆喝着，来来往往的渡船、小舟，来来往往的游人、商旅，却显得年代的沧桑与久远。

在这将近初夏，晚春青涩的时光，我来到了东梓关，情景往事，一纸诗意。

采访古镇艺人，感知传承之美

富春七小　五(9)班　叶子萌

淅沥沥，哗啦啦，调皮的雨声伴随着孩子们的欢笑声，使这个雨天顿时有了生气。我们郁达夫文学院的三十多位学员在几位学院老师和志愿者妈妈的带领下来到龙门古镇游学。

土生土长的龙门人，亲切儒雅的孙校长给我们义务当导游。我们跟着孙校长穿梭在龙门的石子小巷中。老天庇佑，天气预报中的暴雨没有到来，只有丝丝毛毛细雨，我们无需撑伞，潇洒地在古镇漫步。虽说我以前也来过这里几次，但是我头一次那么认真地聆听讲解。原来古镇是如此有内涵和底蕴，一厅一堂，一桥一楼都是有故事的。

今天我们的两大任务是"砚池诵诗"和"寻访艺人"。美丽的砚池边，我们六个小队深情吟诵描写龙门古镇的诗。每个小组群策群力，丰富的朗读形式、变化的朗读队形、动听的朗读声,给砚池渲染了更多的文学色彩。

采访艺人的形式有点像"奔跑吧,兄弟"这个栏目。由各组组长抽签决定采访地点和老艺人的名字,在四十分钟时间里找到那个艺人,完成采访,填写好采访单。经过紧张的抽签,我们小组需要去采访木雕师傅。因为出发点在砚池,离老街的木雕工艺坊有不少路呢!古镇的房屋和小巷几乎都是一个模子里印出来的,给我们的寻找增添了很多难度。走了大概十几分钟,我们终于找到了木雕工艺坊。走进工艺坊,迎面扑来的是一股淡淡的、醉人的木头清香,映入眼帘的是一件件古朴典雅、栩栩如生的木雕作品。一个五六十岁的中年男子围着裙布正在专心致志地工作。他的双手换用着不同的刀器,起起落落,动作娴熟;锤子和刀器碰撞间木屑翻飞,声声铿锵。我觉得那好闻的木头气息和传统雕琢艺术的灵气在微微湿润的空气里缕缕氤氲。

在我们有礼貌地请求下,木雕师傅接受了我们的采访。我第一个开问。我走到他的身边,首先感谢他接受我们的采访,然后问他从事这个行业多少年了。木雕师傅边拿起抹刀,边回答道:"做这个行业,大概有三十多年了吧。"我听了以后非常震惊,三十多年如一日,这是一种怎样的坚持啊!队长陈普又进一步上前问道:"木雕师傅,那您这里的顾客多吗?""嗯,进店的倒是不多,但是要到我这儿来取货的或者家里和办公室装修的人光顾得比较多。"木雕师傅没有停下手中的活,从容地回答道。我听了更加奇怪了,既然客户不多为什么还要坚持开下去呢? 正在我疑惑时,我们的一位队员大胆地走上前问那位师傅:"师傅,您的店里顾客不多,但您为什么还要坚持开下去呢?"我们队员真给力,问出了我想要知道的问题,于是我洗耳恭听。木雕师傅淡然地解释道:"既然你已经做了,你就要把这件事情做到底。三百六十行,行行都困难,每一个职业的背后都有不为人知的艰辛。我小时候就喜欢这门功夫,当时我就立下了决心,我一定要跟着祖辈好好学。所以到现在我都不放弃。"我用真诚的目光看着他,发现师傅的眼角隐约有些湿润了…… 这位木雕师傅太了不起了,我心底荡漾的全是敬佩和感动。回来的路上,走的仍旧是鹅卵石铺成的小路,眼前仍旧是那些别致的白墙黑瓦,但是此刻这里的一切在我的心里变得更有分量了。

午饭后,我们各小组进行了汇报演出,再现了各个小组采访的过程。通过观看表演,我发现这个小小的古镇里还有许许多多值得敬佩的艺人:独具匠心,不懈追求的墨庄主人程阿姨;外表圆滑、色泽金黄、美味可口的"孙权家面筋"的师傅孙妈妈;制作出姜味香脆浓郁,入口回味悠长,不粘牙,口感脆的手工姜糖的一对夫妻;一把剪刀,一把刻刀,一张彩纸,一双巧手演绎出精彩的剪纸传奇的郎阿姨……他们满怀着对艺术的热情,传承祖辈的手艺,在古镇安逸地栖居,用心地创作。他们想用实际行动告诉我们:一切事物都在不断地更新换代,但是有些东西不能被丢弃和埋没。他们是我们富阳龙门古镇的"俗世奇人"。

烟雨朦胧的周末,我赏了风景,听了故事,上了小课,吟了诗歌,品了美食,访了艺人,演了故事,明了道理。郁达夫文学院的龙门游学活动让我收获满满。

(指导老师:陶红丽)

穿越千年的旅程

—————————— 实验小学虎山校区　五（2）班　吕艺涵 ——————————

　　龙门，一座千年古镇，一部活着的历史。它饱含岁月沧桑，看尽人世间的生与死。岁月依旧如梭，时光不会为谁而停留，但古镇却仍然保持着它那原来的面貌。

　　六天前，也就是 6 月 11 日，我们郁达夫文学社的老师、同学等一行人来到了龙门，来到砚池边。斜风细雨之中，景色颇有一番别样的美丽，打起一把伞，拨开层层雨帘，轻轻闭上眼睛，细细聆听这座千年古镇的诉说……我来过龙门多次，却从未感受过这番烟雨朦胧的美景，调皮的雨水前赴后继地奔向砚池母亲的怀抱中，鱼儿在水中跳着"鱼式"华尔兹，众鱼欢腾，似乎在欢迎我们的到来。砚池微波荡漾，恰像一位情窦初开的少女，笑容从内心深处荡漾开来。

　　采访老艺人之前，一场"砚池诵读比赛"拉开了序幕，虽天公不作美，微有小雨，但老天爷似乎在天上听到了我们的企盼，稍稍消停了一会儿。轮到我们了，加油吧，跃龙门小队！《龙门山题壁》《雨后望龙门山》《龙潭瀑布》……在烟雨古镇的映衬之下，在我们声情并茂的诵读之中，变得别有一番韵味。仿佛时间静止，空气凝固，龙门这座古镇也似乎在静静地倾听！

　　因为我们小队朗诵最佳，所以被派去采访油面筋手工艺人。我们先在砚池边采访一位老婆婆，她坚持做油面筋已有五年，一开始纯属为了生计，但后来却真正爱上了这门手艺，也得到了周围邻居及游客的青睐。老婆婆制作时那娴熟的手法，更是让我们惊叹！我们小队的成员几乎都是"路盲"，尤其穿梭于古镇的小巷之间，更像是走进了一座迷宫，但幸运的是，跌跌撞撞之后我们还是来到了龙门老街上，在老街的一家小店中，我们既问来了油面筋的制作方法，又品尝了集"鲜、嫩、脆"三种特点于一身的油面筋，外脆里嫩，鲜美多汁，轻轻咬上一口，真的是齿颊留香，令人回味良久！瞧，就连来自河南的游客也连连称赞，这真的是人间美味啊！

　　砚池边，诵经典；小巷间，觅美食；给我一天，还你千年。富阳，一个美好的地方，龙门，则是画龙点睛之笔！

难忘的龙门之行

—————————— 新登镇小　三（1）班　陈增益 ——————————

　　6 月 11 日早晨，本是个可以睡懒觉的周末，但我却早早起了床，因为我有幸成为郁达夫少年文学院的一员，并获得了参加"穿越历史，走读龙门"实践活动的机会，内心感到格外兴奋和激动！

　　带着期盼，带着好奇，我坐上了去龙门的大巴。约莫半小时的车程，龙门古镇就到了,哈哈,还真快啊!下了车,我们第四小组的六位成员很快便聚集在一起,并在志愿者老师的指导下进行小组活动前的准备:取队名和口号。取什么样的队名好呢?大家七嘴八舌地你一言我一语,可是取的队名感觉都不尽如人意。正为难时,老师提示我们:"这次活动的地方是龙门,希望有神龙相助,不妨从这思考。"经过老师的一点拨,大家马上就确定了队名——"龙之队"。不过,有了队名,口号似乎又把大家给难住了。队员们个个抓耳挠腮、苦思冥想。此时,我心想:"龙之队,龙之队……必须充分体现我们队的实力与气魄,届时活动中哪个队员如果泄了气,就可以用这句口号来激励自信和鼓舞士气。"我小声地嘀咕琢磨着。突然,我眉头一皱,不由得计上心来,于是就大声念道:"飞龙,飞龙一声吼——"其他队员还真有默契,稍一思索,不约而同地叫道:"大地抖三抖!"就这样,一句押韵的口号新鲜出炉了!志愿者老师竖起大拇指夸我们好能干,队员们甭提有多开心了!

实践活动正式开始了。进了古镇的入口,只见这里到处都是明清古建筑,黑瓦白墙,狭窄悠长的老街、卵石铺成的小路,真是古色古香,让人仿佛来到了古代。我一边走一边聆听着孙校长介绍的龙门古镇的历史。原来,这里曾是三国东吴孙权的故里,孙权的后代在此已经生息繁衍了六十多代。小镇六千余人口中,百分之九十的村民姓孙,是我国孙权后裔的最大集聚地,孙校长也正是孙权的后裔呢……听着孙校长娓娓道来,我打心眼里觉得导游也没他说得好呢,孙校长不愧是土生土长的龙门人,对龙门的历史和文化真是知之甚深啊!

跟随着孙校长的脚步,我们来到了孙氏祠堂。孙氏祠堂是一处家族祠堂建筑,属于孙氏家族祭祀祖先和先贤的场所,是凝聚家族血缘和感情的纽带。在这里,通过看图片资料和讲解,我了解了孙氏家族的历史渊源,变迁、发展的轨迹。

随后,我们进入了活动的第二个环节——砚池诵读。诵读的内容分为必读与自选两块,诗词均与龙门有关,有的体现了龙门的历史,有的赞颂了龙门的风光……每个小组认真而有序地准备,集中队员智慧,发扬团队合作精神,既分工又合作。瞧,诵读表演开始了!有的组抑扬顿挫,韵味十足;有的组意气风发,豪情万丈;有的组声情并茂,队形超酷……伴随而来的是一阵阵热烈的鼓掌声和叫好声。

采访古镇手艺人是活动的第三个环节。之前在电视屏幕上看到过记者采访,但我却从未亲身体验过。"这次可是来真的了!俺的第一次采访!"我心里感到一阵惊喜。我们组抽到了"油儿"这个词,意味着要去采访的是位擅长做"油儿"的手艺人。听到"油儿"这个词,一开始我感觉有点陌生:油儿?油儿是什么呀?过了一会儿,我想起来了,是一种食品,这是方言呢,哈哈!一路上,我们询问了几位老奶奶,几次打听,终于找到了一位做油儿的手艺人——一位朴素的中年妇女。我壮着胆子上前向阿姨问好:"阿姨您好!您能接受我们的采访吗?"阿姨爽快地答应了。于是,组员们滔滔不绝地问了起来。从阿姨口中我们得知,她做油儿已经三年了。她告诉我们,油儿要做得正宗、口感好,除了配料(鸡蛋、芝麻等)不能少,每道工序(和、揉、炸等)的技术也很讲究;另外,在不同的地方它的叫法也不一样。第一次采访感觉顺利又轻松,我们还收获了一些知识,我觉得真有意思!

采访过后,进入了此次活动最具挑战性的环节,那就是汇报表演。我们组尝试着写一副关于油儿的对联,来展示小组的采访成果。油儿整体上是黄色的,表面的芝麻则是黑色的,尝起来又酥又脆,于是我就写了一句:"黄中带黑品酥脆"。我还想表达油几这种小食品香的特点,揣摩一会儿后便有了下句:"小小身躯阵香来"。队员们看了都说好,对仗工整,用词精炼。很快,到汇报表演的阶段了。其他小组都是还原采访的过程,扮演手工艺人,扮演小记者……整体构思和表演的形式大同小异。而我们第四小组的队员在志愿者老师的帮助下,则以快板的形式进行表演:

> 龙门艺人多又多,
>
> 哪家艺人属最棒?
>
> 油几老板数第一。
>
> 用料多,面粉鸡蛋加芝麻;
>
> 工序多,和面造型油里炸。
>
> 味道好,又香又油嘎嘣脆;
>
> 历史久,祖祖辈辈传下来。
>
> 油几老板真大方,
>
> 美味油几免费尝。
>
> 尝一口,香又脆,
>
> 咬一口,甜到心坎里。
>
> 吃油几去喽!

龙门之行在我们的意犹未尽中结束了,回望这古老而又神秘的小镇,我满眼眷恋。那悠长的小路似乎在向我们诉说着久远的历史,等待着我们再次去解读它……

悠悠古镇,雨戏龙门

————————— 实验小学虎山校区 四(6)班 朱 琳 —————————

6月12日,郁达夫文学院举行了游龙门古镇活动。

离开富阳市区大约二十分钟就到达了龙门口,过了龙门口就缓缓入村。公路倾斜而下,路边长满了青草,偶尔会有一些不知名的小花点缀其中,可谓是"万绿从中一点红啊"!树"卫队"个个长得苍翠欲滴,直插云霄,笔挺地站在那,迎接我们。

一路听着"哗啦哗啦"的雨声。随着龙门古镇的地势,雨点从"哗啦哗啦"变成了"淅沥淅沥"。到了目的地,如此大的暴雨竟成了沙沙小雨。天空真美啊!雨中的龙门空气格外清新,格外地令人神清气爽。

我们扔去雨伞,尽情撒欢在雨滴之下……

一整天,我们都一直处于激动的状态中,乐此不疲,东奔西跑。此外还举行了小队称号展示、采访剪纸艺人、表演采访过程、诗词朗诵大赛等活动。可令我记忆最深刻的还是"采访剪纸艺人"这一活动。因为这是我第一次做小记者,并且有物质上的奖励,还有精神上的鼓励。

"请成员在四十分钟内到达起点……"老师拿着话筒絮絮叨叨地"唠叨"了一番。

老师的话音刚落,我们就像没头苍蝇一般,到处乱窜。

"龙门古镇是个迷宫"这句话还真不是瞎说的。瞧,我们从这条街窜到那条巷,从那条巷走到这条街,有时竟然闯进了别人的屋里。过了大约八分钟,终于找到了那位穿着朴素、心灵手巧的阿姨。只见她正在边吃饭边研究剪纸呢!看那专注的眼神,连全神贯注都形容不了哩!

"阿姨,您好,我们是……"做了简单的自我介绍后,便开始调查。我们的问题是:"您做这个手工做了多久了?是什么动力让您一直坚持着?……"问了所有问题,阿姨慢条斯理地给出了相应的回答。每个回答都感人至深。其中最令我受益匪浅的是"什么力量让您一直坚持着"这个问题。

阿姨的回答是要继承家业。她原本不喜欢剪纸,但是非做不可,因为传承。这让我想到:我们总会遇到不愿意做的事,可又身不由己。与其浑浑噩噩地做完,还不如享受过程,开心接纳,用心体会这个过程,何乐而不为呢?

这次活动对我们来说,是物质上的奖励、精神上的鼓励,更是生活上的动力!

最忆龙门行

———————— 富春八小　三(6)班　陆铭棋 ————————

"黄梅时节家家雨,青草池塘处处蛙。"入梅的第一天,迎着细细的雨丝,我和郁达夫少年文学院的同伴一起走进了孙权故里,开启了我们的"走读龙门"之行。

这次"走读龙门",我们要完成一项大任务——分组采访墨庄老艺人。一路上,鹅卵石铺就的小巷深远幽长,两旁的明清古建筑群接连不断,漫步于古镇老街,宛如进入了一个巨大的迷宫。对于我们这群初次探访古镇的人来说,这迷宫可真不容易走出,一次次的迷路,一次次的折回,终于柳暗花明又一村,我们在一条小巷深处找到了墨庄。

走进墨庄,一股淡淡的墨香迎面扑来。循着墨香,我们发现一位温柔亲切的阿姨正在挥舞笔墨,原来她就是富春墨庄的第七代传人。这么年轻就成为龙门老手艺的传承人?墨是怎么制成的?……一连串的疑惑一下子涌上我的脑海,我迫不及待地向阿姨提问,同伴们也和我一样叽叽喳喳问个不休。阿姨却不紧不慢,她娓娓地告诉我们,我国的制墨手艺最早可追溯到殷商时期,墨不仅可以用来书写绘画,还可以入药,甚至可以喝。这可把我们惊住了。墨竟然能喝?如果我能喝两碗下去,那肚里的"墨水"岂不更多了吗?我对这神奇的墨产生了浓厚的兴趣……

结束采访,已近中午。回到集合点,其他组的成员已经开始吃午饭了,我的肚子也开始"咕咕"地抗议了。我赶紧坐下,一位阿姨给我们送来了刚出锅的馄饨,那馄饨清汤见底,香味袭人,我迫不及待地拿起勺子,匆匆地舀了一只,瞬间一股鲜香充斥了口腔,我忙不迭地吞咽馄饨,可瞥眼却看见阿姨又端上了龙门面筋,那刚出油锅的面筋色泽金黄,香气四溢,让人垂涎欲滴。我再也顾不上形象了,伸出筷子一下就夹起一个,一张嘴巴就咬了,油面筋又松又脆的面皮在嘴里爆开,笋干丝、肉末、豆腐丁等各种食材的鲜味霎时侵袭舌尖,彻底征服了我的味蕾,刷新了我对美食的认识! 这一顿午餐,可真是让人意犹未尽……

凉凉的雨丝、淡淡的墨香、可口的小吃,牵绊着我们,让我们舍不得离开龙门。

初识上海

富春三小　六(1)班　王倩茹

参观少儿书馆,感受文学气息

经过三小时的颠簸,一路欢歌、一路交谈的我们很快便打成一片。而任务繁重,来上海的第一站便得去少儿文学的宝库——少儿图书馆了。

刚踏进馆,浓浓的书香气息便扑面而来,也许是残留在纸页上的点点墨香吧! 三个连通的房间都整洁地摆满了柜子,五花八门的书籍齐聚一堂,个个精神饱满地立着,真是令人赏心悦目,同时也让人应接不暇,不知选哪一本幸运儿做"独家专访"才好。

待到完成文学社的任务后,我再一次穿行于书海间,与其他啃食营养套餐的书虫们一起讨论心得时,竟突然觉得自己也吸收了不少书卷气呢!

无缘游复旦,有幸观作协

不舍地离开了图书馆,我们抱着一颗颗求学之心,充满向往地来到了复旦大学,迫切希望一睹名校风采,一览名师魅力。真可谓"寻隐者不遇",不巧的是,复旦大学进行内部维修,大门此时正由铁将军把着,我们只得悻悻而归。

塞翁失马,焉知祸福。我们万分幸运地来到了甫跃辉老师工作的作家协会。

走进作协的大门,首先映入眼帘的,便是那寄居在白墙上的,生命力旺盛的爬山虎,和各类叫不出名字的红儿绿儿了,缠着,绕着,好景致! 也许这些,便是作家们的灵感来源吧! 在美丽而精致的雕塑前,我们坐于阶上,围在一块儿,细细聆听甫老师有声有色的讲座,深入地了解了他的身世、经历及其事迹,更透彻地明白了文学的意义、写作甚至人生的真谛。甫老师耐心地帮助同学们揭开了埋藏在心中许久、渴望解决的难题,还分享给我们自己创作的书籍,着实让我们受益无穷!

这真不愧是一场文学之旅!

参观多伦路,走读鲁迅馆

一大早,太阳都才刚上岗,我们便在林大记者的带领下来到了文化底蕴深厚的多伦路文化街,深入地了解了它百年来的历史。

这儿的古建筑风格独特,呈欧美式,少说也早过了耄耋之年了吧! 可神奇的是它们依旧保持得异常完整,鹤发童颜,完全看不到岁月的痕迹。然而最具特色的,自然就属文化街的人了,鲁迅、郭沫若、茅盾、叶圣陶等文学巨匠都在此留下过足迹。当然了,还有我们富阳人的骄傲——郁达夫也曾来此。观赏他们的浮雕,了解他们的身世经历,更增加了我对他们的敬意,崇高的敬意。

下午一番准备后,我们怀着满腔的热情来到了鲁迅纪念馆,希望了解这一代文豪的人生经历。

鲁迅先生的家庭是从小康开始衰弱的,无处谋生的他四处碰壁,遭受了种种挫折与苦难,却依旧日夜关注着国家,为战乱不断的破碎江山而揪心,为流离失所、无家可归的难民而悲愁,放弃了喝咖啡的时间,用笔与持着枪的敌人作战,成了大众心中最伟大的战士。然而鲁迅先生不仅仅是这样的人,他愿意做被人忽视的野草,忍受焚烧,忍受腐蚀,等待被地下的烈火烧,愿意俯下身子给人们当牛做马,他活着就是为了多数人更好地活,为了国家更好的发展!鲁迅先生为了中华民族鞠躬尽瘁,直到病逝于上海。鲁迅先生用他毕生的经历,为"民族魂"三字做了最正确的诠释。

即使已经死了,却还活着。在世世代代人的心中不朽!

全中国的人都应该歌颂这位伟大的战士!

出了纪念馆我若有所思地回头,望了那鲁迅先生的雕像,并不清晰,却依旧可以看出鲁迅先生义愤填膺的面孔,嘴角不禁露出了几丝淡淡的笑意:

伟大的鲁迅,亲爱的鲁迅啊,您再不必为战火纷飞的国家、为流离颠沛的人民担忧了,雄鸡早已翘首稳立于世界东方!将会有无数人传承你伟大的事业!安心地看着中华儿女为祖国的复兴而奋斗吧!

童心飞扬,梦想起航

经历了前两天劳碌的奔波,我们此次的文学之旅也将告一段落了。

而在结束之前,贴心的学社老师还给我们准备了一份礼物——游锦江乐园一上午。

畅谈,期待。同学们刚踏进锦江乐园的大门,来不及问候门旁的恐龙,便疯一般地冲了进去。

而我们沁芳书队首先奔向的便是那名儿听着就带劲的"波浪翻滚"了,上下摇晃、颠簸,确实让我们感到惊心动魄、心有余悸,之后的惊险项目也同样回味无穷。

别了,美丽的上海

在还未来到上海之前,我确实认为上海是繁华的,是热闹的,别时却发现了上海滩街角飘荡的几丝若有若无的静谧,流动的几缕古老的文化气息……跟着郁达夫协会的会员初识上海的感悟与心得,兴许与达夫初识鲁迅的所感有几分相似吧。

三天游学，满载而归

——————————— 实验小学鹳山校区　三(2)班　黄鑫豪 ———————————

　　暑假的一天，我告别父母，跟着郁达夫文学院的"大部队"来到国际大都市——上海，开启了三天的游学之旅。这次游学我期盼已久了，莫名有点小兴奋！

　　经过四个小时的车程，我们来到了上海少年儿童图书馆，一走进少儿图书室，就让我感受到了浓郁的书香！里面很整洁，书架上陈列着各种各样的书籍。在这里看书最适宜不过了，我赶紧选择了一本喜欢的书，找到一个空位子潜心阅读起来。在这里看书我特别投入，带队老师叫了我好几次，我才知道要出发了。

　　从图书馆出来，我们来到了复旦大学，可惜复旦大学在装修，我们只能在门口拍照留念。但是这并不影响我对复旦大学的美好印象。然后我们去了上海作家协会。一走进大院子，除了鸟的鸣啼、蝉的叫声，没有别的声音，好安静，好安静，以至于原本吵闹的我们都不好意思发出声音，静静地听着甫老师给我们讲阅读和写作的方法。虽然时间不长，但是我们也学到了不少经验。

　　吃完晚饭，我们来到上海外滩，欣赏世界闻名的外滩夜景。那里有绚丽多彩的灯光，照射在古老建筑和现代建筑上。最好看的是东方明珠塔。外面的灯光从蓝变绿，从绿变红……颜色不一，变幻多端。钟楼的钟声响而清脆。每一个建筑屋顶上都是红旗飘飘，好像在欢迎我们的到来。

　　第二天，我们早早地起了床，去多伦路文化街，听一位解放日报社的老师讲这条古老的大街曾经的故事。我仿佛看见鲁迅、郁达夫、丁玲等一个个名人在这条路上缓缓走来；我仿佛看到战争的硝烟在路的上空蔓延；我仿佛听到大学生高举横幅，伸张正义的口号声……我的双脚踩踏着这条路，我的双眼凝望着这条路，我的心里突然很激动，也很感动。

　　最后一天，为了让我们大家轻松一下，老师带我们去了锦江乐园。一进门我们就向游乐设施飞奔而去，先玩了"激流勇进"，感觉小船摇摇晃晃，随时会翻船似的，过了一座"桥"，又过一座"桥"，足足三米多高。"砰"的一声，我与水花来了一个亲密大接触。我们还玩了"自旋滑车"，太刺激了。可是我身高不够，能玩的项目很少，我心里真不是滋味。三天的行程就在欢声笑语中结束了，我们坐上大巴，踏上了回家的路。

　　游学虽只有三天，但是我却有胜读十年书的感觉。看了风景，见了名人，听了故事；了解历史，面对现在，展望未来，我的内心沉甸甸的。

放 飞 心 情
——锦江乐园之旅

实验小学鹤山校区　五(2)班　裘昱婷

呼！夏天的骄阳简直就是个放大版的火炉,让我们置身于火热之中。可即便是如此火热的天气,也不能让我们郁达夫文学社的小会员们褪去心中的火热！经过了前两天充实而又忙碌的活动,是时候放飞一下心情啦！在大大的锦江乐园里,我们童心无限！

最刺激的就是"波浪翻滚"了！机器开始运转了,起先是舒服的小摆动,后来就变成三百六十度的大摆动了！"啊!"一声声刺耳的尖叫不断地响起,可机器好像特别爱听尖叫,在跌宕起伏的尖叫声里,机器就这么把我们倒挂在半空中,我的头发垂直向下,我下意识地抓紧了把手,可是地心引力太强大,我心有余而力不足,总有一种要掉下去的感觉。正当我准备放弃"挣扎"的时候,机器玩够了——游戏结束了。呼！回到地面的感觉真好！

我的双腿还在发抖,就被其他队员硬拉去了"疯狂飞轮"。唉,为什么他们都喜欢玩非常非常刺激的呢？心好累……

游戏开始了,起先是微波荡漾,后来可就是惊天大浪了！飞轮最高是一百八十度的,每次下降时我都觉得要撞上地面了——因为我是闭着眼睛玩的。我在空中已经不想说话了,强大的气压硬生生地把我压在座位上,下来时又觉得要掉下去似的,一百八十度地来回了两次,我就紧闭着眼和旁边的周涵"烧香"了,接下来我都是在碎碎念中玩完游戏的……

"疯狂飞轮"之后,我们又去玩了"激流勇进"。

"啊!"看着一条条船从高处冲了下来,激起漫天水花,我的心里多多少少总有一些想打退堂鼓的想法了。可是看着其他队员一脸兴奋的样子,我也不忍心去斩断他们的想法。算了,我可不想当逃兵！赌一把吧！

带着心中的激动与紧张,我跨进了一条黄色的小船。船慢慢地启动了,和水流一起,我们的小船到达了最高处。"叮!"只听见机器一声轻响,船刹那间冲了下去,"啊!"伴随着刺耳的尖叫声,水花腾空而起,拍湿了我的衣裳,给我洗了个脸。"激流勇进"可真好玩呀！

快乐的时光总是过得特别短暂,走读上海三天行结束了,但文学的种子早已在我们心中生根发芽,朝着目标,我们努力拼搏！再见！大上海！

上海琐记

实验小学虎山校区 三(5)班 蔡尚都

　　我对上海并不陌生,小时候去游玩过神奇的极地海洋公园。这次,我背上背包,拖着行李箱,乘上旅游双层大巴车,第一次离开爸妈,自个儿出远门。瞧,淡蓝色的衣服,显示着郁达夫文学院的风采,就如郁达夫所说的自己身上有三种情怀:对大自然的迷恋,向空远的渴望,远游之情……

　　我去过富阳图书馆,也领略过杭州最大的博库书城。来到上海,可以见识下最有名的上海少儿图书馆了。可是并没有我想象中的那么大,但是感觉有种古色古香的韵味。我踏着古老的楼梯,摸着陈旧的扶手,搜寻并翻阅着各式各样的书,闻着一股股浓浓的书香味。喜欢读书非常可贵,关键是懂得如何读书。走读上海的活动之一是学会怎样阅读。我搜寻到了一本我喜爱的动物小说,打开记录本摘抄我喜欢的句子,边读边记,我还体会到了书中的快乐,感叹中国的文学,真是浩如烟海、博大精深。上海少儿图书馆让我们在书海里遨游,从书中读出书的甜味来了。

　　按照原计划,我们去参观向往已久的复旦大学。可是,为了让大哥哥大姐姐们的学习环境更加舒畅,大学目前正在装修中。打破了计划,心里虽然留下遗憾,但也美美地在复旦大学门口留下了身影。坐在公交车上,贴着窗户往外望,看着离我渐渐远去的复旦大学,心里默默许下愿望,九年后我会再来光顾的。有失必有得,我们幸运地可以去参观上海作家协会。在爬山虎的世界,树木的海洋里,我们静静地聆听着甫跃辉老师的写作生涯,就犹如那绿绿的爬山虎一样,生机勃勃。

　　经过了一天的奔波,晚饭后,我们漫步在繁华的外滩。看着这繁华的景象,我不禁想起了周杰伦唱的《上海一九四三》的老歌。可是如今的上海不仅有着旧上海滩华灯初上、神秘色彩的气氛,更展现着现代化信息时代科技的发达。远远望去,黄浦江中,一艘艘轮船像一颗颗会移动的星星向着远方行驶,远处的东方明珠塔像一颗璀璨的明珠,发出耀眼的光芒,就像流光溢彩的童话世界。黄浦江的风忽冷忽热,朝我脸上吹来,消除了我一天的疲劳,我们度过了一个难忘的上海之夜。

　　迎着早晨的阳光,踏着凹凸不平的石块,跟随着解放日报的记者林康伟叔叔,认真聆听他讲述多伦路文化名街的历史和名人介绍,使我们开阔了眼界。尤其当林叔叔讲到文人鲁迅时,我一下有精神了,要知道为了这次走读上海的文学之旅,妈妈事先让我阅读了鲁迅和郁达夫的美文,虽然我还是不太能领会,粗粗地淡淡地感悟着大师的心灵。我记起出发前孙校长的那番话:旅行时可以事先翻阅一些资料,做好充足的准备,然后在最好的课堂"在路上"展示自己。在鲁迅纪念馆,我们深情地朗诵了郁达夫写的怀念鲁迅的文章。

　　盼来了锦江乐园游玩,玩了许多新鲜项目,但是最令我难忘的,就是刺激的"激流勇进"。一开始我很想坐第一个位置,充当航海勇士,想想还是让大哥哥来掌航更安全。我们踏上了一艘小船,船缓缓地绕了一个弯,接着慢慢地上了坡,感觉人要掉下去似的,就像小时候反走滑滑梯的感觉。突然"嗖"的一下冲下去,就如老鹰俯冲下来捉小鸡,这时坐在第一个的大哥哥衣服已经湿透了,可是这还没有完呢,我们又上了一个更高、更陡的坡,在最高处停顿了几秒钟,我的心似乎也停止跳动,屏住呼吸了几秒,脑海里一片空白,当我反应过来的时候,船已经像滑滑梯一样滑了下来,水溅到我脸上,感觉凉飕飕的,前面的哥哥连裤子都湿透了,这时我想:哈哈!幸亏大哥哥保护了我们。

上海是值得留恋的地方!上海,我更熟悉了!

上海文学之旅

—————— 富春二小　四(4)班　黄沐文 ——————

时光飞逝,转眼美好的上海之旅已落下帷幕,这三天我们去了富有书香气息的少年儿童图书馆;去了富有文化气息的鲁迅纪念馆、多伦路、复旦大学、上海作家协会;听了关于文学的讲座;最后我们还去了锦江乐园,为这次旅程画上了圆满的句号。其中,我对鲁迅纪念馆、多伦路、复旦大学、上海作家协会的印象都很深刻。接下来,我就带大家一起去感受一下吧。

鲁迅纪念馆

一走进鲁迅纪念馆,原本喧闹的队伍立刻变得安静下来。一张鲁迅的旧照,留给我们的只有深深的怀念。这次来这儿,我们可是有任务的哦:寻找鲁迅和郁达夫编写《奔流》时的照片。于是我们一组的小队员们个个都使出了"火眼金睛",不放过任何一个角落开始寻找。不知不觉,我们来到了放映厅,这里正在播放关于鲁迅的幻灯片,我们大家便席地而坐,看起了鲁迅的故事。整个故事介绍了鲁迅的一生,他十七岁就在外漂泊求学,后来认识了郁达夫,两个人情趣相投,一起学习一起写书。后来鲁迅就来到了上海,并一直留在了这里。看完了鲁迅的故事,我们又开始了我们的任务。不一会儿,吴峥岳同学找到了《奔流》这本书,虽然没有照片,但我们的任务也算是基本完成了。这时,盛校长又宣布了新的任务:用四十分钟的时间准备,然后上台朗诵关于鲁迅先生的文章。我们一组的文章是《怀鲁迅》,作者是郁达夫。大约排练了半个小时,我们上台开演了,我们的演出非常顺利,但就在朗诵快结束时,突然冒出来一位老大爷,并大声叫道"打倒日本鬼子……"这位可爱的老大爷逗得我们差点笑出声来,由于老大爷的"临时客串",所以我们又重新朗诵了一次。

多 伦 路

这是一条特殊的路。今天是由解放日报社的林记者来为我们作讲解。他先带我们参观了四周的欧美式建筑,说:"这条叫窦乐安路,窦乐安是一个外国人的名字,窦的繁体和宝的繁体很像,所以以后千万不要弄错。"他继续引领着我们往前走,"几百年前这条路上住着很多逃难而来的犹太难民,而据说后来这些犹太人回国后竟然可以用上海话沟通交流,可想我们中国语言文化的博大精深和影响力之大呀!"我们继续一路向前，突然出现了很多名人的石雕：鲁迅、郭沫若、丁玲、叶圣陶……林记者介绍完雕塑后，带我们来到一个十字路口："这条十字路口的转弯角是直角，而全上海只有一条这样的路。"然后林记者又给我们介绍了很多名人的故事。很快到了午饭时间，多伦路的名师讲座也就结束了。

复旦大学

这是我向往的地方，我的愿望就是能踏入这所学校。当得知可以到复旦大学听讲时，我简直是心花怒放，乐不可支。可是计划赶不上变化，前一秒说可以进复旦大学，后一秒就因为修路去不了了。我顿时又变得无比沮丧。老师似乎看出了大家的心思，为了让我们不留遗憾，带我们在复旦大学门口合影留念，也算是完成了我们的一个念想吧。

上海作家协会

复旦大学的听讲去不了了，但我们来到了上海作家协会听甫老师的讲座，由于环境原因，我们只能坐在室外，据说，被这里的蚊子叮上一口，智商就可以变高很多，哈哈，我幸运地被叮了两口呢。甫老师给我们讲座的主要内容是：什么是好书，好书要怎么读。这让我感觉受益匪浅。并且还给我们介绍了很多中外闻名的大作家，使我大开眼界。

本次为期三天的上海之旅，真正算是一个边走边看边学边感受的走读之旅，这次旅程让我收获满满，谢谢老师们这三天为我们的辛勤付出，期待下一次更美好的相聚！

时光不老，回忆不淡

———————————— 杭州银湖实验学校　七(6)班　钱纪雨 ————————————

"黄浦浪花千层雪，东方明珠百度春。"说的就是上海无误。所谓"魔都"，这座繁华都市位于我国大陆海岸线中部的长江口，拥有我国最大的外贸港口和最大的工业。7月27日，我有幸参加了郁达夫少年文学院的活动——走读上海，一起寻找大师踪迹，触摸现代文学与未来。

几个小时的车程，我却觉得像过了一个世纪那么长，因为我实在太想领略传说中大上海的风情了。下午1点多，我们到达上海少儿图书馆。我喜欢图书馆，因为那里的书本飘散着原木清香，静谧的气氛如舒畅的泉水流淌各处，使人身心得到安宁。在这样的地方，人的脚步和话语都不觉变得轻了。

大概是5点多的时候，我们在上海作家协会的小庭院分散地坐着，聆听甫跃辉老师的讲座——"文学，一种生活的方式"。他给我们讲他的故事，还与我们谈心，无不体现出一股浓郁的身为作家的优雅气质。夕阳西下，光辉洒遍角落，同学们听得如痴如醉。一时间，仿佛世界中只留下了甫老师深情的话语和笔尖流过纸页的"沙沙"声……

晚上，各个小组分开行动，我们要去观赏举世闻名的上海外滩夜景。穿过一条街，走上设计艺术感十足的阶梯,直至宽阔的观光台,忽地窜进我的视野,我终于忍不住呐喊:"啊! 原来这就是外滩!"星星灯火雕饰了夜的美,透视夜的美是荣华富贵。星光渐亮,夜色渐浓,各国游人如织,一片灯红酒绿。斑驳的星光挥洒在路上,如同老上海历史的点点滴滴。上海百年沧桑沉淀下的苍凉与五光十色的灯光相映,竟有种无法言传的魅力。黄浦江上的游轮笛声和人群喧闹声夹杂一体,让你仿佛能闻到舞会华宴上鸡尾酒的清香,当真是气派十足! 江对面是鼎鼎大名的东方明珠塔,亮着点点繁星,直耸入云,熠熠生辉。我的心"怦怦"直跳。耳畔还时不时传来一两句由衷的赞叹:"上海的夜晚真迷人!"夜上海的美丽,没有亲自到上海的人是无法体会的。结束了白天的匆匆行程,凭栏远眺,欣赏一艘艘驶过的大型游轮,用心倾听黄浦江两岸灯光与建筑的合唱,这是我未曾有过的享受。漫步在观光台上,与好友说说话,悠悠江风扑面拂来,似乎带走了白天的一切倦怠。

"咚咚咚!"一阵敲门声把我吵醒。啊! 已经是第二天早晨了! 我匆忙洗漱,到宾馆一楼吃早餐,准备迎接崭新的一天。

大约 9 点,我们整装出现在多伦路文化街。跟繁华的上海滩相比,这里显得清清爽爽,更有文化气息。睿智的林记者带着我们逛文化街,给我们讲解每一处角落的故事。他讲得有声有色,把上海百年的这段历史表现得淋漓尽致,引得许多路人都驻足聆听。我仔细地听完了林记者讲的每一个字,了解了文化街历史的源远流长,感到知识正在源源不断输入我的脑海,心悦不已。

下午 1 点左右,我们去参观鲁迅纪念馆。在六年级课本上我早已熟悉了鲁迅的伟大作品,如今步入他的纪念馆,不由得心生崇敬。走完整个庄重的纪念馆,大家以小组为单位朗读了郁达夫缅怀鲁迅的文章,动人的声音、跌宕起伏的节奏,令人不禁为鲁迅的离去而潸然泪下……

不知不觉间,时间悄然而过,一眨眼已是第三天了。这一天,我们在上海锦江乐园游玩,放飞心情,童乐无限,把前几天累积的疲劳全部甩掉! 大家都忙着跑东跑西,一会儿云霄飞车,一会儿青蛙跳……半天下来,个个汗流浃背,脸上却都带着微笑。是啊,大伙儿能这样聚在一起热热闹闹地玩一通,何尝不是一件好事呢?

三天的时间如此短暂,转瞬即逝,大家都收获匪浅。我也非常开心。可惜离别终究要来。不过,我会永远记住这次难忘的上海之旅,永远记住结识的朋友! 就让它成为最美好的回忆,留在我的心田,永远不淡。

走读多伦路

———————— 实验小学虎山校区　五(5)班　江奕恬 ————————

早早地洗漱好,顶着头上令人发晕的太阳,就是为了能快点到达目的地——上海多伦路文化街。

我们与林大记者碰了面,他就是我们今天的解说员。林大记者告诉我们,多伦路原名叫窦乐安路。像这样的小巷,在上海并不少见。但这看似平凡的小路上,几位文学巨匠曾在这儿开展过文学活动。在这五百多米长的街道内,曾经居住着鲁迅、茅盾、丁玲及日本友人内山完造等文化名人。众多文化名人都在多伦路活动过,所以,多伦路也可以说是二十世纪二三十年代文化界的大本营。

路边,一位弯着腰、穿着日服的中年男人的铜像,吸引了我的注意。林大记者介绍,这是我们的日本友人——内山完造。他也曾经在多伦路生活过,并且开了一家书店,名叫内山书店。内山完造也是鲁迅的挚友。

再往前,走进一条小巷。环顾四周,并没有什么特别之处。可是,你低一下头,就可以看见,地上有巴金、叶圣陶、鲁迅、茅盾等人的脚印。这些可不是一般的脚印,它们都是文学巨匠留下的印记。有些人的名字都很模糊了,但脚印还是很清晰。林大记者非常幽默地说了一句:"快来踩踩啊!以后你也可能会成为一位大作家哦!"说完,其他人都一窝蜂地拥了上去。作家,谁不想当呢?我也不甘落后地挤上前去。

差不多参观了一两个小时,我们就要和林大记者、多伦路文化街说再见了。天下没有不散的筵席。我在心里告别了好久,才转过身,边走边回味着刚刚所听到、所看到的事。

走 读 上 海

富春四小 五(6)班 骆子晗

这是我人生中第一次离开父母单独出远门,怀着激动又忐忑的心情,历经四个多小时的大巴行程,国际大都市——上海,我来了!

第一站是上海少年儿童图书馆。走进去,里面的儿童、大人、老人,无论是谁,都在专心致志地阅读,尽量不发出声音,以免影响到别人看书。在这样寂静的环境下,我深受感染,情不自禁地翻开一本《蜻蜓,蜻蜓》,细细地品味起来。两个小时转眼而逝,在图书馆前合影后,我们来到了复旦大学,这是所历史悠久的名牌大学,等我长大了,要是能考入这所大学该多好啊!在上海作家协会,我们有幸请到甫跃辉老师给我们讲关于书的知识。其中有句话让我印象深刻:书没有好坏,一本适合你的书,就是好书,一本对你有帮助的书,就是好书。时间不知不觉已到了中午,大家都已饥肠辘辘,听完甫老师的讲座,我们来到饭店,迫不及待地敞开肚皮开吃。

夜幕徐徐降临,我们漫步在外滩,欣赏着上海黄浦江畔的夜景,微风轻轻拂过脸颊,舒服极了。回到宾馆后,洗去一身的疲惫,躺在床上,带着对明天的期待进入梦乡。

第二天,我们参观完作家故居,来到了鲁迅纪念馆。纪念馆外面是世界文豪广场,广场上矗立着许多著名文豪的雕塑:有昂首挺胸的郁达夫,有目视前方的鲁迅,也有手托下巴正在沉思的雨果……

最后一天的行程是我最喜欢的,不只是我,别的小朋友也都很兴奋,想知道我们在哪儿吗?对了,是上海第一个大型游乐场——锦江乐园!第一个项目是"激流勇进",

我是第一个,呃,怎么有一种变成肉盾的感觉嘞?正想着,船像乌龟一样慢慢悠悠地爬向高处,突然,猛地一下冲下来,溅起的朵朵浪花像幽灵一样向我扑过来,和我的脸来了个"亲密接触",一个字:爽!下船后,我们玩了个超刺激的"大摆锤",坐上去我就后悔了:老天能否再给我一次选择的机会呀?当然,这是不可能的,于是我就被甩了又甩,像坐上了火箭,魂都甩出去了。两分钟后,我头晕眼花地下了座椅,虽然我没尖叫,但三百六十度的绕圈让我体验了一回"魂飞魄散"的感觉。啊!回到地面上的感觉真好,像是吃了还魂丹。

这次的上海之旅让我既了解了历史文化知识,又放飞了童心,还结识了新朋友,真是不虚此行!

站在时光的两头

富春二小　四(2)班　吴峥岳

站在战争时光的一头
我
梳着长辫
满身沉积着屈辱
看见了鲜血
听见了炮声
闻到了滚滚的硝烟
触摸到的是冰冷的枪眼

……
黑暗
一百年
斗争
……

置身和平时光的一头
我
剪了短发
全心充满自信
看见了鲜花
听见了鸟鸣
闻到了清新的草香
触摸到的是热烈的心跳

站在战争与和平的时光两头

相互遥望

我看到了中华民族自强的信念

铭记历史，不忘国耻

—————————— 实验小学虎山校区　　三(3)班　王　欣 ——————————

8月15日，在这个特殊的日子里，我参加了郁达夫少年文学院组织的一次活动——参观抗日战争胜利纪念馆活动，我们一行四十多个来自不同学校的小学生上了大巴车，开往目的地——抗日战争胜利浙江受降纪念馆。

来到纪念馆，我不禁感叹："哇，纪念馆好大啊！"呈现在我们面前的是一堵用灰色瓦片砌成的墙，庄严又肃穆。墙上"抗日战争胜利浙江受降纪念馆"这几个白色的大字异常醒目。整个纪念馆的墙面都是用灰色瓦片搭建而成，长方形的青石铺成的地面平整又简洁。走进纪念馆，映入眼帘的是墙上挂着的一张张照片、字画，地上摆放着的枪支、子弹，军人穿戴过的衣帽服装，栩栩如生的人物塑像……这简直是一部活生生的历史书。来到这里，我们好像穿越了时空，回到了战火纷飞的战争年代：子弹在我们眼前穿梭，战斗的号角声、战士们的呐喊声在我们耳边响起……置身在这样的环境中，让我们热血沸腾，心潮澎湃。

小小讲解员指着这些物品为我们徐徐道来，那一件件物品好像在诉说中国人民抗日战争的艰辛，一幅幅照片和字画记录着日本鬼子的罪恶行径。当我看到不计其数的同胞被日本鬼子的尖刀杀死，那尖刀如同刺在我身上一样，疼痛难忍，我的眼在流泪，我的心在流血，我们泱泱大中国怎能被小小的日本所欺凌呢？我的心中充满了愤怒、仇恨、耻辱，日本鬼子真是惨无人道，让我咬牙切齿。

随着小小讲解员的脚步，我们来到浮雕面前，浮雕上雕刻着抗日战争的英雄，他们个个昂首挺胸，眼睛炯炯有神，神情毅然决然。这让我看到了祖国的希望，我们中国人不能被日本鬼子欺负，我们要奋起反抗。王小二、狼牙山五壮士、郁达夫、鲁迅……这些人物形象一个个在我眼前闪过，他们拿起刀枪，拿起手中的笔，与日本鬼子抗战，他们不怕牺牲，英勇无敌，一个倒下了，一个又再站起来，把敌人都震服了。这就是我们的抗日英雄。中国拥有这样血性的人，一定不会亡国。他们，与天地齐，受万世景仰。

在展厅的最里边是一尊尊真人大小的塑像。历史回到了1945年8月15日，中国人民经过十四年的艰辛抗战，终于打败了日本鬼子。看，日本鬼子一个个耷拉着脑袋，脸上黯然失色，嘴里唉声叹气。一位日本军官，低着头，双手捧着投降书，请求中国人民接受日本人的投降。瞧，中国人民终于可以扬眉吐气了，他们高兴得手舞足蹈，脸上露出欢快的笑容，有的高兴地拥抱在一起，有的紧紧地握着同志的双手，互相倾诉着胜利的喜悦。这是振奋人心的时刻，这是值得庆祝的时刻，在这一刻，我为不屈的中国人民骄傲，为我们伟大的祖国自豪。

行程的最后一站——千人坑，那是一座用花岗石建立的大型纪念碑。富阳沦陷后，日本鬼子对宋殿村及周围的村子进行烧杀抢掠，杀死了我们无数同胞的性命，或囚木笼水牢，或烫煮活埋，或枪杀刀劈，暴行累累。宋殿村及周围村数以千计的老百姓死在了日本鬼子手里，那些老百姓被日本鬼子无情地扔进了千人坑。千人坑白骨累累，惨绝人寰。

我们怀着沉痛的心情低头默哀，我不会忘记今天的参观，更不会忘记祖国曾经经历过的苦难历史。忘记历史，就意味着背叛。我们要谨记历史的教训，传承中华民族的传统美德，好好学习，让祖国繁荣昌盛，不被其他国家欺负。我在一张白色的小纸条上郑重地写下几个字"铭记历史，不忘国耻"，并插在小白花上，轻轻地把小白花放到纪念碑前。我低声祝福死去的可怜的老百姓们，希望他们在坟墓里睡得安心。我更希望我们青少年牢记这段屈辱的历史，奋发图强，让祖国更加强大富强，不再历史重演。

在这里，读懂我的民族
——"抗日战争胜利浙江受降纪念馆"观后感

富春三小　六(1)班　徐飞扬

时光是有色彩的，比如我彩虹色的童年，是那么轻快的一页；有些时光却如此沉重与黑暗，以至于要用颤抖的心和泪水才能翻回那一页。8月15日，一个特殊的日子，我走进抗日战争胜利浙江受降纪念馆，用一颗赤诚的心、一朵洁白的花重新打开那段历史，塑我民族魂。

走进抗日战争胜利受降纪念馆，两边灰色的高墙耸立，顺着阶梯往下走，一直走进我们民族七十多年前的那段时光。

断壁残垣，倒塌的屋子，被炸毁的火车和铁轨……置身于纪念馆还原的场景，我的耳边仿佛响起了飞机的轰鸣声、枪炮的叫嚣声，无辜的中国老百姓，年幼的孩子、白发苍苍的老人，他们在战火中哭泣，倒下……我握紧拳头，这是我们民族曾经遭受的伤害啊！那口锅子静静放置着，牌子上写着"沸水锅"，抗日战士、不屈百姓被活活煮死在这样的锅子，不忍直视，不敢想象！老鼠在道路上猖狂，那是日本人投放的带着病菌的活体，他们运用细菌战残害我们一条又一条生命；一把锯子出现眼前，日本人用它锯断我们中国人的手脚进行残忍的实验……一个个场景的复原，一件件物品的展示，记录了侵略者的兽行。一场侵华战争，光浙江战区就死亡四十多万人！我的心里充满了愤怒和悲伤：怎能忘记异族铁蹄下国人曾经遭受的苦难？我们的战士、我们的族人有着怎样坚定的信仰才能在这样的伤痛中坚强崛起？

继续参观纪念馆，通过文字与图片，我知道了一场又一场的战争，一个又一个让人泪下又催人奋进的故事。茅以升爷爷与钱塘江长江大桥，我早从语文课本上学习过，今天却在这里重新读懂了一个人和一座桥的铮铮铁骨！钱塘江长江大桥是茅以升爷爷亲自设计，历时三年才建成的我国第一座两用桥，一桥飞架南北，带给我们怎样的自豪啊！然而日本侵略者妄图通过这座桥继续南侵，大桥仅仅架起89天，茅以升爷爷含泪亲自炸毁了如同他孩子一般的桥，写下"抗日必胜，此桥必复"八个大字！我仿佛看见老人屈辱而又倔强的泪光，泪光中有多少的不舍与毅然啊！如今，大桥依旧气势如虹，茅以升爷爷实现了炸桥前的承诺，中国必胜！感动中，又聆听着小解说员述说的"八一四"空战高志航大队长的故事、浴血奋战三天两夜的东洲保卫战场景……那些炮火纷飞的岁月让我热泪盈眶！厮杀声不绝于耳，中华儿女奋起而战，为国捐躯的豪迈让我热血沸腾，如我中国郎，焉能惧豺狼？静静站立在英雄名录下，让我牢记这些民族魂：一介书生却口诛笔伐日本鬼子被杀害的郁达夫烈士，武汉保卫战中壮烈殉国的朱炎晖旅长，发誓"人在战地在"被机枪扫射牺牲的夏国璋师长……每个名字背后都有一个惨烈的用生命捍卫家国的故事，铁血战魂让我深深动容！

参观着，愤怒着，悲伤着，我穿越了一段不堪回首的日子——终于，走到这一刻！1945年9月4日，昔日的江北指挥所终于成为日军屈膝投降之地！馆中的场景生动再现了当时的情形：我军四位将军威严站立，日方三位代表弯腰低下头颅，交上降书。我的目光注视着日方的那一低头，这一刻扬我国威，这一刻耀我中华！为了侵略者的低头，我们前仆后继走过怎样的一条血路啊！犯我中华者，必将服罪！

大约一个小时的参观，我在那段血泪的历史中沉浮，胸膛里是挥之不去的沉重，一种情绪在燃烧。克制着心里的悲愤，拿起小白花，我重重地写上"犯我中华者，虽远必诛"几个字。来到千人坑，我虔诚地弯下腰，放在石碑前。默哀着，也深深思考着。我知道，铭记这一页历史，不是为了记住仇恨，要传承的是国人的不屈与奋斗。每一场血泪战争、每一个英雄名字背后是同一种信仰——爱我中华！用爱坚持，用爱奋进，这才是民族魂，一个不屈的民族奋斗的力量！我把一颗信仰的种子深植于心间：徐飞扬，你是一个中国男儿，出生于12月13日，特殊日子出生的你代表民族新生的力量，一生牢记，以爱，塑我中华魂！

在这里，读懂我的民族；在这里，烙上中华印！

美丽的遇见

—————————— 富春二小　　五（3）班　陈　谱 ——————————

"看看两旁的树上，都只剩了一簇一簇的淡绿的桂花托子了，可是到了这里，却同做梦似地，所闻吸的尽是这种浓艳的气味……"自从拜读了郁达夫的《迟桂花》，我便再也忘不了！好想跑到翁家山去目睹那一片迟桂，去闻吸那种热烈而浓郁的花香。终于，如愿以偿，在这个深秋的周末，我们循着郁达夫的足迹，前往翁家山寻找那片记忆中的迟桂花。

车子驶到九溪，我们下了车，沿着一条平坦幽长的小路一直向前走去。这是一条中间铺石板、两边嵌鹅卵石的小路，曲折蜿蜒，如青花姑娘般窈窕的倩影。路的两旁栽满了高大挺拔的大树,茂盛的枝干向两边蜿蜒、连接,乍一看,真像一个天然的拱形遮阳篷,阳光透过枝叶,只漏下星星点点的碎影,照在身上,柔柔的,暖暖的,很是舒服。

小溪潺潺地流着,像是在奏一曲秋天的赞歌,溪水清澈见底,能一眼望见溪底的沙石。一棵棵水杉笔挺地站在溪中,它们那高大的树冠直插云霄,让人不禁赞叹:这世上竟有这样高、这样直的树!更令人惊叹的是,小溪对岸的三棵水杉,它们粗大而发达的根系竟如龙爪般裸露在外面,盘根错节,不分彼此,引来了好多游人驻足留影。看到这儿,我们都兴奋坏了,纷纷走下小溪,有的抱住这棵水杉留影;有的捧起清凉的溪水,任由它从指缝漏下;还有几个顽皮点的,干脆穿行于水杉树之间,玩起了捉迷藏……

不知不觉中,路旁的小溪早已被我们丢在了后面,取而代之的,则是那成片成片如绿色海洋般的茶园。放眼望去,一层一层的梯田宛若一架登天云梯,一阶一阶地通向那高高的山顶。左边平坦的田野里也满是绿油油的茶树,一丛丛,一垄垄,那么整齐,那么壮观!走近些,一股茶花的花香夹杂着丝丝茶叶的清香,好似一个调皮的小孩,使出了吃奶的劲儿,拼命地朝我们鼻子里钻;再近些,只见一朵朵可爱的白茶花像和我们捉迷藏似的,躲在密密绿绿的茶叶间。我小心翼翼地扒开一层茶叶,终于看清了茶花的真面目:它小小的,白白的,盛开的花朵会露出里面的花蕊,那花蕊可真多,一根根,细细密密的,上面布满了黄色的花粉;半开的花朵,花瓣上渗着一层淡淡的红,像个害羞的小姑娘似的,遮遮掩掩的;有些花骨朵小小的,全是绿色的,不仔细看,还真像我们平时吃的青豆呢!轻轻摘下一朵花,放到鼻尖。啊,一缕淡淡的甜甜的花香缓缓飘过,它似乎融入了春天的美丽、夏天的生机、秋天的萧瑟,以及冬天的严厉,它是一年四季精华的结合。它虽不如牡丹娇艳,不及玫瑰奔放,更没有荷花那亭亭玉立的身姿,但它低调、朴实,默默地开着,默默地散发着它独有的芬芳。妈妈告诉我,这就是著名的西湖龙井茶种植基地。我恍然大悟,西湖龙井这么有名,原来这些茶树的生长地是这般的仙气缭绕。顿时,我更喜爱这片茶园、这些茶花啦!

此行我们本是寻找郁达夫笔下的迟桂花的,可由于过了迟桂开花的时间,一路上虽看到不少桂树,却并没有桂花。意外的是我们却遇见了一片如此令人赏心悦目的茶园,遇见如此淡雅清新的茶花,真是别有一番收获啊!

探寻迟桂花的踪迹

—————— 杭州银湖实验小学 四(1)班 陈梓灵 ——————

古人云:"八月桂花香。"是的,阴历八月确实是桂花的盛期,可今天,我们却见到了九十月才开的迟桂花。

踏入九溪十八涧,溪流缠缠绵绵,流连人间,遍赏人间芳菲。虽然迟桂花已经不太有了,但是清新的晨风中仍然飘着迟桂花的香气,丝丝香气中还有着那么点甜味。我走上前去,一缕微风吹过,几朵桂花落下,我拾起一朵,凑近闻闻,一股好闻的淡淡清香钻进我的鼻子。郁达夫的《迟桂花》里面写道:"在绿莹莹的茶水里,散点着有一粒一粒的金黄色的花瓣,散发着浓郁的香气。"读到这句,我就禁不住想尝尝桂花茶那美妙绝伦的滋味呢。

路上尽是溪流,我们一路走,一路玩。男孩们扔着石块打水漂,玩得衣服、裤子上都沾上了水花;而女孩们则一边看着他们往水里扔大大小小的石块,一边搭石玩,走过来走过去,累了就坐在溪边的石头上歇一会儿,看男孩们打水仗。有的女孩帮着他们一块儿扔,而有些文雅的小淑女则坐着看他们打水仗,一边还欣赏着风景,听着流水潺潺,看着来来回回行走的人们,看着绿树成荫的羊肠小道。

我将几朵桂花散在潺潺溪水中,看着它们在冰凉清澈的清泉中慢慢扩散。不一会儿,桂花淡雅的清香在溪中慢慢地飘,慢慢地飘,在微风中飘向远处……

我们离开了九溪十八涧,经过满觉陇。一向以桂花著称的满觉陇两边的桂树只剩了桂花托子。而走出满觉陇,来到翁家山后,鼻子却嗅到一股浓郁的桂花香气。不知为何,从九溪十八涧到翁家山,除了满觉陇那一带,香气越来越浓郁,从一开始只有清新的味道,然后开始有了一丝甜味,愈来愈强烈。就像一个纯真的小姑娘,变成一个清秀的少女,后来变成一个艳丽的美女。

走在路上,一大片一大片的茶园映入我的眼帘,翠绿的树木是衬托,茶叶满是嫩绿。远处的那片树林,从浅到深,无一不是绝好的背景。我走进去仔细看,发现有很多茶花衬托着青翠的茶叶,嫩黄的花蕊,白色的花瓣上带着一点儿淡妆的红。我靠近了些,花粉扑到我的白色T恤衫上,黄色的,星星点点地散在上面,不一会儿,裤子上也有了花粉的颜色。我走出茶园,远远地观赏茶园的景色,远处颜色渐变的树木,天上的飞鸟,满眼的翠绿,形成了一幅漂亮的作品。我给它取了一个名字,叫满园翠茶。

路途中,我们看到一大片湖水,水上还有单边扶手的桥,站在桥上往下望,水下布满水藻和水下树林,构成了一片水下丛林,很多鱼儿在丛林里穿梭。我看到两条漂亮的鱼,一条全身五彩缤纷,上半身红黄相间,下半身蓝色;还有一条红艳艳的,鱼鳍带着点金黄,它们都很灵活地钻进了水下丛林。

路旁的桂花树上,金黄的花朵一点一点散落在树叶间,没有重叠。树叶间的缝隙筛下阳光,非常美丽。一天的行程就这样结束了,等到来年迟桂花开,或许我能再来。

九溪十八涧

富春三小　四(3)班　赵羽祥

清晨的阳光似一把把金剑,闪着亮光,穿过一片又一片树叶,阳光照耀在水面、在树梢一切都显得更加光明了。莘莘学子手捧《迟桂花》,踏着郁达夫的足迹,来到了九溪十八涧。

我们走着石板砌成的山间小路,这里的山并不陡峭却有很多沟壑,山脚相互交叉,树木丛生,看不清上山的路径。一旁,一条清澈的小溪欢快地从山上流淌下来。上游的溪水十分湍急,所以当它在树林里蜿蜒流淌下来的时候,形成了许多深潭和小瀑布,这也为幽静的树林增添了不少灵性。但当溪水流进有沙底的潭里,却激荡不起一点儿波浪。清澈的溪,清澈的潭,小溪连接着一个个潭,就像瓜藤结着一个个瓜。潭水清澈见底。流过山涧的溪水,有些地方是被一块大石头横阻在中间。流水和石块撞激,使水里的水草来回舞动。那距水面好几米深的潭底,石子和沙也能够看得一清二楚。潭底还长着一丛丛茂盛的水藻,一群小鱼游过来欢快地嬉戏着,在倒映着的蓝天白云的映衬下,犹如在天上做游戏。

一路上山重水复,清溪时高时低,忽急忽慢,也不知道经过几道山屏,一棵棵枫树映入眼帘。天已经转凉,枫叶也换上了鲜红的外衣。那鲜艳的红色,明亮地照耀着我们的眼睛。走近看,其中还夹杂着深黄色、褐色,一阵阵秋风吹过,使整树的叶子摇动起来,就像一只只彩蝶上下翻飞,美不胜收。

我们努力往上爬,不知不觉,穿过了水杉树林,来到了山顶。我站在山顶上登高远望,只见山谷里烟雾缭绕,一座座山既像一望无际的大海上的点点绿洲,又像一支支雨后春笋破土而出,犹如仙境一般。

在山顶,迟桂花爬上枝头。每一朵小黄花都散发着淡淡的清香,沁人心脾。我感到那香气一丝丝、一缕缕地飘来,那幽幽的桂香却像个调皮可爱的小姑娘,在不经意间,又迈着轻悄悄的脚步,悄悄地钻进我的心中。

九溪十八涧的美景,古人也用"重重叠叠山,曲曲环环路;叮叮咚咚泉,高高下下树"来描绘。走进九溪十八涧,就是走进人间天堂!

不 虚 此 行

—————————— 实验小学虎山校区　五(3)班　赵宇泽 ——————————

拜读完郁达夫的《迟桂花》,自然要去寻一寻那字里行间的意韵。

我是个不喜欢走路的人,但今天跟着这么一群和我差不多大的同学走在蜿蜒的延伸至山林的马路上,却是一点也不觉得厌烦。

路的外侧有一条小溪,那流淌下来的溪水翻着白色的跟头,真像是一个个调皮的小孩在你追我赶呢。溪里的石头零散地分布着,有椭圆的,有稍方的,不管是哪一种形状的石头,都为这条小溪添了不少自然本色。听老师说,这条小溪就叫九溪十八涧。

听着潺潺的溪水声,欣赏着路两侧迎着秋风已渐渐变了色的树儿们,我们一直往前走。不知是哪位小朋友喊了一句:"哇!好大的树啊!"我仔细一看果真是一棵大树。这棵大树长在河的对岸,说它是棵大树,倒不如说是两棵树合长在一起了。裸露在外的树根交错着,述说着时间的沧桑。小伙伴们纷纷跑到这棵树的树干间隙去留影,我也不例外。站在树下,仰望树枝,好高!突然觉得自己是那么的渺小。我伸出手摸了摸它的树干,凹凸不平,那粗糙的树皮犹如老人布满沟壑的手。多少年,它就这样静静地立在这儿,不知当年郁达夫先生有没有经过这里,有没有将这棵树写进他的小说呢?

正当我思索间,伙伴们已纷纷和古树告别了。我们一行人又打打闹闹往前行,不知不觉就来到了一个亭子处。亭子的特征我倒是没有留意,不过亭子对面的湖却是深深地把我吸引住了。

看,湖水绿中带蓝,蓝中透绿,像碧玉,像锦缎,一时间我竟然找不出更好的词语来形容它。有些人向湖中扔了几块小石头,湖面便溅起了不少水花,随后便化成一圈一圈的波纹荡漾开去。湖边有两棵枫树,据说这就是有名的九溪烟树。可能现在还不是观赏的最佳时期,因为这些叶子还只是绿中透着一点黄,如果等天气再冷些,叶子红透了,那红色的枫叶衬着这碧绿的湖水,定成为一幅艳丽的油画。

就这样,我们一路走,一路看,一路谈,一路叹,那一幕幕美景就定格在了我们的相片中,定格在了我们的脑海间,定格在了我们的文字里。

不虚此行!

翁家山拾秋

实验小学鹳山校区 四(3)班 邵恩延

郁达夫笔下的《迟桂花》给灵秀的翁家山抹上了一层独特的风韵。10月24日,我们郁达夫文学院一行二十五位成员在盛老师的带领下也来到了翁家山,来体味郁达夫笔下的秋色。

沿着曲折的山路,我们首先走进的是九溪十八涧。古人曾用"重重叠叠山,曲曲环环路;叮叮咚咚泉,高高下下树"这样的语句来描绘这儿美丽的风景。其实,走进这里,我更觉得是来到了静谧的森林。那参天的大树啊,树干粗壮而直,要三四个人才能合抱。它的根可粗了,露在外面,如巨龙的爪子,贪婪地狂饮着清澈的小溪水!那清澈的溪水啊,干净地犹如一块无垢的玻璃,你都感觉不到它的存在。我不可置信地伸出手去触碰,那荡开的涟漪却告诉我它确实存在。男孩们忍不住捡起石子,打起水漂来,那嬉笑声久久回荡,让人感觉置身于人间仙境。

走过九溪十八涧,一座巨大的石门映入眼帘,上面写着"杨梅岭"三个苍劲有力的大字。爬到杨梅岭的半山腰,掉落在地面上的一些果子吸引了我们的目光。盛老师告诉我们,这些果子名叫榛子,可值钱啦!他们小时候那会儿,就找这果子去卖钱呢!而且,这榛子还可以做成陀螺,只要在粗糙的块儿上面插根牙签就可以了。我听了,默默地捡起几个榛子,想着回家也去试试。这特殊的"陀螺"一定特好玩!

翻过了杨梅岭,我们休息了片刻,继续向翁家山进发。在攀登翁家山时,我们突然发现路的两旁有许多桂花树。桂花早已凋谢,可我却仿佛闻到了那浓郁的桂花香气。也许是受内心的感染,花香真的扑鼻而来,原来是茶花开得正艳。我们钻到茶花丛中,拍照留念,走出来时,裤子上竟沾满了茶花花粉。我想,这也是茶花的一种独特传粉方式吧!

翁家山之行让我领略了浓浓的秋意,更让我收获了徜徉在大自然中的那份自由和畅快!

秋 水 映 画

富春二小　五(1)班　羊　昊

读了郁达夫先生笔下的《迟桂花》，我对一赏迟桂心生向往，期待着去感受字里行间的情意风景。

在秋日阳光暖暖的早晨，我们来到了九溪十八涧这个美丽的地方。走在这里，就像走进了幽深密林，又像是在一幅翠绿的画中游走。边上满是青枝绿叶和直插云天的树木，地面有些许鲜嫩的小花，在漫布的常绿沿阶草中格外抢眼。

往前走去，小溪进入了眼帘。见潺潺流水，不深，但很清，一眼望去，可见水底的沙石。仔细看，隐约可以看到树的倒影，原来是透明的水，现在，映上些棕绿的影子，美妙绝伦。踱步而行，看到满园青绿的茶山，那是漫山遍野的绿。边上立着一块石碑，石碑上写着：国家一级龙井茶养殖地。足见这儿的茶名气之响亮。

与茶香同行，我继续探索。踱过茶园，来到了后山，山茶花便含笑绽放在眼前。香，真香！我控制不住，一股脑儿跑进了山茶花园，山茶花的花朵上沾满了花粉，那朵朵黄色的花擦在我衣服上、裤子上，留下了斑斑点点的花粉印记，现在我身上点缀着细细的小黄点，也意味着我成了茶花的授粉者。

"桂花，桂花！"有人惊喜地叫了起来，郁达夫笔下的迟桂花终于被我们寻到了。花开得正盛，叶边满是一簇簇抱成团的金黄色小花，我小心翼翼地凑上去，闻了闻，嗯，此桂香与正当季节的桂花媲美，似乎略胜一筹，我闻着桂香，忘了神，不知何时，我的衣裤上，又鬼使神差地多了些桂花粉。

离开桂花基地，又见几条小溪，淌着流水，水中有些较大的石头，静躺在溪底，可却无法挡住溪水的去路，只留下白浪几朵，有些许拍在了花草上，其余便扬长而去。我的眼睛，看向了溪边的几棵古树，笔直的树干对天而立，直耸入云，看那崩出地面的树根，纵横交错。我兴奋地冲上去与它合影，轻轻地抚摸着它，粗糙的树皮像极了老人那满是沟壑的手，似乎在向世人诉说着它曾经的沧桑岁月。

落叶飘入水中，流水映着美丽的画，画中有古木参天，还有青枝绿叶，这优美的景，印在了我们眼底，留在了我们心间。

九溪十八涧

实验小学　四(5)班　任宵鸾

周日一早，我们来到了一直期待着的九溪十八涧。

九溪十八涧是西湖群山间的溪水，据说有十八个弯呢！相传有个孩子吃了一颗龙珠变成龙奔向钱塘江入水，听到妈妈的呼唤，他不停地回头张望，于是龙尾拖出九条溪水,在山间形成了十八个水湾。后人称为九溪十八涧。

我们来到溪边,这水可真清啊!清得像一面镜子,一眼就可以看到溪底。水太清啦,清得连深浅都不知道啦!好像一切都是透明似的。只有漾起的波纹,还能让人知道,这是一弯流淌的溪水。

小溪底的石头、落叶都清晰地呈现出来!水底的石头有的圆溜溜的,有的扁扁的,有的簇拥在一起,有的随意地躺着,原来石头也可以这么美丽。黄的、红的落叶顺水飘来,想起来了,就靠在岸边休息下,等你仔细看时,它又倏地远去了。毛茸茸的水藻在水中,轻轻地摇晃着身体,悠然旋转着,像是一位漂亮的小姐姐,跳着摇摆舞。有几条小鱼儿轻轻地在水里游着,尾巴甩甩的,动一动就不动啦。它好像在睡觉,又好像做着梦。有人走过去,想抓住它,它又迅速地逃走了,真有趣。

九溪的水是那样的清凉。当然不是那种像冰块似的刺骨的凉,这凉带着一点点的温暖,慢慢凉到手心里。

水边还有几棵大大的榕树,其中一棵最引人注目。那一棵树像是两棵树合并而成的。一部分树根暴露出来,垂在水面,好像在用吸管贪婪地吸食着水分。我们几个小孩子跑到树根上,或坐着,或站着,或者抱着大树,在上面拍了一个美美的合照。

这就是九溪十八涧,一个清澈美丽的地方。

与九溪十八涧的一次美丽邂逅

实验小学虎山校区　五(3)班　陈烈辉

"重重叠叠山,曲曲环环路;叮叮咚咚泉,高高下下树。"久闻九溪十八涧的大名,近日又拜读了郁达夫的《迟桂花》,更是心生向往了。今日终于有幸和文学社的伙伴们一起,揭开神秘的面纱,尽情领略它的趣味了。

一下车,我们就像是一群被放飞的小燕子,跳跃在花纹驳杂的青石板铺成的羊肠小径,阳光穿过层层叠叠的树叶照下来,在地面上铺洒出一圈圈斑驳的光影。几缕秋风拂过,捎来淡淡的桂花香,竟让人的口中甜滋滋的。我贪婪地吮吸着秋天的气息,不温不火、不暖不凉,在阳光的沐浴下,我们的心情也随之飞扬起来。

"哗哗哗,哗哗哗……",咦,哪来的声音,我左顾右盼,终于在前方找到了一条清澈见底的小溪,潺潺地环绕着村庄。溪水浅而清,说它浅,可不是信口开河!瞧,那个穿着红衣服的小女孩,踩着稍大一点的石头,就轻轻松松地过了河。溪水纯净透明,清得一眼就能看穿水底,一条条小鱼儿,摇摆着尾巴,躲在石头缝里,藏在偶尔漂浮过的几片碧绿水草中,优哉游哉,好是惬意。调皮的我拾起岸边的一块小石子,轻轻一扔,"扑通"一声,小石头落入水中。一时间,水花四溅,荡漾开一圈圈细微的涟漪,小鱼被惊扰得四处游散……

溪水旁傲然挺立着一棵神奇的参天大树,树干高大笔直,仿佛穿过洁白的云层,一直延伸到了蔚蓝天空!乍眼一看,仿佛是两棵,可是细看每棵大树都是由二三棵小树环抱而成,你数不清究竟是几棵树。树根裸露在地面,盘根交错,蜿蜒曲折,像一位饱经风霜的老妇人。小伙伴们许是见着好奇,纷纷上前合影留念。我伸出手臂,环抱着粗壮的树干,深深吸一口气,古朴的木质清香沁入心脾,仿佛听到老妇人在耳边低吟浅唱。

那些水光潋滟的溪水,高大挺拔的大树,都定格在了脑海里,像经典的电影画面反复播放。10 月 28 日,这是我与九溪十八涧的一次美丽邂逅!

跋：这一场盛宴，只为追梦文学的少年

苏立军

2017 年 12 月 7 日，大雪。

121 年前，郁达夫诞生，那是饥饿的诞生，那是缺少奶水的诞生，那是身体羸弱的诞生。也许那就是大雪纷飞的日子，郁达夫在饥寒中诞生了。

121 年后的今天，清晨，我站在高楼上，遥望富春江，或许有雾，或许有霾，或许会飘起小雨，但没有雪，虽然已是初冬。

4 天前的 12 月 3 日上午，在郁达夫故居前，在郁达夫的母校实验小学，一场写作的盛宴拉开了序幕……

将近 9 点，来自全区初中、小学的少年陆续走进了故居前的实验小学，天空中却飘起了蒙蒙细雨，我们，郁达夫少年文学院的组织者，悬起的心无端端空荡荡，心中默默祈祷……

9 点过后，天光云影忽然开朗起来，云缝间钻出阳光的笑脸，天佑我还是郁达夫佑我？9 点 30 分，1210 位富春少年，在郁达夫诞辰 121 周年的前夕，在郁达夫故居前的实验小学，同步开启了追梦文学的航程。

121 年前，郁达夫诞生了，他说："家在严陵滩下住，秦时风物晋山川。碧桃三月花如锦，来往春江有钓船。"住在富春江边满舟弄的郁达夫从小就得到了富春江水的滋养，七岁开笔入学，就读于春江书院、富阳高等小学堂，九岁题诗惊四座，连跳两级，受到知县的嘉奖……

"吾生十五无他嗜，只爱兰台令史书。忽遇江南吴祭酒，梅花雪里学诗初。"这也许就是郁达夫文学梦的开启之时。就在他小学毕业时，一部《全唐诗》已经全部收囊于他的脑海之中。

郁达夫的少年时代是在流离中度过的，从 1911 年的春季到 1913 年的夏季，仅仅两年半时间，他却在嘉兴府中、杭州府中、之江书院、蕙兰中学辗转，最后只能回家索居苦读，但瘦弱的郁达夫始终没有放弃他的文学梦，并在大风圈外发出了他的呐喊：

> 平时老喜欢读悲歌慷慨的文章，自己捏起笔来，也老是痛哭淋漓，呜呼满纸的我这一个热血青年，在书斋里只想去冲锋陷阵，参加战斗，为众舍身，为国效力的我这一个革命志士，际遇着了这样的机会，却也终于没有一点作为，只呆立在大风圈外，捏紧了空拳头，滴了几滴悲壮的旁观看的哑泪而已。

尽管只是哑泪，却悲歌慷慨！少年壮志正在少年郁达夫心中萌发和涌动，才会有《咏史三首》：

> 楚虽三户竟亡秦，万世雄图一夕湮。聚富咸阳终下策，八千子弟半清贫。
>
> 大度高皇自有真，入关妇女几曾亲？虞歌声里天亡楚，毕竟倾城是美人。

马上琵琶出塞吟，和戎端的爱君深。当年若赂毛延寿，哪得诗人说到今。

郁达夫的文学梦在他 9 岁时已经开启，在他 17 岁时已经渐入佳境。而今，121 年后的富春文学少年正在追逐他的文学梦想，郁达夫少年文学院应运而生，文学走读活动应运而行。富春文学少年走过鹳山、走过龙门、走过东梓关、走过贤明山、走过翁家山，还走进了大上海多伦路、鲁迅纪念馆……与杨承尧、叶萍、陈曼冬、叶临之等作家面对面。

2017 年 12 月，一场少年文学的盛宴应运而生——"家在富春江上"现场创意写作大赛，在 3 日清晨的细雨过后，在清新的富春江岸开启了！

故居前实验小学的 26 个教室，1210 位文学追梦少年，同步开启了文学之旅！在他们的笔端静静地流淌着一段段精美的文字，关于"家在富春江上"的美丽文字，21 世纪的新生代少年，不再饥饿，不再寒冷。在初冬的富春江岸，依然有温暖的阳光相伴，轻风依然拂柳，江波依然粼粼，过往的市民静静地欣赏着。这一场盛宴，只为追梦文学而设，只为富春少年而打造！

2017 年 12 月 7 日，1210 位富春文学少年的字里行间，正在告慰郁达夫的英灵：今日富春江，新富春山居图正在渐次伸展，也许郁达夫诗中所描绘过的意境也会在留得住的"乡愁"中再现：

扁舟来往烟波里，家住桐洲九里深。曾与严光留密约，鱼多应共醉花阴。